D1727137

Schweizer Beiträge
zur Kulturgeschichte
und Archäologie des Mittelalters

Herausgegeben
vom Schweizerischen Burgenverein

Band 25

Christian Bader

Die Burgruine Wulp bei Küsnacht ZH

**Mit einem Beitrag von
Benedikt Zäch**

Publiziert mit Unterstützung durch:
- die Schweizerische Akademie der Geistes- und Sozialwissenschaften
- den Kanton Zürich
- die Gemeinde Küsnacht

Umschlagabbildung:
Luftbild der Burgstelle Wulp, eingeblendet: Burgplan
(Foto: Kantonsarchäologie Zürich, P. Nagy)

Redaktion, Gestaltung und Satz:
büro arcHart, lic. phil. Daniel Hartmann, Baar
Druck und Lithos: Fotorotar AG, Zürich/Egg

Alle Rechte der Vervielfältigung, der Photokopie und des auszugsweisen Nachdrucks vorbehalten.

© Schweizerischer Burgenverein, Basel 1998
ISBN 3-908182-09-3

Inhaltsverzeichnis

Dank

Grundlage der vorliegenden Publikation bildet meine 1994 an der Universität Basel bei Prof. Dr. Werner Meyer verfasste Lizentiatsarbeit. Sie entstand auf Anregung von lic. phil. Thomas Bitterli-Waldvogel, Basel, dem Leiter der Wulp-Grabungen 1980–82. In verdankenswerter Weise stellte er mir seine Vorarbeiten zur Verfügung und stand mir während der Auswertung stets mit Rat und Tat zur Seite.

Die Überarbeitung des Textes für die Drucklegung erfolgte im Rahmen meiner Anstellung bei der Kantonsarchäologie Zürich. Hier bin ich Dr. Renata Windler für die kritische Durchsicht des Manuskripts und manche Anregung sowie Marcus Moser für die sorgfältigen Planzeichnungen und Manuela Gygax für die hervorragenden Fundfotos besonders verbunden. Danken möchte ich im weiteren lic. phil. Daniel Hartmann, Baar, der die Drucklegung der Arbeit mit grossem Engagement redaktionell betreute und für die Gestaltung des Buches verantwortlich zeichnet. Schliesslich gilt mein Dank dem Schweizerischen Burgenverein, der die Monographie in seine Reihe «Schweizer Beiträge zur Kulturgeschichte und Archäologie des Mittelalters» aufnahm.

Basel, im Oktober 1998   Christian Bader

I. Einführung

Seit sich in den frühen zwanziger Jahren dieses Jahrhunderts erstmals eine Gruppe geschichtsinteressierter Mitglieder des Verschönerungsvereines der Gemeinde Küsnacht am Zürichsee daran machte, in freiwilliger Samstagsarbeit die Reste der ehemaligen Burg Wulp freizulegen, wurde die Feste hoch über dem Küsnachter Tobel insgesamt viermal Mittelpunkt archäologischer Untersuchungen. Während die ersten Grabungen 1920–23, anlässlich derer die jüngsten Mauern im Ostteil freigelegt und wichtige Funde aufgesammelt wurden, eine erste zeitliche Einordnung der Burg und den Nachweis von mindestens zwei Bauphasen erbrachten, lieferten die folgenden Forschungs- und Konservierungsarbeiten der Jahre 1961/62, 1977/78 und 1980–82 in unterschiedlichem Masse weitere Puzzleteile, die sich heute zu einem verhältnismässig genauen Bild der Siedlungsgeschichte zusammensetzen lassen. Namentlich die jüngsten Untersuchungen der Jahre 1980–82 haben dank ihrer verfeinerten Grabungstechnik und Befunddokumentation sowie der flächenweisen und – so weit als möglich – stratigraphischen Bergung der Funde massgeblich zur Klärung offener Fragen beigetragen.

Weder die Funde noch die Befunde dieser letzten Wulpgrabung wurden bisher systematisch vorgelegt. Dies soll mit der vorliegenden Arbeit unternommen werden. In der Auswertung wurden überdies das Material der Grabungen 1920–23 und 1961/62 sowie die anlässlich der Konservierungsarbeiten 1977/78 geborgenen Funde berücksichtigt.

1 Geographische und topographische Lage

Am rechten Zürichseeufer, etwa 6 km südöstlich von Zürich, liegt die Gemeinde Küsnacht *(Abb. 1)* am Fusse des Küsnachterberges, einer im Miozän durch den Ur-

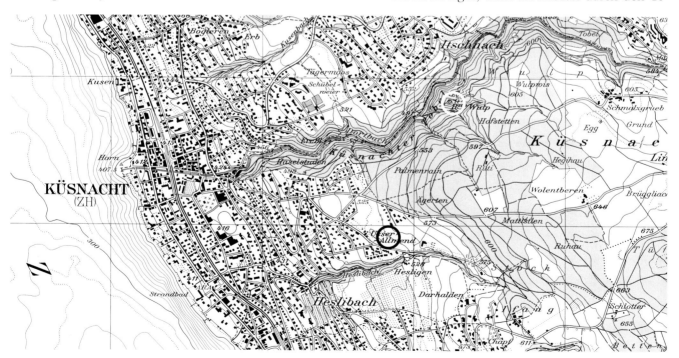

Abb. 1: *Die Burgstelle Wulp (weisser Kreis) und die römische Villa in der Flur Rehweid/Amtsäger (schwarzer Kreis). Ausschnitt aus der Landeskarte der Schweiz 1:25 000, Blätter 1091 und 1111 (reproduziert mit Bewilligung des Bundesamtes für Landestopographie vom 21. 7. 1998).*

Abb. 2: *Burg Wulp. Flugaufnahme des Burghügels. Gut sichtbar sind die Baureste der letzten Phase in der östlichen Burghälfte.*

Rhein abgelagerten Molassezunge aus verfestigten Schotter-, Sandstein- und Mergelschichten zwischen Zürich- und Greifensee. Dieser Geländerücken erhebt sich hier etwa 250 m über das Niveau des Zürichsees.

Ungefähr 2 km nordöstlich des Ortes, etwa auf halber Höhe des Geländerückens, liegt die Burgstelle Wulp. In topographisch geschützter Lage sitzt sie auf der vordersten Spitze eines in Ost–West-Richtung verlaufenden Geländespornes *(Abb. 4)*. Dieser wird im Nordwesten durch das nahezu senkrecht abfallende Küsnachtertobel mit seinem in den Zürichsee mündenden Dorfbach und im Süden durch die vom Wulp- und dem Hofstetterbach ausgewaschenen Einschnitte begrenzt.

Abb. 3: *Burg Wulp. Blick von Osten auf den Halsgraben und die Burg.*

Der Hügelrücken selbst lässt zwei signifikante Erhebungen erkennen. Auf dem östlichen, als «Burgstelle» bezeichneten Hügel mit einer Höhe von 588 m ü. M. konnte Norbert Kaspar anlässlich der topographischen Aufnahme des Geländes im Juli 1981 noch schwache Spuren einer ehemaligen Bebauung beobachten[1]. Über diese Burgstelle ist nichts weiteres bekannt *(vgl. Kap. I.6)*.

Die mit 570 m ü. M. etwas tiefer gelegene westliche Erhebung an der vordersten Spitze des Geländespornes trägt die Reste der ehemaligen Burg Wulp *(Abb. 2–4)*. Nach Osten wird der Platz durch einen etwa 10 m tiefen und 25–30 m breiten Halsgraben gesichert, sodass eine Annäherung an die Burg auf allen drei Seiten durch die topographischen Gegebenheiten erschwert wird. Der Zugang zur Burg erfolgte von Osten. Von der noch heute nordöstlich der Ruine liegenden Rodung mit dem Flurnamen «Wulpwis» *(Abb. 1)*, wo sich ein zur Burg gehörender Wirtschaftshof befunden haben dürfte, verlief der Weg nördlich unterhalb der «Burgstelle» und weiter auf der Krete des Geländerückens bis zur Kante des Halsgrabens der Wulp. Hier nimmt Norbert Kaspar eine schräg zum Burgweg liegende Brücke über den Halsgraben an, die zu einem im Nordosten des Wulphügels vorstehenden, schmalen Sporn führte[2].

2 Die Burgstelle östlich der Wulp

Bereits in seinem Bericht über die ersten Freilegungsarbeiten auf der Wulp wies Prof. Dr. Friedrich Hegi auf eine östlich der Burg gelegene mehrteilige Wall- und Grabenanlage, zwei markante Hügel sowie verschiedene Hohlwege hin, die er als Reste eines Refugiums deutete und mit jenem auf dem Üetliberg verglich[3].

Auch Prof. Dr. Werner Meyer erwähnt in seinem Gutachten vom Dezember 1978, betreffend die erneute Ausgrabung der Westpartie, die auffällig gestaltete Erhebung auf dem Geländerücken etwa 100 m östlich der Wulp[4]. Er betrachtet den Hügel als Erdwerk, welches er aufgrund fehlender weiterer Informationen mit Vorsicht etwa ins 11. oder frühe 12. Jh. datiert.

Durch die intensive Geländebegehung anlässlich seiner topographischen Aufnahme des Wulpspornes im Juli 1981 konnte Norbert Kaspar auf dem in der Folge als Burgstelle bezeichneten Hügel deutliche Steinkonzentrationen sowie versandeten und mit Humus vermischten Mörtel beobachten, was ihn Mauern entlang der Hügelkante vermuten liess[5].

Kurz vor Abschluss der archäologischen Untersuchungen 1982 wurde im Osten, am Fusse der Burgstelle, mit dem Bagger ein Schnitt S 68 angelegt, um

Hinweise auf die Art der Bebauung und Anhaltspunkte für die Datierung zu erhalten *(Abb. 4)*. Nachdem sich der Boden als steril erwiesen hatte, wurden die Arbeiten eingestellt und der Schnitt wieder verfüllt.

Eine genauere zeitliche Einordnung und Antworten auf die Fragen, ob und wie das mutmassliche Steingebäude mit der Wulp oder mit dem Wall- und Grabensystem in Beziehung stand, oder ob es sich dabei allenfalls um selbständige Befestigungswerke handelt, liessen sich nur durch archäologische Untersuchungen der Burgstelle sowie des Umgeländes gewinnen.

3 Zum Burgnamen

Rund 300 Jahre nach dem Besiedlungsende auf der Burg lässt sich erstmals der Burgname in der chronikalischen Überlieferung fassen: Die um 1520 verfasste *Schweizerchronik* des Heinrich Brennwald spricht von der «vesti Wulsch zuo Küsnacht am Zürichsee»[6]. Der heute noch gebräuchliche Name *Wulp* lässt sich erstmals für das Jahr 1548 bei Johannes Stumpf nachweisen[7], während sich Aegidius Tschudi in seiner endgültigen Fassung des *Chronicon Helveticum* (um 1570) an Brennwald anlehnt[8] und die Burg zu Küsnacht *Wulsch* nennt[9]. In der *Beschreibung des Zürich Sees* von Hans Erhard Escher 1692, der *Topographie der Eydgnoßschaft* von David Herrliberger 1756 und dem *Schweitzerischen Lexicon* von Hans Jacob Leu 1764 wird die Burg als *Wurp* oder *Wulp* bezeichnet[10].

Während also der zur Besiedlungszeit verwendete Name der Burg im Küsnachter Tobel unbekannt bleibt, taucht die Bezeichnung *Wurp* oder der bis heute gebräuchliche Name *Wulp* erstmals in spätmittelalterlichen und frühneuzeitlichen Quellen auf.

Heinrich Boxler stellt den Burgnamen *Wurp* zur indogermanischen Verbalwurzel *kuerp- ‹sich drehen› (vgl. althochdeutsch *hwarb* m. ‹Drehung›), womit unser Platz also

[1] Vgl. Arbeitsrapport von N. Kaspar, Dezember 1981, S. 1. Archiv der Kantonsarchäologie Zürich.

[2] Vgl. Arbeitsrapport von N. Kaspar, Dezember 1981, S. 2. Archiv der Kantonsarchäologie Zürich.

[3] F. Hegi, Neuerweckte Zürcher Burgen, Wulpgeplauder. Der Antiquar 4, 15. 8. 1922, 14.

[4] Vgl. Gutachten Prof. Dr. W. Meyer vom 2. 12. 78 in der Korrespondenz zu den Grabungen 1980–82. Archiv der Kantonsarchäologie Zürich.

[5] Vgl. Arbeitsrapport von N. Kaspar, Dezember 1981, S. 1. Archiv der Kantonsarchäologie Zürich.

[6] Brennwalds Schweizerchronik, 133. Eine weitere Nennung im Codex 651 um die Mitte des 16. Jh.: «wurb by küssnach», zitiert aus: Klingenberger Chronik, 12.

[7] «Nun erscheinet aber noch ein Schlossz ob dem Dorff Küssnach im Wal / so man auff Guldinen oder gen Egk hinüber wandlet / auf der rechten seyten neben dem weg / werden noch gesehen die gräben vnd verfallnen Mauren einer grossen und herrlichen bevestigung / die wirt in den alten Zürichercronicken genent Wuolp oder Wuorp.» (Stumpf, VI. Buch, 478).

[8] B. Zäch in: Bauer et al. 1991, 280f.

[9] Tschudi, 243.

[10] Escher, 190; Herrliberger, 65; Leu, 617.

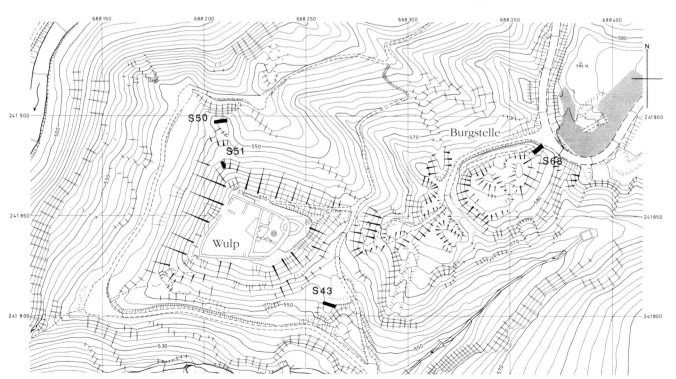

Abb. 4: *Burg Wulp. Topographischer Plan M. 1 : 2000. Punktraster: moderne Störung.*

die Bedeutung ‹gedrehter, runder Hügel› erhalten würde, was gut zur topographischen Situation passt[11].

Alfred Egli sieht indes in der Bezeichnung *Wulp* die substantivierte Form des mittelhochdeutschen Verbes *welben*[12] ‹wölben›, wozu mittelhochdeutsches *walbe, walp* «mit unklarer Bedeutung»[13]. Der Burgname dürfte sich aber auch nach dieser Deutung auf die ausgeprägte Topographie des Geländes beziehen.

△ **Abb. 5:** *Wappen der Herren von Balp (links) und von Wulp (rechts) aus dem Wappenbuch von Gerold Edlibach 1486 (Staatsarchiv des Kantons Zürich).*

4 Das Wappen Wulp

In dem 1486 entstandenen Wappenbuch von Gerold Edlibach findet sich ein heraldisches Zeichen, das einer Familie von Wulp zugeordnet wird *(Abb. 5)*[14]. Es zeigt einen mit einem roten Schnabelschuh bekleideten Fuss, der sich aus den Wolken gegen die Erde herabsenkt.

Ein Geschlecht, das sich nach der Feste im Küsnachter Tobel nannte, lässt sich indes in schriftlichen Quellen nicht nachweisen. Dafür schildert die um 1466 entstandene Redaktion A 1.5 der *Zürcher Chronik*[15] anekdotenhaft die Entstehung dieses Wappenbildes. Als nämlich Rudolf von Habsburg die Burg belagerte, soll sich der darin eingeschlossene Lütold von Regensberg wie folgt geäussert haben:

«Hett ich ein fuoss in dem himel und den anderen uf der erden, [so wolt ich] den einen Fuoss herab tun, unz ich gesech, ob die burg jemants gewúnnen möcht.»[16]

Das Wulper Wappen scheint sich also von dieser Anekdote herzuleiten und ist wahrscheinlich erst im Spätmittelalter entstanden[17]. Wie dieses heraldische Zeichen in Edlibachs Wappenbuch gelangte und auf welche älteren Quellen sich der Zeichner stützte, ist allerdings nicht bekannt.

▽ **Abb. 6:** *Ausschnitt aus der Kantonskarte von Jos. Murer 1566 (Staatsarchiv des Kantons Zürich).*

5 Wulp oder Balp

Seit der frühen Neuzeit klären uns kartographische Darstellungen über die geographische Situation im Gebiet um Küsnacht auf. Eines der frühesten Werke ist die 1566 erschienene Kantonskarte von Jos. Murer, die neben Städten und Dörfern auch Burgstellen mit Namen und Wappen nennt. Auf der Murerschen Karte trägt der Platz, der der Burg Wulp entspräche, den Namen «Balp», während die Wulp fälschlicherweise auf der gegenüber liegenden Seite des Tobels lokalisiert wird *(Abb. 6)*.

Abb. 7: Ausschnitt aus der Kantonskarte von Hans Conrad Gyger 1667 (Staatsarchiv des Kantons Zürich).

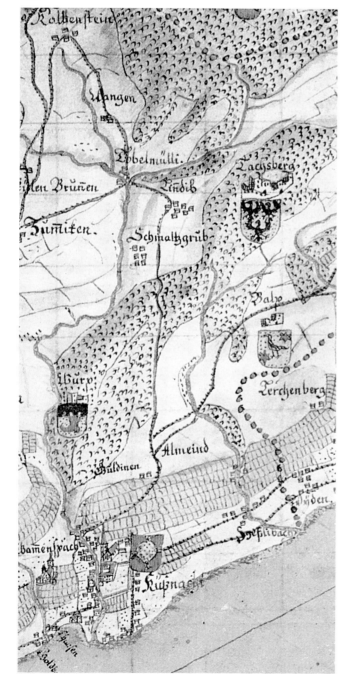

Auf der nach dem Kartographen Hans Conrad Gyger benannten Gyger-Karte von 1667 ist die Wulp dann lagerichtig eingetragen *(Abb. 7)*. Auch die Burg Balp erscheint hier wieder und kommt oberhalb Erlenbach, östlich von Küsnacht zu liegen.

Eine Burg Balp im Gebiet um Küsnacht ist aber bis heute nicht bekannt. Die Frage nach der tatsächlichen Existenz einer solchen Feste und eines gleichnamigen Geschlechtes drängt sich somit auf und soll anhand der historischen Quellen diskutiert werden.

Während sich in der um 1330 vollendeten Zürcher Wappenrolle noch keine Herren von Balp finden lassen, begegnen wir diesem Geschlecht erstmals im Wappenbuch des Gerold Edlibach von 1486 *(Abb. 5)*. Unter dem Titel *de balb ob kusnach edel frig* findet sich als Wappen der Familie ein heraldisches Zeichen, das in der Zürcher Wappenrolle in ähnlicher Ausführung den nach Alt St. Johann im Toggenburg benannten Dienstmannen von Sanct Johann zugewiesen worden war[18]: in Gelb ein grüner schreitender Papagei mit roten Beinen, rotem Schnabel und rotem Halsband zwischen zwei sechsstrahligen Sternen. Die Helmzier zeigt denselben grünen Papagei auf goldener Krone[19]. Das Wappen befindet sich unmittelbar neben jenem der Wulp. Auf welche Quellen sich Edlibach stützte, ist nicht bekannt.

Auch in der schriftlichen Überlieferung tauchen die von Balp erst spät auf. Die älteren Zürcher Chronisten des 14. und 15. Jh. wissen noch nichts von einer solchen Burg oder Familie am rechten Zürichseeufer[20]. Auch Heinrich Brennwalds *Schweizerchronik* von 1508 kennt hier kein Geschlecht von Balp. Erst Johannes Stumpf nennt 1548 im Zusammenhang mit der Wulp die «Edlen von Balp oder Balbe / die haben es bewonet umb K. Fridrichs des 2. zeit und davor»[21].

[11] H. Boxler, Die Burgnamengebung in der Nordostschweiz und in Graubünden. Studia Onomastica Helvetica 2 (Arbon 1990²) 240. Vgl. zur Wurzel J. Pokorny, Indogermanisches etymologisches Wörterbuch I (Bern/München 1959) 631.

[12] A. Egli, Küsnachter Orts- und Flurnamen (Stäfa 1987) 83.

[13] Vgl. F. Kluge, Etymologisches Wörterbuch der deutschen Sprache (Berlin/New York 1989²²) 798.

[14] Edlibach, 150.

[15] Zu den verschiedenen Redaktionen vgl. Gamper 1984, 27ff.

[16] Chronik der Stadt Zürich, 29.

[17] In der Zürcher Wappenrolle (um 1330) ist das Wappen nicht überliefert.

[18] W. Merz/F. Hegi (Hrsg.), Die Wappenrolle von Zürich (Zürich/Leipzig 1930) 199.

[19] Edlibach, 150.

[20] Zürcher Chronik, Redaktionen A; B 1.1; AD 1; A 1.5 nach Gamper 1984, 27ff.

[21] Stumpf, VI. Buch, 478.

Abb. 8: *Zerstörung der Burg Wulp durch Rudolf von Habsburg und Zürcher Truppen. Kupferstich von Johann Melchior Füssli zum Neujahrstag 1717 (Staatsarchiv des Kantons Zürich).*

Etwas weiter unten weist er dann der Familie einen eigenen Sitz zu: «Dise von Balp haben ein eigen Burgstal deß nammens Balp zwüschen Küssnach und Wulp gehabt / das ist vor vil zeiten abgangen.»[22]

Von einem selbständigen Geschlecht der Herren von Balp berichtet auch Hans Erhard Escher in der *Beschreibung des Zürich Sees* von 1692. Diese sollen die Wulp von den Freiherren von Regensberg zu Lehen besessen haben: «Ob dem Dorf in dem Holz / wann am naher Guldinen gehet / sihet man / wo das schöne und veste Schloss Wurp / oder Wulp gestanden / so die von Balp von den Fryherren von Regensberg zu Lehen besessen.»[23]

Während ältere Quellen also weder eine Burg noch eine Familie von Balp kennen, tauchen diese in der Geschichtsschreibung erstmals im 16. Jh. auf. Die Quellenlage ist allerdings derart unsicher, dass wir die Existenz eines Geschlechtes der Balp und einer entsprechenden Burg am rechten Zürichseeufer mit Recht in Zweifel ziehen dürfen[24].

Hugo Schneider weist darauf hin, dass sich Lütold VII. von Regensberg in einer Urkunde des 6./7. Oktobers 1287 nach seinem Wohnsitz Balm bei Rheinau-Jestetten, Baden-Württemberg, «von Balb» nannte[25]. Möglicherweise konnten die späteren Chronisten eine Burg Balp geographisch nicht einordnen und lokalisierten sie rein aufgrund der Namensähnlichkeit in der Nähe der Wulp von Küsnacht.

Abschliessend kann nur festgehalten werden, dass es sich heute nicht mehr sicher eruieren lässt, wie es im Spätmittelalter zur Lokalisierung einer Burg und eines Geschlechts von Balp im Gebiet um Küsnach gekommen ist.

6 Frühe Ansichten und Pläne von der Wulp

Mittelalterliche und frühneuzeitliche ikonographische Quellen zur Wulp lassen sich keine beibringen. Die ältesten bildlichen Darstellungen der Burg datieren ins

a. *Arx Wulp vel Wurp Æo 1268. à Comite Rodolffo vi expugnata et exusta est.* b. *rivus Küs.* a. *Das Schloß Wulp oder Würp, ist Ao 1268. von Graf Rudolf von Habspurg mit gewalt eingenommen erst.* *nacht.* c. *pagus zumikon.* d. *campi Itsnachorum.* e. *Com. Habsp. Rodolfius cum residuis copiis* *gen und verbrand worden.* b. *Küßnacher Bach.* c. *auß dorf Zümikon.* d. *Der Itsnachern Felder.* e. *Graf* *domum proficiscitur.* Hæc *arx et tres priores ad Barones de Regensp. spectaverunt.* *Rudolf Zichet mit dem übrigen volck widerüm heim dieses Schloß und die 3. Erstieren sind dem Frey Herrn* *von Regensperg eigen gewesen.*

I. M. Füßlin del.   *Andr. Hoffer sculps.*   *C. P. S. C. Maj.*   *Mart. Engelbrecht exc. A.V.*

Abb. 9: *Kupferstich der Zerstörung der Wulp von Andreas Hoffer. Das Werk geht auf die Zeichnung Füsslis zurück (Zentralbibliothek Zürich).*

18. Jh. Angeregt durch die in den Chroniktexten überlieferte Zerstörung der Burg in der sogenannten «Regensberger Fehde» 1267/68 schuf der Zürcher Maler und Kupferstecher Johann Melchior Füssli (1677–1736) auf den Neujahrstag 1717 einen Stich, der die Zerstörung der Burg durch Rudolf von Habsburg und Truppen der Zürcher zeigt (*Abb. 8*)[26]. Die Darstellung trägt den Titel *Das Schloss Wulp oder Wurp bey Itschnen in dem Küsnachter Berg dem Frei Herren von Regensperg zuständig ward von den Zürichern unter anführung Graaff Rodolph von Habspurg eingenommen und zerstört. Anno 1268.*

Der Stich zeigt eine imposante Festung mit mehreren Zwingern und einem gewaltigen Gebäudekomplex, die sich in topographisch ausgeprägter Lage erhebt. Mit Hämmern und Hacken ausgerüstete Krieger sind im Begriff, die Ringmauer zu schleifen. Aus den Dächern der Gebäude und Türme steigen Flammen und Rauchschwaden gegen den Himmel. Der Stich ist an die «Kunst und Tugend liebende Jugend» gerichtet, der zur Erbauung das folgende Gedicht mitgeliefert wird:
«Schaut hier das dapfre Volk/wie es die Feind bezwinget/
Und Wulp das veste Schloss, zerstöret und verheert:
Wie es mit kühnem Muth die Mauren über springet/

Und den von Regensperg durch die Erfahrung lehrt
Dass Helden solcher Art das Schwert zuführen wüssen
Und auch die stärksten Feind vor ihnen weichen müssen.»

Gemäss der Signatur – *J. Melchior füssli ad nat(uram) del(ineavi)t et Sculpsit»* – soll der Stich eine naturgetreue Darstellung der Burg Wulp sein. Einzig die ausgeprägte Spornlage zwischen zwei Tobeln entspricht der tatsächlichen topographischen Situation. Der Baubestand dagegen ist der Phantasie des Künstlers zuzuschreiben. Dasselbe gilt für einen Stich von Andreas Hoffer, der die gleiche Begebenheit zeigt (*Abb. 9*). Die frappante Ähnlichkeit der beiden Darstellungen rührt indessen von der Benutzung des Füsslischen Werks als Vorlage durch Hoffer.

Deutlich realistischer erscheint der undatierte Stich von Johann Baltasar Bullinger (1713–1793). Der Künstler blickt aus dem Tobel auf zu einer über zerklüfteten

[22] Stumpf, VI. Buch, 478.

[23] Escher, 190 .

[24] Auch H. Zeller-Werdmüller vermutet, ob Erlenbach oder Küsnacht habe es wohl nie eine Burg dieses Namens gegeben. Vgl. Zeller-Werdmüller 1893, 299f., zur Wulp dagegen 233f.

[25] Schneider 1979, 27, Anm. 25.

[26] Staatsarchiv des Kantons Zürich.

Felsen sitzenden Ruine *(Abb. 10)*. Die Darstellung ist mit *Balp* bezeichnet, sowohl der abgebildete Baubestand als auch die topographische Situation passen jedoch gut zur Wulp.

In die Mitte des 19. Jh. datiert die fein kolorierte Zeichnung von P. H. Schulthess (1813–1867). Es handelt sich dabei um den frühesten topographischen Plan vom Wulper Burghügel und seiner Umgebung *(Abb. 11)*.

◁ **Abb. 10:** *Kupferstich des Zürcher Künstlers Johann Baltasar Bullinger (1713–1793). Die dargestellte Ruine wird als «Balp» bezeichnet, doch handelt es sich hier wohl um die Ruine Wulp (Staatsarchiv des Kantons Zürich).*

▽ **Abb. 11:** *Frühester topographischer Plan der Wulp von P. H. Schulthess aus der Mitte des 19. Jh. (Bibliothek SLM, AGZ M II, 43).*

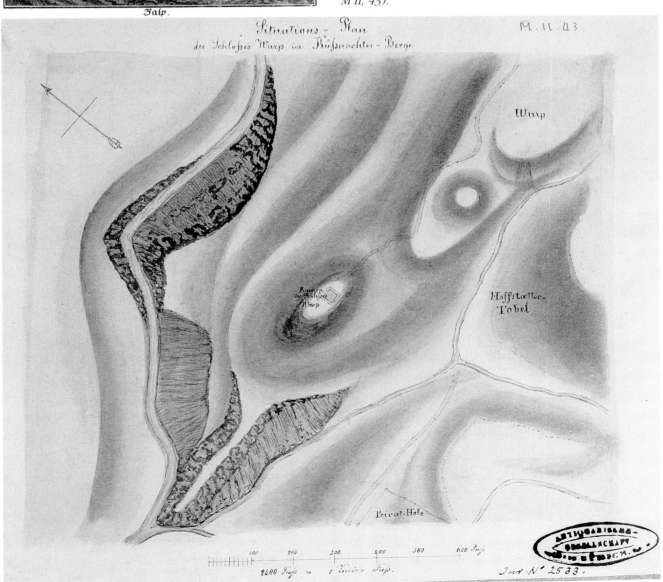

II. Forschungsgeschichte

1 Die Grabungen 1920–23

Am 31. Januar 1918 machte Jacques Bruppacher, der damalige Präsident des Verschönerungsvereines Küsnacht, den Vorschlag, die Mauerreste der früheren Burg Wulp im Küsnachter Tobel freizulegen, um die wenigen geschichtlichen Denkmäler der Gemeinde so weit als möglich erhalten zu helfen. Der Vorschlag wurde allgemein gutgeheissen. Am 30. August des folgenden Jahres bewilligte die Holzkorporation Küsnacht als Besitzerin der Parzelle eine Grabung auf dem Wulphügel.

Die ausgegrabenen Mauern sollten konserviert und mit einer Zementabdeckung vor Regenwasser geschützt werden. Aus diesem Grund wurde für die bauliche Sanierung mit Baumeister Kruck von Küsnacht Kontakt aufgenommen. Da die bescheidenen finanziellen Mittel für die Sanierung der Ruine gebraucht wurden, sollten die Grabungsarbeiten von Mitgliedern des Verschönerungsvereines in samstäglicher Fronarbeit ausgeführt werden.

Am 8. Mai 1920 war es endlich soweit. Richard Arnold, Armin Eckinger, Fritz Bruppacher und Victor Näf hoben die ersten Schnitte auf der Wulp aus. Bis zum Ende des Jahres verging kaum ein Samstag, an dem nicht die Mannschaft des Verschönerungsvereins Küsnacht – zum Teil in wechselnder Besetzung – an der Freilegung «ihrer» Burgruine arbeitete. Fachlich betreut wurden die Ausgräber von Professor Friedrich Hegi und von Hans Lehmann, dem damaligen Direktor des Schweizerischen Landesmuseums. Die Grabungen zogen sich über zwei weitere Jahre hin und wurden erst am 30. September 1923 abgeschlossen. Bis dahin hatten die freiwilligen Helfer an 106 Samstagnachmittagen etwa 2100 Arbeitsstunden geleistet. Nach der Mauersanierung konnte die «auferstandene» Burgruine am 24. Mai 1924 der Öffentlichkeit übergeben werden. Die Konservierungsarbeiten hatten 6000 Franken verschlungen. Dieser Betrag wurde zur Hauptsache von der Antiquarischen Gesellschaft Zürich, vom Kanton und vom Bund, der die Ruine 1923 unter Schutz stellte, aufgebracht.

Abb. 12: Burg Wulp, Grabungen 1920–23. Oben: Die freigelegte östliche Burghälfte. Unten: Die massgeblich beteiligten Ausgräber. Von links nach rechts: Fritz Bruppacher, Dr. Theodor Brunner, unbek., Diethelm Fretz. Nicht auf dem Bild: der Fotograf Walter Bruppacher.

Nach heutigem Verständnis würden wir diese erste Ausgrabung als «Schatzgräberei» bezeichnen, denn neben dem Freilegen der Mauerzüge ging es den Ausgräbern in erster Linie um die Bergung von Funden. Bezeichnenderweise wurden nur die «interessantesten» Fundstücke, Objekte aus Eisen, Bronze sowie grosse Keramikfragmente, geborgen, ohne dass die genaueren Fundumstände notiert worden wären. Weniger spektakuläre Funde müssen im Grabungsaushub gelandet sein. Dennoch war die Ausbeute recht reichhaltig. Das

Inventar der Fundstücke beinhaltet insgesamt 163 Nummern. Aus den Mitteln des Verschönerungsvereins wurde 1923 für den Heimatkundeunterricht der Küsnachter Schulen ein Schaukasten mit den Fundgegenständen eingerichtet[27].

Die Dokumentation der Grabungen 1920–23 besteht aus einigen Erinnerungsfotos *(Abb. 12)*, einem 1921 erstellten Grundrissplan der Ostburg *(Abb. 13)*, der den freigelegten Zustand vom Juni 1921 wiedergibt, und einem Grundrissplan, der den Zustand nach Ab-

schluss der Arbeiten 1923 zeigt *(Abb. 14)*, sowie einem kleinen Notizheft mit dem Titel «Wulpgrabungen», welches neben einigen Befundnotizen in erster Linie die Namen der Helfer nennt[28]. Am besten orientieren uns zwei Zeitungsartikel von Emil Stauber 1921 und Friedrich Hegi 1922 über den Verlauf und die Ergebnisse der Grabungen[29]. In späteren Zeitungsartikeln wurden die von Stauber und Hegi publizierten Erkenntnisse weiterverwendet und zum Teil ohne Angabe der Quellen wörtlich zitiert[30].

2 Die Arbeit von Baltensweiler 1945

Nachdem die archäologischen Untersuchungen der Jahre 1920–23 noch nicht ausgewertet waren und ausser den beiden eben genannten Zeitungsartikeln kein eigentlicher Grabungsbericht existierte, setzte sich Eugen Baltensweiler das Ziel, diese Lücke «einigermassen auszufüllen». Seine Schlussarbeit über die Burg Wulp im Fach Geschichte am Oberseminar des Kantons Zürich von 1945 ist in zwei Teile gegliedert. Der erste, historische Teil behandelt die Geschichte der Burg von den Anfängen bis zur mutmasslichen Zerstörung in der sogenannten «Regensberger Fehde» 1267/68 und beschreibt das weitere Schicksal der Ruine bis zum Übergang Küsnachts an die Stadt Zürich 1384. Im Staatsar-

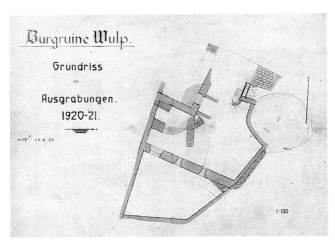

Abb. 13: *Burg Wulp 1920/21. Grundrissplan der Ostburg. Letzte Bleistiftergänzungen vom 10. 6. 1921 (Bibliothek SLM, AGZ). Reproduktion nicht massstäblich.*

Abb. 14: *Burg Wulp 1923. Grundrissplan nach Abschluss der Ausgrabungen (Bibliothek SLM, AGZ). Reproduktion nicht massstäblich.*

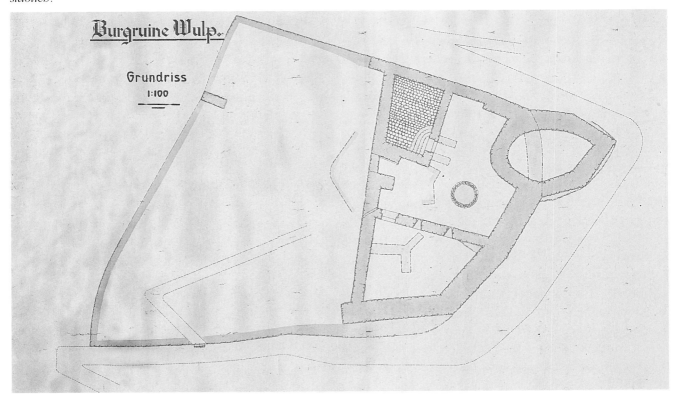

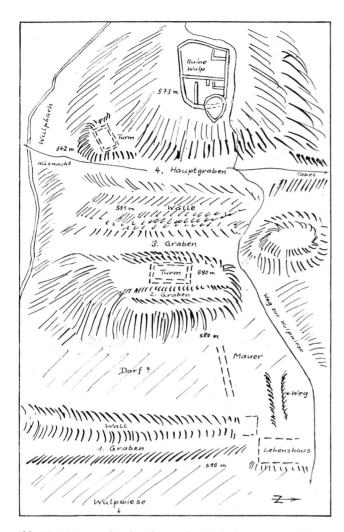

Abb. 15: Topographische Skizze des Wulpspornes von E. Baltensweiler nach den Beschreibungen von Prof. F. Hegi.

chiv sowie in der Zentralbibliothek Zürich sichtete Baltensweiler Chroniken und Urkunden, ferner berücksichtigte er bildliche Quellen und frühe Landkarten.

Für den zweiten Teil, die Auswertung der Grabungen 1920–23, trug Baltensweiler alles zusammen, was an Zeitungsberichten, Briefen und Rapporten über die archäologischen Untersuchungen zu finden war. Die komplizierte Geländebeschreibung von Professor Friedrich Hegi verwendete er zur Erstellung einer topographischen Skizze *(Abb. 15)*. Die spärlichen Befundnotizen aus dem Notizheft von 1920–23 trug Baltensweiler auf dem nach Abschluss der Untersuchungen erstellten Grundrissplan der Burg ein. Ergänzt durch persönliche Mitteilungen des Ausgräbers und Mitinitianten der Grabungen, Jacques Bruppacher, erstellte er einen technischen Bericht, diskutierte die Baubefunde und stellte kurz das geborgene Fundmaterial vor. So gelang es ihm, die Ergebnisse der dürftig dokumentierten ersten Untersuchungen über zwanzig Jahre nach deren Abschluss zu rekonstruieren und schriftlich festzuhalten[31].

3 Grabungen und Konservierungsarbeiten 1961/62

Nachdem die freigelegten Ruinen vierzig Jahre dem Wetter ausgesetzt gewesen waren, begannen sich die Witterungseinflüsse immer stärker bemerkbar zu machen. Namentlich der Bauuntergrund hatte sehr gelitten. Solange die Ruine unter einer meterhohen Schuttdecke begraben gelegen hatte, waren Mauern und Untergrund vor Frost und Feuchtigkeit geschützt. Nun aber begann sich der anstehende Mergel aufzuweichen, und das Mauerwerk wurde in seinem Verband gelockert[32].

Die Sanierungen nach Abschluss der Grabungen 1920–23 hatten im Ostteil der Burg Mauern (M4, M5, M15, M16, M17) einer älteren Anlage zutage gefördert. Diese sollten nochmals freigelegt und genauer untersucht werden. Ebenso sollte der 1923 nur teilweise ausgehobene Brunnenschacht nun bis auf den Grund freigelegt werden *(Abb. 20)*. Im westlichen Teil der Burg war bisher nicht gegraben worden, sodass man sich hier ungestörte Aufschlüsse zur Baugeschichte erhoffte.

Die Forschungs- und Sanierungsarbeiten 1961/62 wurden wiederum vom Verschönerungsverein Küsnacht initiiert, der sich mit Fr. 10000.– an der Finanzierung beteiligte. Einen Beitrag von Fr. 25000.– leistete die Gemeinde Küsnacht.

Vor der eigentlichen archäologischen Untersuchung erstellte der Küsnachter Architekt Christian Frutiger in Zusammenarbeit mit dem Bauamt Küsnacht einen topographischen Plan des Burgspornes *(Abb. 16)* und hielt die sichtbaren Mauern der Burg zeichnerisch fest *(Abb. 17)*. Auch die von einer Pfadfindergruppe durchgeführten Freilegungsarbeiten im Sommer 1961 standen unter seiner Leitung *(Abb. 18, 19)*. Dabei wurde die östliche Burghälfte weitgehend bis auf den gewachsenen Boden ausgeräumt. Die Mauersanierungen erfolgten von Juni bis November 1961 durch die Küsnachter Baufirma C. Sander. Dabei wurden die Fugen und Kronen der frei-

[27] Vgl. Th. Bitterli, Der Wulpschaukasten der Grabungen 1920/22 im Ortsmuseum. Küsnachter Jahresblätter 1989, 10–19.

[28] Dokumentation im Arch. VVK und im SLM (Archiv AGZ).

[29] E. Stauber, Wulp. Neue Zürcher Zeitung 1385, 28. 9. 1921; F. Hegi, Neuerweckte Zürcher Burgen, Wulpgeplauder. Der Antiquar 4, 15. 8. 1922, 14.

[30] U. Brunner, Die Wulp. Zürichsee-Zeitung, 12. 8. 1947; J. Bruppacher, Die Funde auf der Wulp. Zürichsee-Zeitung 159, 10. 7. 1957.

[31] Baltensweiler 1945. Kopie der Arbeit im Archiv der Kantonsarchäologie Zürich.

[32] Ch. Frutiger, Text zum Kostenvoranschlag für die Untersuchungen und Sanierungsarbeiten 1961–62, 10. 6. 1960 (Arch. VVK).

gelegten Mauern mit modernem Mörtel verschlossen und Teile der Umfassungsmauern mit Beton unterfangen.

Mit der Untersuchung der westlichen Burghälfte wurde Karl Heid beauftragt. Unter seiner Leitung überzogen Arbeiter der Firma C. Sander im Herbst 1962 den westlichen Burghof in alle Richtungen mit insgesamt 18 Sondierschnitten *(Abb. 21)* auf der Suche nach weiterem Mauerwerk. Ausser dem schon seit den Grabungen 1920–23 bekannten Gebäude (G 4) in der Nordwestecke konnten keine Gebäudegrundrisse festgestellt werden, weshalb der westliche Burghof weiterhin als unüberbaut galt.

Im Halsgraben südöstlich der Burg wurde überdies in drei Sondierschnitten nach dem von Baltensweiler in der topographischen Skizze eingetragenen Turm gesucht *(Abb. 15)*. Trotz der vielversprechenden Geländeform liessen sich keinerlei Hinweise auf einen solchen Bau finden. Heid vermutete, dass an dieser Stelle früher möglicherweise nach Sand gegraben worden war.

Die Resultate der Untersuchungen wurden schriftlich festgehalten. Frutiger verfasste für jede Kampagne einen separaten Grabungsbericht[33]. Auch Karl Heid hielt seine Beobachtungen im Westteil der Burg in ei-

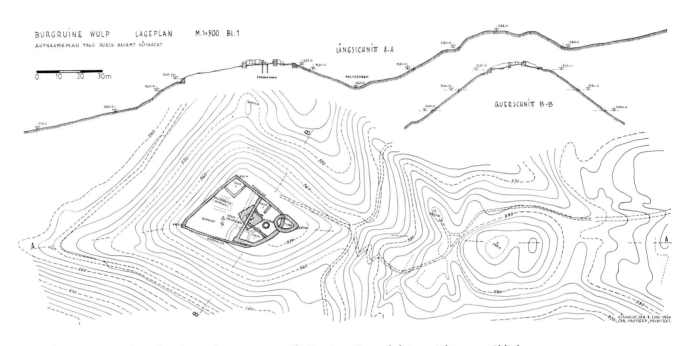

Abb. 16: *Topographischer Plan des Wulpspornes von Ch. Frutiger. Reproduktion nicht massstäblich.*

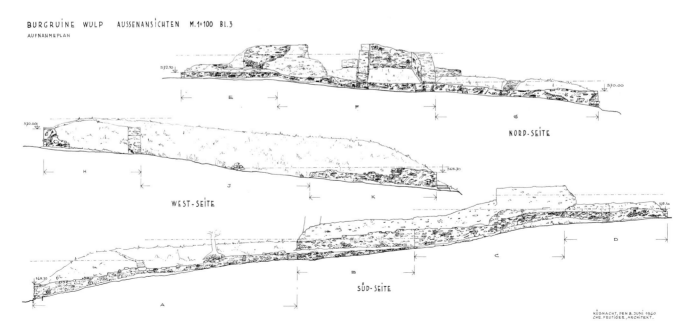

Abb. 17: *Burg Wulp 1961/62. Mauerdokumentation vor Beginn der Grabungen. Reproduktion nicht massstäblich.*

Abb. 18: Burg Wulp 1961/62. Pfadfinder bei den Freilegungs-arbeiten.

Abb. 19: Burg Wulp 1961/62. Der Grabungsleiter Ch. Frutiger instruiert seine jugendlichen Helfer.

Abb. 20: Burg Wulp 1961/62. Die Filterzisterne während der Freilegung (oben) und nach der Konservierung mit rekonstruierter Brüstungsmauer (unten).

nem fünfseitigen, maschinengeschriebenen Bericht fest[34]. Die Ergebnisse der Ausgrabungen von 1961 wurden von Frutiger in den Küsnachter Jahresblättern und den Nachrichten des Schweizerischen Burgenvereins publiziert[35]. Ausserdem berichteten mehrere Zeitungsartikel vom Fortgang und den Ergebnissen der archäologischen Untersuchungen[36].

4 Die Konservierungsarbeiten 1977/78

Zur Schonung des Baumbestandes der westlichen Burghälfte hatte man 1962 auf die Konservierung der Um-

fassungsmauer verzichtet. Dies sollte sich in den folgenden Jahren rächen. Immer tiefer begann das Wurzelwerk der Buchen ins Mauerwerk einzudringen und vermochte den äusseren Mauermantel vom Kern zu lösen. Zusätzliche Schäden wurden durch Wasser und Frost verursacht. Eine Sanierung drängte sich auf.

Da die Burg seit 1923 unter Bundesschutz steht, wurden die entsprechenden Amtsstellen bei der Planung miteinbezogen. Nach einer Begehung des Platzes mit Prof. Dr. Hans Rudolf Sennhauser (Eidgenössische Kommission für Denkmalpflege) und lic. phil. Andreas

---

[33] Ch. Frutiger, Bericht Burgruine Wulp, Renovationsarbeiten 1. Etappe 1961 (Arch. VVK); Ch. Frutiger, Forschungsgrabungen auf dem Burghügel der Ruine Wulp 1962, 1. 12. 1964 (Arch. VVK). Vgl. auch *Abb. 22:* Bauphasenplan nach Frutiger, BerZD 5, 1966/67, Beilage 4/4.

[34] K. Heid, Grabung Wulp 1962, Mai 1963 (Arch. VVK).

[35] Ch. Frutiger, Zu den Ausgrabungen der Burgruine Wulp 1961. Küsnachter Jahresblätter 1962, 39–41; Ch. Frutiger, Burgruine Wulp ZH. NSBV 35, 1962, 36–38.

[36] Ernst Frick, Die «Wulp» – Künderin vergangener Zeiten. Zürichsee-Zeitung 206, 2. 9. 1961; unbekannter Autor mit dem Kürzel «ls», Geheimnisumwitterte Burg Wulp. Die Tat, 28. 9. 1961, 6; H. Bächtold, Ruinen berichten aus alter Zeit. Neue Grabungen auf der Burgruine Wulp. Tagesanzeiger, 11. 10. 1961, Bl. 10.

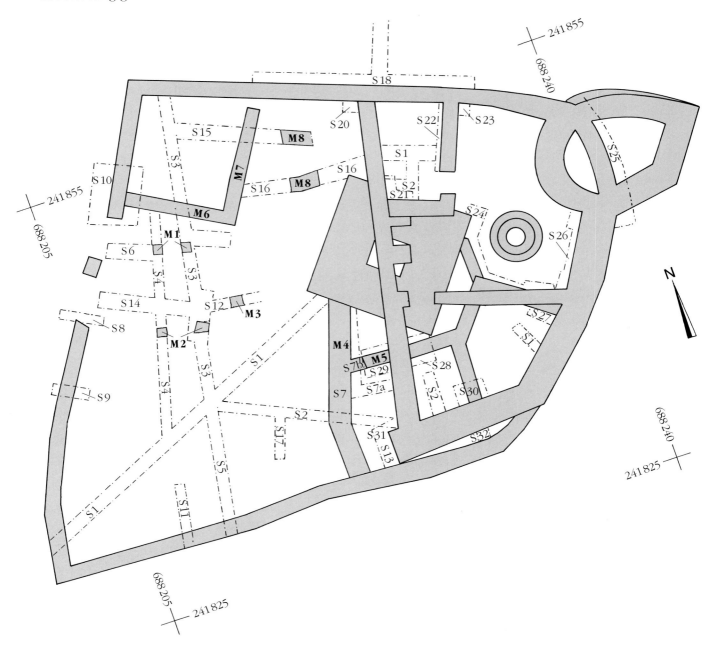

Abb. 21: *Burg Wulp 1961/62. Übersichtsplan der Grabungen. M 1– 8: Mauerbezeichnungen nach Heid; S 1– 18: Sondierschnitte von Heid; S 20– 32: Sondierschnitte von Frutiger. M. 1 : 250.*

Zürcher (Kantonale Denkmalpflege Zürich) arbeitete wiederum der Küsnachter Architekt Christian Frutiger ein Sanierungsprogramm aus.

Die Umfassungsmauer sollte entlang der äusseren Flucht mit einer Betonunterfangung gestützt werden. Dazu wurde im Herbst 1977 der Fundamentfuss des Berings freigelegt *(Abb. 23)*, wobei einige Kleinfunde geborgen werden konnten. Die Beschaffung des benötigten Steinmaterials geschah im Frühjahr 1978 durch eine Gruppe von Pfadfindern. Sie sammelten die Steine am Fusse der Burg und schleppten sie auf den

Hügel. Die eigentliche Sanierung führten Arbeiter der Baufirma C. Sander von August bis September desselben Jahres durch. Bereits eingestürzte Partien wurden mit Bollensteinen frisch aufgemauert und mit Beton gefüllt. Wo der Mauermantel noch stabil erschien, begnügte man sich damit, eine neue Mauerkrone aufzusetzen, um ein weiteres Eindringen des Wassers zu verhindern. Über die Arbeiten verfasste Frutiger einen schriftlichen Bericht[37]. Finanziert wurde die Sanierung vom Verschönerungsverein und der Gemeinde Küsnacht.

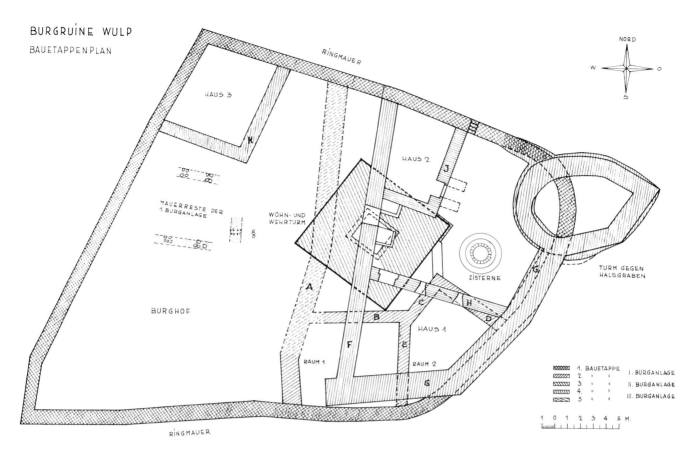

BURGRUINE WULP
BAUETAPPENPLAN

HAUS 3

K

RINGMAUER

NORD
W ─── O
S

HAUS 2

J

MAUERRESTE DER
1. BURGANLAGE

WOHN- UND
WEHRTURM

ZISTERNE

G

TURM GEGEN
HALSGRABEN

A

BURGHOF

C H
B D
HAUS 1

F E
I G
RAUM 1 RAUM 2

RINGMAUER

1. BAUETAPPE I. BURGANLAGE
2. " "
3. " " II. BURGANLAGE
4. " "
5. " " III. BURGANLAGE

1 0 1 2 3 4 5 M.

Abb. 22: *Burg Wulp 1961/62. Bauphasenplan von Ch. Frutiger nach Abschluss der Grabungen.*

5 Die Grabungen 1980–82

5.1 Zielsetzung

Nach Abschluss der Sanierungsarbeiten 1977/78 entbrannte im Vorstand des Verschönerungsvereines Küsnacht eine Diskussion über den Sinn einer erneuten archäologischen Untersuchung der westlichen Burghälfte. Aufgrund eines Gutachtens von Prof. Dr. Werner Meyer vom 2. 12. 1978 beschloss der Verein, hier eine weitere Grabung zu lancieren. Mit der Untersuchung beauftragt wurde lic. phil. Thomas Bitterli aus Basel. Finanziert wurden die Grabungsarbeiten vom Verschönerungsverein Küsnacht und der Gemeinde Küsnacht.

Ziel der Untersuchungen war es, die dürftige schriftliche Quellenlage durch archäologische Befunde zu ergänzen. Namentlich sollte die chronikalisch überlieferte Zerstörung der Burg in der sogenannten «Regensberger Fehde» 1267/68 verifiziert werden. Im weiteren suchte man nach älteren Vorgängerbauten aus Holz und erhoffte sich bessere Datierungshinweise zu den einzelnen Bauphasen.

[37] Ch. Frutiger, Burgruine Wulp Küsnacht, Sicherungsarbeiten am Mauerwerk der Wehrmauern des westlichen Burghofes im August und September 1978 (Arch. VVK).

Abb. 23: *Burg Wulp 1977/78. Mauersanierungsarbeiten.*

21

5.2 Die Kampagne 1980

Von Juli bis August 1980 wurde der südliche Abschnitt der Westburg untersucht[38]. Um die noch ungestörten Partien archäologisch zu erfassen, entschied man sich für eine Flächengrabung. Dazu wurden in der Südwestecke die Flächen A, B und C mit den dazwischenliegenden 1–1,5 m breiten Profilstegen AB und AC geöffnet *(Abb. 24)*. Hier erlebten die Ausgräber bereits die erste Überraschung: Der von Karl Heid 1962 als gewachsener Boden betrachtete gelbe Mergel erwies sich als eine etwa 1 m mächtige Einfüllung, unter welcher die Reste eines älteren Gebäudes G 1 zum Vorschein kamen.

Mit den Flächen E, EE, F, FF und dem Steg EF wurde die Untersuchung weiter nach Osten ausgedehnt. In Fläche F konnte eine auffallende Häufung von Ofenkacheln und Ofenlehm festgestellt werden. In östliche Richtung setzte sich die Fläche G bis an die quer über den Burghügel laufende Mauer M 8 fort. Die Fläche zwischen der von Heid rekonstruierten Mauer M 4 und der Ringmauer M 9 erhielt die Bezeichnung GG. Weiter nördlich gegen die Hofmitte hin schlossen die Flächen K und L, der etwa 2 m breite Steg KL und – keilförmig zwischen Fläche L und dem Viereckturm G 6 – die Fläche LL an. In Fläche L wurde die 1962 rekonstruierte Mauer M 5 angeschnitten. An der westlichen Ringmauer M 2 wurde die etwa 3,5 x 5 m messende Fläche H geöffnet.

Über den Fortgang der Arbeiten und die Ergebnisse dieser ersten Kampagne berichtete Thomas Bitterli in den Nachrichten des Schweizerischen Burgenvereins[39].

5.3 Die Kampagne 1981

Ursprünglich war vorgesehen, den ganzen Westteil der Burg in einem Sommer auszugraben. Die Befunde im Süden verzögerten 1980 die Arbeiten jedoch so stark, dass bereits nach Abschluss der ersten Etappe zwei weitere Kampagnen für die Jahre 1981 und 1982 geplant wurden.

Die Untersuchungen des folgenden Jahres (1981) waren wiederum auf die Sommermonate Juli und August gelegt worden. Ursprünglich war vorgesehen gewesen, den ganzen Burghof flächendeckend bis auf den gewachsenen Untergrund auszunehmen. Um schneller voranzukommen, sollte nun das Konzept der Flächengrabung nur noch im Südteil des Hofes, wo die Bäume nicht so dicht standen, beibehalten werden. Den nördlichen Teil der Westburg plante man mittels Sondiergräben von etwa 2 m Breite zu erforschen, in der Absicht, die grossen Wurzelstöcke zu umgraben. Dabei sollten die Schnitte so gelegt werden, dass eine möglichst gute Übersicht über die Schichtverhältnisse des Hofes zu erhalten war. Um eine Verwechslung mit den von Karl

Abb. 24: *Burg Wulp 1980. Die südwestliche Burgecke während der Grabung.*

Heid 1962 gelegten Schnitten zu vermeiden, begann man 1981 die Nummerierung der Suchschnitte bei Nummer 30.

Im Südwesten wurde in der Fläche D die Fortsetzung der im Vorjahr in B und C angeschnittenen Mauern M 20 und M 22 freigelegt *(Abb. 25)*. Dabei erwies sich die Zusammengehörigkeit dieser beiden Mauern. Die nach Norden und Osten erweiterte Fläche H erbrachte den Nachweis einer hufeisenförmigen Feuerstelle M 24, deren eine Schenkelmauer bereits 1980 angeschnitten worden war. Mit den Flächen I, N und dem Schnitt S 35 wurde die im Vorjahr angelegte Fläche E nach Norden erweitert, um die hier beobachtete und ins nördliche Profil laufende, als Mauer M 23 bezeichnete Steinsetzung näher zu untersuchen. Diese entpuppte sich nun allerdings als Schuttauffüllung.

Mit einer Länge von über 10 m führte Schnitt S 30 in der Hofmitte von Osten nach Westen über den Burghof. Die Fortsetzung nach Westen bildete der leicht nach Norden versetzte, in den Hang laufende Schnitt S 31. Der östliche Teil dieses Schnittes verlief parallel zu Schnitt S 6 von Heid. Im Bereich der Hangkante wurden Reste der Ringmauer M 2 angeschnitten. Schnitt S 32 durchquerte das von Heid als Raum III bezeichnete Gebäude G 4 in der Nordwestecke der Burganlage. Dieser Schnitt wurde so gelegt, dass er den Heidschnitt S 3 überlappte. Während die westliche Profilwand gestört war, schien das östliche Profil unberührt.

In den Schnitten S 33 und S 34 sollte die von Heid beobachtete und als Mauer M 8 bezeichnete Struktur untersucht werden (M 26). Es stellte sich heraus, dass es sich dabei um ein umgestürztes Stück der nördlichen Ringmauer M 1 oder der davorgeblendeten Mauer M 28 handelte. Im weiteren beabsichtigte man, die Schichtverhältnisse zwischen dem Gebäude G 4 in der Nordwestecke und dem Viereckturm G 6 zu klären. Die Fläche zwischen diesen Schnitten wurde mit U be-

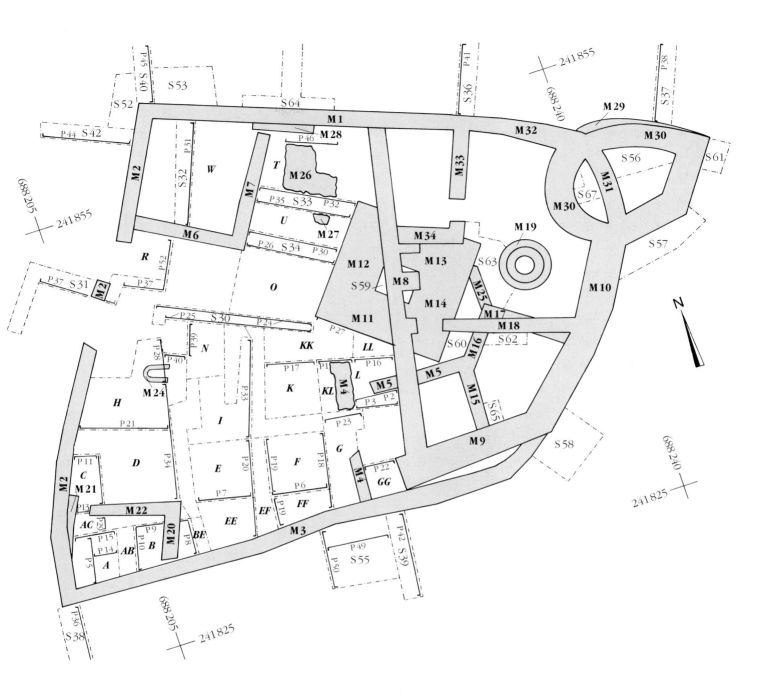

Abb. 25: *Burg Wulp 1980–82. Übersichtsplan über die Grabungen. M 1–34: Mauerbezeichnungen; A–X: Grabungsflächen; S 30–67: Sondierschnitte; P 1–52: Profile. M. 1:250.*

zeichnet, jene nördlich davon erhielt die Bezeichnung T, die südliche die Bezeichnung O.

Auch ausserhalb der Umfassungsmauer wurden an verschiedenen Stellen Schnitte in den Hang gelegt. Die Schnitte S 36 und S 37 sollten die Schichtverhältnisse an der Aussenseite der nördlichen Ringmauer M 1 beziehungsweise am Rundturm M 29/M 30 klären. Schnitt S 38 wurde angelegt, um den Verlauf der im Vorjahr entdeckten Trockenmauer M 21 weiterzuverfolgen. Dabei zeigte sich, dass diese Mauer nach Süden keine Fortsetzung hatte und unter der Beringecke M 2/M 3 endete.

Schnitt S 39 sollte die Schichtverhältnisse und Anschlüsse an die südliche Ringmauer M 3 klären.

Als für die Siedlungsgeschichte des Platzes äusserst wichtig erwiesen sich die Schnitte S 40 und S 42 an der nordwestlichen Hangkante: In der ausplanierten Mer-

---

38 Zu den Grabungen 1980–82 vgl. Übersichtsplan *Abb. 25*. Grabungsdokumentation im Archiv der Kantonsarchäologie Zürich.

39 Th. Bitterli, Wulp/Küsnacht ZH. Provisorischer Bericht der Grabung im Sommer 1980. NSBV 54, 1981, 1–8.

gelschicht unter dem Humus fand sich eine grosse Anzahl Gebrauchskeramik aus dem Übergang von der frühen zur mittleren Bronzezeit.

Wie schon im Jahr zuvor wurden die Grabungsergebnisse in den Nachrichten des Schweizerischen Burgenvereins publiziert[40].

5.4 Die Kampagne 1982

Die Grabungsetappen von 1980 und 1981 hatten neue Fragen aufgeworfen, die in der abschliessenden Kampagne von Juli und August 1982 geklärt werden sollten. Das Hauptaugenmerk war dabei auf die Erforschung der bronzezeitlichen Fundschicht im nordwestlichen Abhang des Burghügels gerichtet. Die Schnitte des Vorjahres wurden um die Schnitte S 52 und S 53 erweitert, sodass nun der Bereich der Ringmauerecke flächenhaft abgedeckt wurde *(Abb. 25)*. Die Vermutung, dass es sich hier um keinen Siedlungshorizont, sondern um eine Planie handelte, wurde dabei bestärkt. Im Nordwesten erbrachte der Schnitt S 51 den Nachweis, dass die Fundschicht mit bronzezeitlichem Material ausdünnte, sich aber bis weit in den Hang hinein fortsetzte.

Im weiteren wurde mit der Fläche W zwischen Schnitt S 32 und den Mauern M 6 und M 7 das Gebäude G 4 im nordwestlichen Burghof weiter untersucht.

Auf der Südseite erbrachte Schnitt S 55, die westliche Fortsetzung des Schnittes S 39 vom Vorjahr, den Nachweis, dass die bereits 1920 beobachtete und von Heid als Mauer M 4 bezeichnete Struktur unter der südlichen Ringmauer M 2 weiterlief. Im Norden wurde Schnitt 64 ausgehoben, um abzuklären, ob M 4 auch hier unter der Ringmauer M 1 abtauchte. Der Befund war negativ.

Mit den Flächen R und X wurden die letzten verbleibenden Flächen des westlichen Burghofes untersucht. Verschiedene kleine Sondierungen im Innern und ausserhalb der 1962 beinahe vollständig untersuchten östlichen Burghälfte brachten keine bedeutenden Ergebnisse.

Ein Vorbericht über diese dritte Grabungskampagne erschien wiederum in den Nachrichten des Schweizerischen Burgenvereins[41]. In den folgenden Jahren publizierte der Ausgräber Thomas Bitterli mit zwei Artikeln in den Küsnachter Jahresblättern einen weiteren Vorbericht über die Ergebnisse der archäologischen Untersuchungen 1980–82[42] und stellte die Funde vor[43]. Ausserdem veröffentlichte er 1993 zum 70. Jubiläum der ersten Ausgrabungen 1920–23 ein Buch, das die historische Überlieferung, die verschiedenen Grabungskampagnen und deren Ergebnisse kurz zusammenfasst[44].

---

[40] Th. Bitterli, Wulp/Küsnacht ZH. Provisorischer Bericht der Grabung im Sommer 1981. NSBV 55, 1982, 69–74.

[41] Bitterli 1983.

[42] Th. Bitterli, Burg Wulp – Ergebnisse der archäologischen Untersuchungen 1980/82. Küsnachter Jahresblätter 1985, 5–23.

[43] Th. Bitterli, Aus dem Alltag der Vergangenheit – die Ausgrabungsfunde auf der Wulp. Küsnachter Jahresblätter 1986, 3–21.

[44] Bitterli-Waldvogel o. J.

III. Der Befund

1 Der Bauuntergrund

Der natürliche Untergrund des Wulper Burghügels besteht aus einem mit Sandsteinschichten abwechselnden, eiszeitlich verfestigten Mergelkonglomerat. Es ist heute schwierig, die ursprüngliche Topographie des Bauplatzes zu rekonstruieren. Durch Planierungsarbeiten wurde das Aussehen des Hügels immer wieder verändert. Die Frage, ob es sich bei den untersten im Burginnern ergrabenen Mergel- und Sandschichten lediglich um eine Planie oder bereits um den anstehenden Untergrund handelt, lässt sich oft nicht mit Sicherheit beantworten.

2 Die Schichtverhältnisse

Über die Schichtverhältnisse der östlichen Burghälfte besitzen wir keine Informationen. Von den Grabungen 1920–23 liegen keine schriftlichen Dokumente vor. Auch anlässlich der Freilegungsarbeiten durch Christian Frutiger 1961 wurden keine Beobachtungen hinsichtlich des Schichtenaufbaus angestellt.

Erste Informationen über die Schichtverhältnisse in der westlichen Burghälfte erhalten wir aus Aufzeichnungen über die Grabungen 1962 von Karl Heid. Danach beobachtete er im Burghof unter einer 50 cm mächtigen Humus- und Waldbodenschicht eine etwa 40 cm dicke Brandschuttschicht, die unmittelbar auf dem anstehenden gelben Mergeluntergrund auflag.

Diese Beobachtung konnte, leicht präzisiert, in den Untersuchungen 1980–82 bestätigt werden. Danach wiesen die auf der ganzen Fläche beobachtete oberste Humusschicht *(Pos. 1*[45]*)* und die darunter folgende humose obere Kulturschicht *(Pos. 2)* zusammen eine Stärke von bis zu 70 cm auf *(Abb. 26)*. Im weiteren folgten unterschiedlich starke Brand- und Schuttschichten *(Pos. 48–50, 57–61, 67, 68, 72–74, 79, 82–85, 93; Profile P 26, P 30–P 32, P 35, P 43, P 46)*, die vom Brand in Gebäude G 4 herstammten und sich auf den nördlichen und mittleren Hofbereich erstreckten, während sie im Süden und Südwesten fehlten. Hier liess sich dagegen im Bereich des Gebäudes G 1 eine durchschnittlich 30 cm starke Mischschicht

---

[45] Zu den Pos.-Nummern vgl. auch den Befundkatalog, *Kap. IX.*

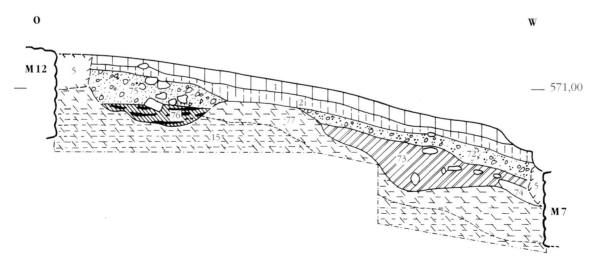

Abb. 26: *Burg Wulp. Profil P 26 von Norden. Unter den humosen Deckschichten Pos. 1 und 2 folgen die Schuttschichten Pos. 72–76 und der Mergel Pos. 77 u. 15. M. 1 : 50.*

aus humosem Material, Mergel und Holzkohle *(Pos. 3)* beobachten (Profile P 5, P 9, P 10). Dieses Schichtpaket ruhte direkt auf dem gewachsenen Mergeluntergrund *(Pos. 15)* oder auf der Mergelhinterfüllung *(Pos. 4)* der südlichen und westlichen Ringmauer M 2 und M 3 *(Abb. 39)*.

Neu gegenüber den Ergebnissen von 1962 war in den Untersuchungen 1980–82 das Auftauchen anthropogener Strukturen unterhalb der von Heid als Untergrund betrachteten ca. 90 cm starken Mergelplanie *(Pos. 4)* in der südwestlichen Ringmauerecke (Profile P 8–10, P 13;

3.1 Frühgeschichtliche Siedlungsspuren

Die ältesten Siedlungsspuren liessen sich im nordwestlichen Abschnitt des Burghügels fassen *(Abb. 25:* Schnitte S 40, 42, 52, 53; Profile P 44, 45). Hier konnte als unterste Fundschicht eine 40–60 cm starke, mit bronzezeitlicher Keramik durchmischte rötliche Mergelschicht *Pos. 53* beobachtet werden, die über die Hügelkante in den Hang zog *(Abb. 64)*. Prähistorische Befunde lagen keine vor. Mit dem bronzezeitlichen Material vergesellschaftet fanden sich geringe Reste mittelal-

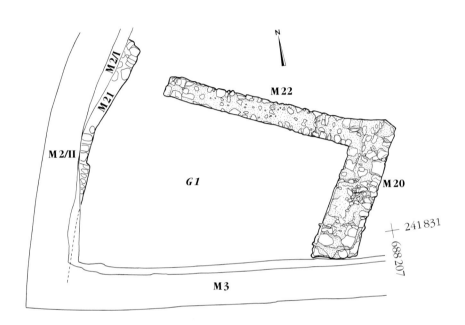

Abb. 27: *Burg Wulp. Aufsicht auf die Trockenmauer M 21 und den Mauerwinkel M 20/22 des Gebäudes G 1 aus der Burgphase I. M. 1 : 100.*

Abb. 31, 39). Zum Vorschein kam ein bis auf die Grundmauern abgebrochenes und mit Brand- und Abbruchschutt verfülltes Gebäude G 1, das zur Vorgängermauer (M 2/I) der heute sichtbaren Ringmauer M 2/II gehörte *(Abb. 27)*. Dieses Gebäude seinerseits stand auf einer an die Fundamente von M 2/I stossenden Mergel- und Sandplanie *Pos. 29* und *Pos. 16,* die Reste einer noch älteren Mauer M 21 überdeckte (Profil P 13, *Abb. 31)*.

3 Die Einzelbefunde

Da das Grabungsgelände in zahlreiche grössere und kleinere Flächen und Schnitte unterteilt worden war, macht es wenig Sinn, jede Fläche oder jeden Schnitt einzeln zu behandeln. Im Folgenden sollen die Befunde in chronologischer Ordnung nach Bauphasen getrennt vorgestellt werden.

terlicher Geschirrkeramik und einige wenige Griffnägel. Diese Funde dürften bei der Planierung des Geländes im Rahmen des ersten Burgenbaus in den Boden gelangt sein. Das Terrain muss dabei etwas abgesenkt und ausgeebnet worden sein. Auf diese Weise wurden die bronzezeitlichen Schichten über die nordwestliche Hangkante gestossen und allfällige Baubefunde zerstört. Unterstrichen wird diese These durch den topographischen Plan, der an der fraglichen Stelle einen schwachen Schuttkegel zeigt *(Abb. 3)*.

3.2 Älteste Baureste (Mauer M 21, *Abb. 25–29*)

Die älteste auf dem Wulper Burghügel fassbare Baustruktur stellte die mit gelbem Lehm ausgefugte Trockenmauer M 21 dar. An der südwestlichen Hangkante gelegen, liess sie sich auf einer Länge von etwa 7 m nachweisen und wurde schräg durch die spätere Umfassungsmauer M 2 überlagert. Ihr südliches Ende

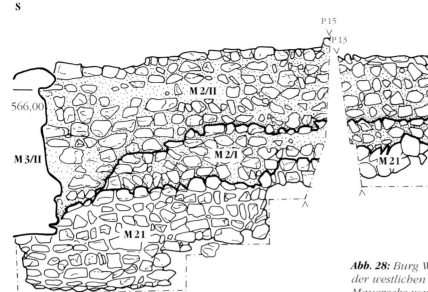

S

566,00

M 2/II

M 3/II

M 2/I

M 21

P 15

P 13

N

P 11

M 2/II

M 2/I

M 21

Abb. 28: *Burg Wulp. Trockenmauer M 21 und die zweite Phase der westlichen Ringmauer M 2 im Bereich der südwestlichen Mauerecke von Westen. M. 1 : 50.*

lag unmittelbar unter der Mauerecke M 2/M 3. Die Mauer bestand aus lagerhaft geschichteten Bruchsteinen. Sie war in ihrem südlichen Teil mit neun Lagen noch etwa 1 m hoch erhalten, wobei die untersten zwei Lagen aus dünnen, plattigen Steinen gebildet wurden. Ihre Unterkante lag auf 563,30 m ü. M. Gegen Norden stieg M 21 stufenweise bis auf eine Höhe von etwa 564,70 m ü. M., wo sie nur noch aus zwei Steinlagen bestand. Die Mauerstärke liess sich nicht mehr bestimmen. Unbekannt ist auch die Funktion der Mauer M 21. Da sich ihre Flucht nicht nach der westlichen Ringmauer M 2 richtete, kann sie wohl kaum als Fundament der Umfassungsmauer betrachtet werden. Unbeantwortet bleibt überdies die Frage nach ihrer Zeitstellung.

3.3 Burgphase I (zweite Hälfte 11. Jh.)

In der zweiten Hälfte des 11. Jh. entstand auf dem Wulphügel eine erste Burganlage in Stein *(Abb. 30)*. Vor dem Errichten des Berings wurde das Terrain im Nordwesten, im Bereich der späteren Ringmauerecke M 1/M 2, ausgeebnet und nach Norden und Westen über die Hangkante geschoben, wodurch Fundmaterial einer früh- bis mittelbronzezeitlichen Höhensiedlung in den Hang gelangte. Wahrscheinlich wurden durch diese mittelalterliche Planierungstätigkeit auch prähistorische Siedlungsspuren beseitigt.

3.3.1 Ringmauer (M 1/I, M 2/I und M 31)

Eine ungefähr der Geländekante folgende in Zweischalentechnik errichtete, gemörtelte Ringmauer umschloss das Areal der ersten Burganlage. Von den heute sichtbaren Teilen der Ringmauer gehört einzig der nördliche Abschnitt M 1 zum ursprünglichen Baubestand. Er liess

sich noch beinahe auf der ganzen Länge beobachten. Allerdings hatten zahlreiche Ausbesserungen das ehemalige Erscheinungsbild stark verändert. Die westliche Ringmauer M 2 stösst an M 1/I und dürfte jünger sein. Aufgrund der Mergelhinterfüllung *Pos. 4* kann sie der zweiten Bauphase (M 2/II) zugeordnet werden *(Abb. 31)*.

Vom westlichen Ringmauerabschnitt der ersten Phase (M 2/I) liessen sich in der südwestlichen Burgecke, unter der jüngeren Ringmauer (M 2/II), noch Reste fassen *(Abb. 27, 28, 31)*. Hier besass die Mauer eine Länge von etwa 7 m und wies eine Stärke von etwa

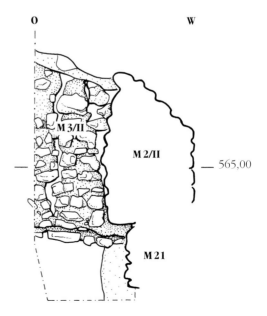

O

W

M 3/II

M 2/II

565,00

M 21

Abb. 29: *Burg Wulp. Innenansicht der südlichen Ringmauer M 3 und Schnitt durch M 21 und M 2 im Bereich der südwestlichen Mauerecke von Norden. M. 1 : 50.*

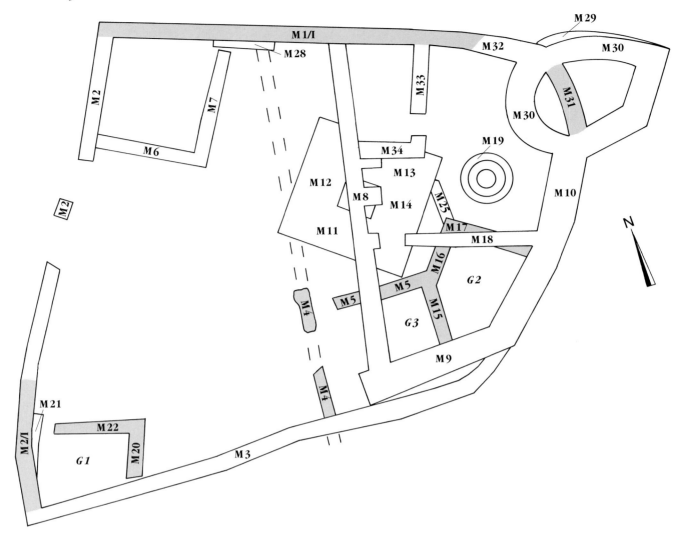

Abb. 30: *Burg Wulp. Burgphase I (2. Hälfte 11. Jh.). M. 1:250.*

1,3 m auf. Sie bestand aus unregelmässigen, lagig geschichteten Bruchsteinen. Es liessen sich maximal fünf
Steinlagen beobachten.

Vom südlichen Abschnitt der ersten Ringmauer
(M 3/I) waren keine Reste mehr vorhanden. Dieser
Mauerteil dürfte wahrscheinlich etwas weiter südlich,
hart an der Hangkante verlaufen sein. Nach Abbruch
des ersten Berings wurde dann der südliche Abschnitt
der nachfolgenden Mauer M 3/II soweit nach Norden
gerückt, dass zur Abbruchstirn der Hausmauer M 20 nur
gerade eine 20 cm breite Fuge verblieb *(Abb. 32, 71)*.
Dagegen richtete sich der westliche Ringmauerabschnitt
der zweiten Phase M 2/II exakt nach der Vorgängermauer M 2/I, wodurch deren Abbruchgrube erhalten
blieb und sich in ihrer ganzen Breite von etwa 2 m
schön im Profil P 13 abzeichnet *(Abb. 31)*.

Im Osten stellt das 1,2 m starke Mauerstück M 31 im
Innern des Turmes G 9 wahrscheinlich ebenfalls einen
Rest der ersten Ringmauer dar *(Abb. 30)*. Da bei den

Konservierungsarbeiten 1961/62 alle Anschlüsse gestört
und mit modernem Zementmörtel zugedeckt worden
waren, liessen sich in den Untersuchungen 1980–82
die relativchronologischen Verhältnisse nicht mehr veri-
fizieren.

3.3.2 Burgtor

In seinem Bericht vom September 1921 in der Neuen
Zürcher Zeitung berichtete Emil Stauber von zwei im
Mauerwerk beobachteten Toren[46].

Ein von Baltensweiler 1945 nach den Befunden der
Untersuchungen 1921–23 erstellter Grundrissplan zeigt
eine als «Tor» bezeichnete Maueröffnung im nördlichen
Abschnitt des Berings M 1. Anlässlich der archäologischen Untersuchungen 1961/62 und 1980–82 liessen
sich hier keine Hinweise mehr auf eine Erschliessung
der Anlage finden. Gemäss Thomas Bitterli wird jedoch
diese Lokalisierung des Einganges in der nördlichen
Ringmauer M 1 durch einige Indizien gestützt. So könne

die Winkelform des umgestürzten Mauerstückes M 26 *(Abb. 25)* mit Vorsicht als Negativ des Torbogens interpretiert werden[47]. Zudem spricht die repräsentative Ausgestaltung in Sandsteinquadern der Ostmauer M 7 von Gebäude G 4 *(Abb. 46)* für eine Erschliessung der Burg von Norden, zumal die mit M 7 im Verband errichtete Südmauer M 6 aus normalem Bruchsteinmauerwerk besteht. Diese Hypothese wird durch die Tatsache gestützt, dass die nördliche Ringmauer nicht hart an der Hangkante verläuft, wie es beim südlichen oder westlichen Abschnitt der Fall ist, sodass es einzig auf der Nordseite genügend Platz für einen Zugang hatte.

Dass die Lage des äusseren Burgtores der Wulp anlässlich der Grabungen 1980–82 nicht mehr beobachtet werden konnte, mag zum einen daran liegen, dass der Eingang keinen eigentlichen Torbau besass, sondern durch einen weniger gut nachweisbaren einfachen Mauerdurchlass gebildet wurde, wie er bei Burgen des 11./12. Jh. vielfach beobachtet werden kann[48], zum andern scheinen die Toröffnungen teilweise etwas vom Boden abgehoben angebracht gewesen zu sein, was ihren Nachweis bei geringen Mauerresten praktisch verunmöglicht[49].

3.3.3 Trennmauer M 4

Das vom Bering umschlossene Burgareal wurde von einer in nord-südlicher Richtung verlaufenden Mauer M 4 in eine westliche Vor- und eine östliche Hauptburg getrennt.

Abb. 32: *Burg Wulp. Durch den Abbruch der Ringmauer M 3/I gestrafte östliche Gebäudemauer M 20 von Gebäude G 1. Ansicht von Westen.*

Schon die Grabungen 1920–23 hatten den Nachweis einer Struktur erbracht, die etwa in der Burgmitte von der südlichen Ringmauer M 3 in nördliche Richtung zum Viereckturm G 6 verlief. Aufgrund des Stein- und Mörtelschuttes wurde die Struktur als Rest einer Mauer (M 4) gedeutet. Ihre Stärke liess sich nicht mehr beurteilen. Karl Heid notierte sie 1962 mit 1,4 m und rekonstruierte ein Stück der Mauer im Bereich des Anschlusses an die südliche Ringmauer M 3.

---

[46] E. Stauber, Wulp. Neue Zürcher Zeitung 1385, 28. 9. 1921.
[47] Bitterli-Waldvogel o. J., 58.
[48] Tauber 1991, 138.
[49] Meyer 1991, 327.

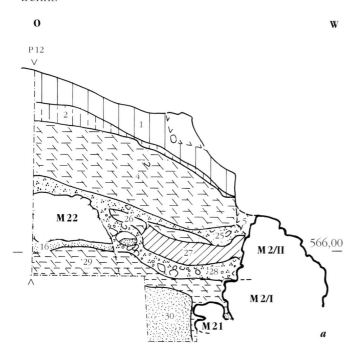

Abb. 31: *Burg Wulp. Profil P13 von Norden, Profilzeichnung (a) und Foto (b). M. 1 : 50.*

Abb. 33: *Burg Wulp. Mit Mauerschutt verfüllte Plünderungsgrube der ehemaligen Mauer M 4 in Fläche KL. Dahinter Mauer M 11 des Viereckturmes G 6. Blick von Süden.*

Abb. 34: *Burg Wulp. Mauerschutt der Plünderungsgrube M 4 in Fläche KL. Im Vordergrund Reste der Mauer M 5 von Gebäude G 3. Blick von Osten.*

Die Grabungen 1980–82 lieferten schliesslich den Nachweis, dass es sich bei der fraglichen Struktur um eine mit Brand- und Mauerschutt verfüllte Plünderungsgrube der ehemaligen Trennmauer M 4 handelte *(Abb. 33–35)*. In Fläche U, ungefähr am höchsten Punkt des ursprünglichen Geländes, war ein ca. 1,6 m breiter Unterbruch zu verzeichnen, der wohl die Lage einer Toröffnung markierte.

Im Süden wurde die Plünderungsgrube durch die im frühen 13. Jh. errichtete südliche Ringmauer M 3/II überlagert, deren Fundament bis auf die Grubensohle abtauchte *(Abb. 36)*. Das südliche Ende der Trennmauer M 4 lag an der Hangkante und konnte nicht erfasst werden.

Im Norden scheint die Trennmauer M 4 mit der Umfassungsmauer M 1/I gerechnet zu haben. Jedenfalls reichte die Plünderungsgrube nicht bis an die Hangkante. Im Innern war der Anschluss der Mauer M 4 an die nördliche Ringmauer M 1 durch die spätere Vorblendung der Mauer M 28 gestört und konnte nicht mehr beurteilt werden *(Abb. 52, 53)*.

Abb. 35: *Burg Wulp. Plünderungsgrube der Mauer M 4, sich als dunkle Verfärbung in Fläche O abzeichnend.*

Wie der oben erwähnte südliche Ringmauerabschnitt M 3/II rechnete auch der massive Viereckturm G 6 der Burgphase II mit der Plünderungsgrube der Mauer M 4, denn die Südwestecke des Turmfundamentes (Mauer M 11/M 12) gründete ebenfalls auf der Grubensohle *(Abb. 37)*.

Aufgrund des Brandschuttes in der Grubenverfüllung lässt sich annehmen, dass die Mauer M 4 nach einer Brandkatastrophe abgebrochen wurde. Wahrscheinlich handelt es sich dabei um den gleichen Brand, der auch zur Aufgabe des Gebäudes G 1 und zum Neubau des südlichen und westlichen Ringmauerabschnittes in

Abb. 36: *Burg Wulp. Fundament der südlichen Ringmauer M 3, auf die Sohle der ausgeräumten Mauergrube von M 4 abtauchend.*

Abb. 37: *Burg Wulp. Mauerecke M 11 des Viereckturmes G 6. Hier ist die Ausbuchtung des Fundamentes in die Plünderungsgrube der ehemaligen Mauer M 4 ebenfalls deutlich erkennbar.*

Phase II geführt hatte. Bei ihrem Abbruch wurde die Trennmauer M 4 beinahe vollständig aus dem Boden gerissen. Sicherlich konnte eine grosse Menge des gewonnenen Steinmaterials wiederverwendet werden. Wahrscheinlich war es leichter, die Fundamente der Mauer M 4 ganz auszugraben, als neues Baumaterial herbeizuschaffen. Schliesslich wurde die Plünderungsgrube mit Brand- und Mauerschutt verfüllt[50]. Die jüngsten Funde aus der Grubeneinfüllung *Pos. 63,* die Ofenkeramikscherben *Kat. 285, 290, 300 und 338 (Abb. 38),* weisen diesen Umbau etwa der zweiten Hälfte des 12. Jh. zu.

3.3.4 Gebäude G 1 *(Abb. 27, 30)*

Schon Karl Heid hatte 1962 mit seinem diagonal von der südwestlichen Burgecke zum Viereckturm G 6 führenden Schnitt S 1 im südlichen Burghof sondiert *(vgl. Abb. 21),* aber nur negative Befunde erhalten. Dies rührte daher, dass er die teilweise bis zu 1 m mächtige Mergelplanie *Pos. 4* und *Pos. 32* entlang der Umfassungsmauer als gewachsenen Boden deutete und diese nie durchschlagen wurde.

Bereits in der ersten Grabungskampagne 1980 konnte in der Fläche C mit der Mauer M 22 eine in Ost–West-Richtung und in Fläche B mit der Mauer M 20 eine in Nord–Süd-Richtung verlaufende Binnenmauer nachgewiesen werden. Die Grabungen des folgenden Jahres erbrachten den Nachweis der Zusammengehörigkeit dieser beiden rechtwinklig im Verband errichteten Mauerteile *(Abb. 27).* Offensichtlich handelte es sich hier um ein in die südwestliche Ringmauerecke gestelltes Gebäude G 1 mit einem Grundriss von etwa 4 x 6 m. Es war auf dem natürlich anstehenden Sandstein- und Mergeluntergrund *Pos. 15 und 16* errichtet worden und besass ein Gehniveau etwa auf der Höhe 566,20 m ü. M. (Profile P 8–10, *Abb. 39).* Seine Mauern

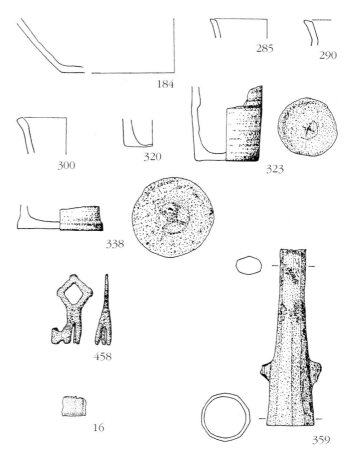

Abb. 38: *Burg Wulp. Die Funde aus der Plünderungsgrube von Mauer M 4. Kat. 184, 285, 290, 300, 320, 323, 338: Mittelalter, Keramik; Kat. 359, 458: Eisen; Kat. 516: Buntmetall. M. 1:3.*

M 20/M 21 waren einhäuptig gegen den Mergeluntergrund gestellt (Profil P 9) und besassen eine Stärke zwischen 0,7 und 1,1 m. Auf der Gebäudeinnenseite war das aus kleinen Steinen bestehende Mauerwerk sorgfältig ausgefugt. Die Steine wiesen hier Brandspuren auf. Hinweise auf eine Innenunterteilung konnten nicht gefunden werden.

Unmittelbar über dem Sand- und Mergelboden *Pos. 15 und 16* breitete sich im Innern des Gebäudes G 1 eine Brandschicht *Pos. 12* aus, die an die Hausmauern M 20 und M 22 stiess (Profile P 9/P 10, *Abb. 39).* Das Gebäude muss also einem Brand zum Opfer gefallen sein. Es wurde nicht mehr aufgebaut. In Profil P 13 *(Abb. 31)* liess sich erkennen, dass M 22 durch eine Abbruchgrube von der ersten Umfassungsmauer M 2/I abgehängt wurde. Nach der Errichtung der neuen Ringmauer M 2/II und M 3/II wurde die

---

[50] Zwei Holzkohlestücke aus der Grubenverfüllung wurden mittels der ¹⁴C-Methode datiert. Sie wiesen dasselbe Alter auf: Proben B-4124 und B-4125: 900 ± 40 BP entsprechend 1024–1216 cal. AD (2σ).

südwestliche Burgecke mit Brandschutt *(Pos. 7– 14 und 21– 28)* und anschliessend mit Mergel *(Pos. 4)* ausplaniert.

Zur Bestimmung des Baudatums von Gebäude G 1 wurden zwei Proben aus einem verkohlten Balken dieser Schicht mittels der ^{14}C-Methode datiert. Die erste Probe streute weit und lieferte ein Schlagdatum des Balkens zwischen 530 und 990 n. Chr. Dieses Resultat konnte durch die zweite Probe in den Zeitraum zwischen 800 und 977 n. Chr. näher eingegrenzt werden, womit ein Baudatum im 9. oder 10. Jh. gegeben wäre[51]. Allerdings belegt das Fundspektrum mit seinen ältesten Stücken eine mittelalterliche Besiedlung erst etwa ab der zweiten Hälfte des 11. Jh. Diese Diskrepanz könnte mit der Ungenauigkeit erklärt werden, welche der ^{14}C-Methode insbesondere in nachchristlicher Zeit anhaftet, sowie mit der nach statistischen Kriterien zu kleinen Probe (nur Einzeldaten statt Datenserie). Einlagerungsbedingungen und Einflüsse des Bodenchemismus könnten das Resultat der Proben ebenfalls stark beeinflusst haben[52].

3.3.5 Gebäude G 2 und G 3

Die beiden aneinander gebauten, unregelmässig viereckigen Gebäude G 2 und G 3 schmiegten sich in die von der Ringmauer M 3/I und der Trennmauer M 4 gebildete Ecke *(Abb. 30)*. Keine dieser Mauern ist im Original erhalten geblieben. Im Rahmen der Konservie-

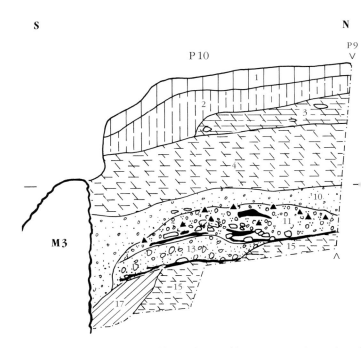

Abb. 39: *Burg Wulp. Abwicklung der Profile P 8– 10 in der südwest*

rungsarbeiten von 1961 wurden sie durch neues Mauerwerk ersetzt, das sich nach dem ursprünglich vorgefundenen Verlauf orientierte *(Abb. 40)*. Gemäss Christian Frutiger, dem damaligen Grabungsleiter, bestand das Mauerwerk aus viereckig zugehauenen Sandsteinen. Die Mauerstärke der beiden Gebäude betrug durchschnittlich etwa 80 cm.

Abb. 40: *Burg Wulp. Trennmauer M 15 von Gebäuden G 2 und G 3 während der Freilegung 1961 (a) und nach der Rekonstruktion (b).*

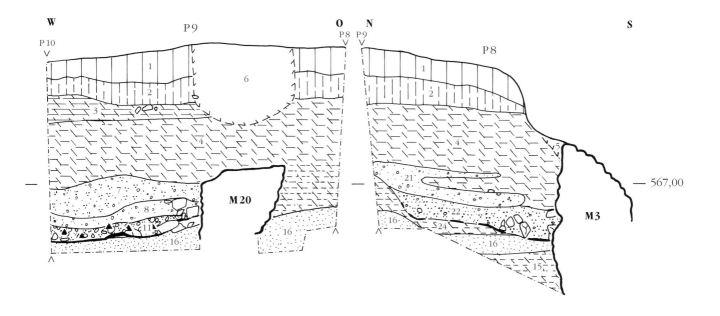

...ecke. Deutlich ist der Brand- und Abbruchschutt Pos. 7, 8, 10, 11, 13, 22 von Gebäude G 1 zu erkennen. M. 1: 50.

Der Gebäudekomplex G 2/G 3 wurde wahrscheinlich noch vor dem Bau des Turmes G 6 in Burgphase II, nämlich beim Abbruch der Trennmauer M 4, der westlichen Hausmauer von Gebäude G 3, aufgegeben.

3.4 Burgphase II (zweite Hälfte 12. Jh.)

3.4.1 Ringmauer (M 2/II und M 3/II)

Die Brandkatastrophe in Gebäude G 1 muss die Ringmauer M 2/II und M 3/II so stark beschädigt haben, dass sich ein Abbruch aufdrängte. Die Grube entlang der Umfassungsmauer zeugt vom Abtrag der alten und dem Aufbau der neuen Umfassungsmauer M 2/II und M 3/II (*Abb. 31, 32*). Von der alten Mauer M 2/I blieben nur im Südwesten wenige Lagen bestehen (*Abb. 28*).

Nach der Vollendung des neuen Berings wurden die Mauergrube und das Innere des bis auf eine Höhe von ca. 0,6 m abgebrochenen Gebäudes G 1 mit Brand- und Abbruchschutt verfüllt (*Abb. 31, 39: Pos. 7– 14 und 21– 28*). Als oberste Planieschicht folgte die Mergeleinfüllung *Pos. 4*, die einen neuen Horizont auf etwa 568,00 m ü. M. schuf (Profile P 5, P 8–10, P 12–15). Die Vermischung der Schuttschicht *Pos. 21* und der Mergeleinfüllung *Pos. 4* in Profil P 8 lässt darauf schliessen, dass beide Schichtpakete in einem Zuge eingebracht wurden (*Abb. 39*). Das Fundmaterial dieses knapp 2 m mächtigen Planiepaketes war stark durchmischt (*Abb. 41, 42*). Es enthielt etwas römische Geschirrkeramik (*Kat. 91, 94*), grosse Mengen römischer Baukeramik (*Kat. 97– 98, 100, 102, 105– 107, 110– 111*) und eine Münze aus dem letzten Drittel des 3. Jh. n. Chr. (*Kat. 112*). Das rö-

mische Material war nicht verbrannt, aber vergesellschaftet mit feuergeschädigten mittelalterlichen Funden (*Kat. 125, 78, 195, 347, 367, 436, 461, 467, 472*). Offenbar wurde hier zur Planierung der Brandstelle römischer Bauschutt herbeigeschafft.

Eine ungefähre Datierung der Phase II liefern die in die zweite Hälfte des 12. Jh. datierenden Funde der Kachel- und Ofenlehmschicht *Pos. 115 (Abb. 43)*. Sie dürfte im Zusammenhang mit der Umbautätigkeit stehen, denn sie war direkt von der Ringmauerhinterfüllung *Pos. 113* überlagert, welche unmittelbar nach dem Bau der Mauer eingebracht wurde (*Abb. 44*).

3.4.2 Gebäude G 4

In der südwestlichen Ringmauerecke M 1/M 2 lag Gebäude G 4 mit einem ehemaligen Gehhorizont auf etwa 569,40 m ü. M (*Abb. 45*). Ob das Gebäude an die Ringmauer angelehnt oder mit dieser im Verband errichtet war, liess sich nicht mehr klären. Schon Karl Heid hatte mit seinem Schnitt S 10 den Anschluss der Hausmauer M 6 an die westliche Ringmauer M 2 vergeblich gesucht, weil nur noch eine Steinlage des Fundamentes vorhanden war. Anlässlich der Grabungen 1980 – 82 zeigte sich nun, dass auch der An-

---

[51] Probe GrN-12695: 1310±130 BP entsprechend 530–990 cal. AD (2σ); Probe GrN-12696: 1155±35 BP entsprechend 800–977 cal. AD (2σ).

[52] Kommentar von P.-A. Schwarz zu den Resultaten der Kalibrierungen vom 5. 10. 91. Archiv der Kantonsarchäologie Zürich.

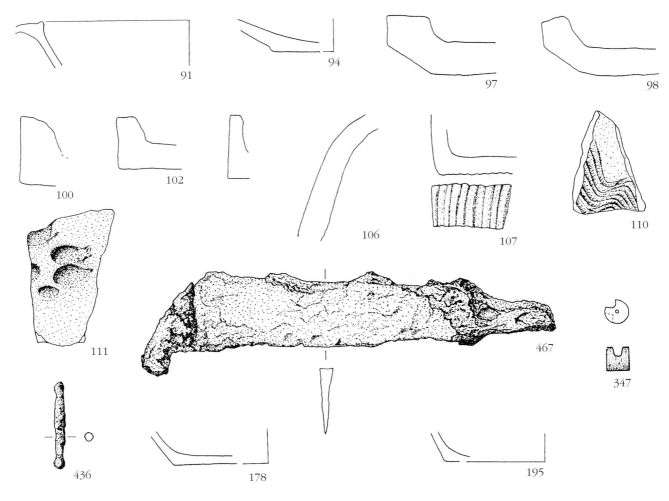

Abb. 41: *Burg Wulp. Funde aus dem Brand- und Abbruchschutt Pos. 7–14, 20 von Gebäude G 1. Kat. 91, 94, 97, 98, 100, 102, 105-107, 110, 111: Römerzeit, Keramik; Kat. 178, 195: Mittelalter, Keramik; Kat. 347: Bein; Kat. 436, 467: Eisen. M. 1:3.*

schluss der Hausmauer M 7 an die Ringmauer M 1 fehlte. Hier war M 7 in Phase III für die Vorblendung der Mauer M 28 an die Ringmauer M 1 gestraft worden *(Abb. 52, 53)*.

Die beiden Hausmauern M 6 und M 7 waren im Verband errichtet. Besonders repräsentativen Charakter besass der Aussenmantel von Mauer M 7: Über einem zweilagigen, im nördlichen Teil leicht vorspringenden Fundament aus grob behauenen Bruchsteinen und Flusswacken, die in eine enge Mauergrube gelegt und mit Mörtel ausgegossen worden waren, erhob sich ab der Höhe des Gehhorizontes eine sorgfältig gefügte Quadermauer aus Sandstein *(Abb. 46)*. Diese war stellenweise noch in drei Lagen erhalten[53]. Die unterste Steinlage war brandgerötet.

Eine Brandkatastrophe muss Gebäude G 4 zerstört haben. Bereits Karl Heid hatte 1962 im Innern des Gebäudes als untersten Horizont über dem Mergelboden *Pos. 53* eine Brandschicht bemerkt, die er als verkohlten Bretterboden betrachtete. Thomas Bitterli neigte dazu, diese Holzkohle- und Brandschuttschicht *Pos. 49*

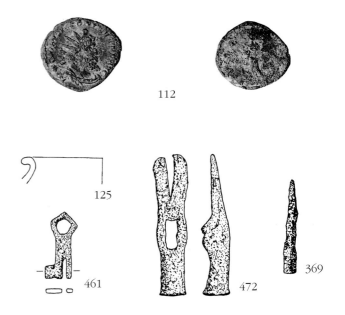

Abb. 42: *Burg Wulp. Funde aus der Mergelplanie Pos. 4 in der südwestlichen Burgecke. Kat. 112: Römerzeit, Münze, M. 1:1; Kat. 125: Mittelalter, Keramik; Kat. 369, 461, 472: Eisen. M. 1:3.*

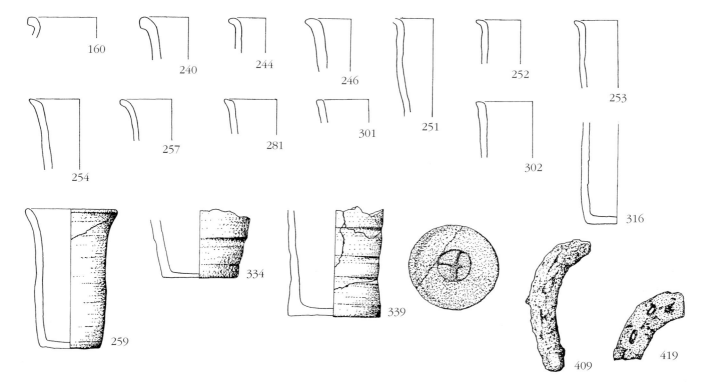

Abb. 43: *Burg Wulp. Funde der Kachel- und Ofenlehmschicht Pos. 115. Kat. 160, 240, 244, 246, 251–254, 257, 259, 281, 301, 302, 316, 334, 339: Mittelalter, Keramik; Kat. 409, 419: Eisen. M. 1 : 3.*

und 50 eher als Überrest der aufgehenden Hauskonstruktion anzusprechen, denn es wurde ein Balkenstück mit einem Zapfloch geborgen *(Abb. 47)*[54]. Im weiteren fand sich in dieser Schicht eine Unmenge von Nägeln, wie sie zum Befestigen von Brettschindeln benutzt wurden *(z. B. Kat. 489– 491)*. Der Primärschutt *Pos. 49 und 50* lag unter einer rund 1 m mächtigen sekundären Schuttschicht *Pos. 48,* die Rutenlehm, Verputz und zahlreiche brandgerötete Steine enthielt. Offenbar war das Gebäude nach dem Brand nicht wiederaufgebaut worden. Die ^{14}C-Untersuchung eines verkohlten Balkens der Brandschicht lieferte das grobe Baudatum 1154–1282[55].

Die wenigen mittelalterlichen Kleinfunde der Zerstörungsschichten *Pos. 49 und 50* – namentlich die Topfscherbe *Kat. 158* – erlauben lediglich eine grobe zeitliche Einordnung der Brandkatastrophe ins fortgeschrittenere 12. Jh. *(Abb. 48)*.

---

[53] Die oberste Lage aus kleinen Bruchsteinen wurde anlässlich der Untersuchungen und Konservierungen 1961/62 zum Schutze des Mauerwerkes aufgemauert.

[54] Bitterli 1983, 2.

[55] Probe GrN-12694: 800 ±45 BP entsprechend 1154–1282 cal. AD (2σ).

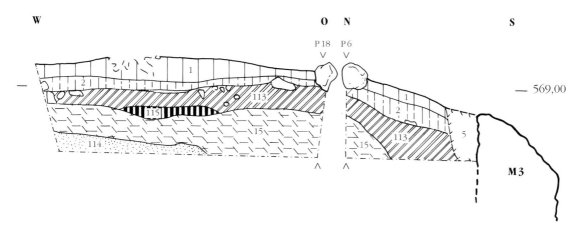

Abb. 44: *Burg Wulp. Abwicklung der zusammengesetzten Profile P 6 und P 18 mit der Kachelschicht Pos. 115. M. 1 : 50.*

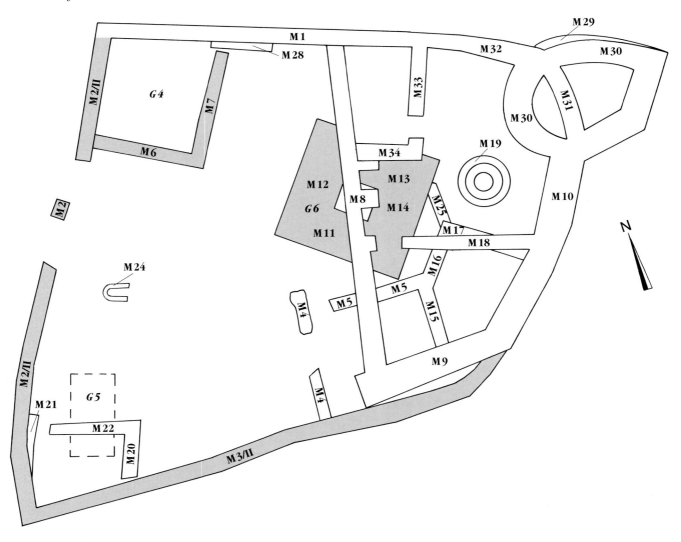

Abb. 45: *Burg Wulp. Burgphase II (2. Hälfte 12. Jh.). M. 1:250.*

3.4.3 Mutmassliches Gebäude G 5

Nach dem Einbringen der Mergelplanie *Pos. 4* wurde in der südwestlichen Burgecke kein Steingebäude mehr errichtet. Dagegen konnte in der nordwestlichen Ecke der Fläche B auf einer Länge von 2 m und einer Breite von 1 m eine auffällige Steinsetzung beobachtet werden, die teilweise stark an Mauerwerk erinnerte *(Abb. 49)*. Zuweilen glaubte man noch eine Flucht zu erkennen, wobei sich eine maximale Mauerstärke von etwa 30 cm messen liess. Allerdings war nirgendwo mehr als eine Steinlage erhalten, auch Mörtel konnte nicht beobachtet werden.

Diese Steinsetzung ist möglicherweise als Substruktion eines Holzgebäudes zu betrachten. Leider liess sie sich in den Flächen A und AC nur sehr schlecht und in Fläche D überhaupt nicht weiterverfolgen, sodass die Ausdehnung des mutmasslichen Gebäudes nicht bekannt ist.

3.4.4 Viereckturm G 6

Durch die Grabungen der Jahre 1920–23 war bereits bekannt, dass sich im Zentrum der Anlage ein Viereckturm befinden musste. Die Untersuchungen von 1961 und 1962 durch Christian Frutiger und Karl Heid brachten diesen Turm nun in seiner ganzen Ausdehnung ans Licht. Zum Vorschein kamen die Fundamente eines massiven quadratischen Turmes mit einer Kantenlänge von 8,6 x 8,8 m und einer Mauerstärke von durchschnittlich 3,2 m. Der Innenraum betrug mit seinen Wänden von 2,3 x 2,5 m nicht ganz 6 m². Der Mauermantel bestand aus unbehauenen Bruch- und Feldsteinen jeglicher Grösse, in lagenhafter Anordnung.

Während die südliche Mauerecke aus einem grossen Feldstein bestand und das beidseitig anschliessende Mauerwerk M 11 und M 14 nur noch eine Steinlage hoch erhalten war, besass die östliche Mauerecke M 13/M 14 noch eine Höhe von 1,8 m und bestand aus sorgfältig

Abb. 46: Burg Wulp. Schön gefügtes Quadermauerwerk M 7 aus Sandstein von Gebäude G 4. Blick von Osten.

glattgehauenen, grauen Sandsteinquadern *(Abb. 50)*. Die Westecke M 11/M 12 war aus grösseren Hausteinen und Buckelquadern gefügt worden *(Abb. 37)*.

Auf einer Höhe von 2 m über der ersten Steinlage besass die Mauer im Turminnern allseitig einen Rücksprung von 20 cm. Von diesem Absatz an waren die Innenwände offenbar mit behauenen Sandsteinquadern ausgekleidet. Ein solches Stück der Verkleidung war unter dem Fundament von M 8 erhalten geblieben. Wir können annehmen, dass sich die Mauer im Aufgehenden weiter in mehreren Sprüngen verjüngte und somit in den oberen Geschossen mehr Raum entstand.

Abb. 47: Burg Wulp. Verkohlte Balken und Bretter aus der Brandschicht Pos. 49 in Gebäude G 4. Das Balkenstück links unten im Bild weist ein Zapfloch auf (weisser Kreis).

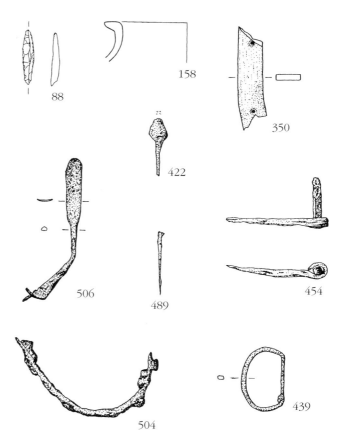

Abb. 48: Burg Wulp. Funde aus der Brandschicht Pos. 49, 50 in Gebäude G 4. Kat. 88: Bronzezeit, Silex; Kat. 158: Mittelalter, Keramik; Kat. 350: Bein; Kat. 422, 439, 454, 489, 504, 506: Eisen. M. 1 : 3.

Abb. 49: Burg Wulp. Schwellmäuerchen des mutmasslichen Gebäudes G 5 in der NW-Ecke von Fläche B. Blick von Süden.

Anlässlich der Grabungen 1980–1982 konnte in Schnitt S 59 die Fundierung des Viereckturmes G 6 näher untersucht werden. Das Fundament lag in einer aus dem Mergeluntergrund ausgehobenen Mauergrube. Die untersten Fundamentlagen waren in die Grube gelegt und mit Mörtel ausgegossen worden, wobei dieser aus den Fugen quoll und sich stellenweise als Negativ der Mauergrube beobachten liess.

Wie das Fundament der Ringmauer M 3/II gründete die westliche Ecke M 11/M 12 des Turmfundamentes auf der Sohle der Plünderungsgrube von Mauer M 4. Die Kachelränder *Kat. 285, 290 und 300* aus der Grubenverfüllung datieren etwa in die zweite Hälfte des 12. Jh. *(Abb. 38)*.

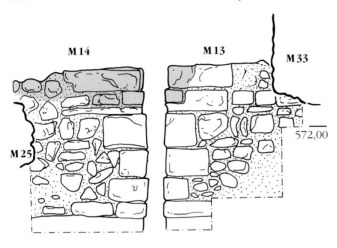

Abb. 50: *Burg Wulp. Östliche Mauerecke M 13/M 14 des Viereckturmes G 6. Die Rasterung bezeichnet die von Frutiger 1962 rekonstruierte Partie. M. 1 : 50.*

3.5 Burgphase III (mittleres 13. Jh.)

Eine Brandschicht im Innern und ausserhalb des Gebäudes G 4 *(Abb. 47)* deutet auf eine Zerstörung der Burg, in deren Folge ein weitgehender Neubau in Angriff genommen wurde *(Abb. 51)*. An verschiedenen Stellen der Burg liess sich aber beobachten, dass die begonnenen Arbeiten plötzlich nicht mehr weitergeführt wurden. Offenbar wurde der Neubau der Burg Wulp nie vollendet.

3.5.1 Ringmauer M 1/M 28

Im Norden sollte die Ringmauer M 1/I ausgebessert und mittels einer vorgeblendeten Mauer M 28 verstärkt werden, wodurch sie eine Stärke von etwa 1,6 m erhalten hätte. Von diesem Vorhaben zeugt die 70 cm breite Mauergrube für M 28 entlang des nördlichen Berings M 1. Reste dieser Verstärkung liessen sich allerdings nur gerade auf einer Länge von etwas mehr als 4 m im Bereich des Anschlusses der Hausmauer M 7 an die Ringmauer M 1 beobachten *(Abb. 52, 53)*. Weiter westlich in

Schnitt S 32 war die Baugrube leer. Die Arbeiten waren offenbar vorzeitig abgebrochen worden.

Dafür fanden sich weitere Reste der Ringmauerverstärkung M 28 in Fläche T, wo die Sondierungen die Aufgabe hatten, eine bereits von Heid beobachtete und als Mauer M 8 bezeichnete Struktur näher zu untersuchen *(Abb. 21)*. Schon beim Abtrag der Humusschicht machte sich eine ausgedehnte Steinsetzung bemerkbar, die die Bezeichnung M 26 erhielt *(Abb. 25)*. Es zeigte sich in der Folge, dass die Steine hochkant auf einer darunterliegenden Humusschicht standen. Was sich schon in Schnitt S 33 (Profil P 32) abzuzeichnen schien, bestätigte sich nun vollends: Es handelte sich hier um den Mantel eines Mauerwerkes, das nach innen gekippt war *(Abb. 54)*. Die Steinlagen verliefen mehrheitlich parallel zur Umfassungsmauer, was auf eine nord-südliche Fallrichtung des Mauerteils schliessen lässt. Einige Zeit nach der Auflassung der Burg, nachdem sich im ehemaligen Hof bereits wieder Humus gebildet hatte, muss wohl ein Teil der vorgeblendeten Ringmauerverstärkung M 28 umgestürzt und als kompaktes Stück liegen geblieben sein.

3.5.2 Ringmauer M 2/II und M 3/II

Auch am älteren Ringmauerabschnitt im Westen und Süden (M 2/II und M 3/II) müssen Reparaturarbeiten ausgeführt worden sein, was zahlreiche zu Ausbesserungszwecken verwendete Spolien belegen. Bereits Karl Heid hatte 1962 am Bering mehrere sekundär verwendete Tür- und Fenstergewände sowie einen Kragstein und Bossenquader beobachtet. Namentlich die wahrscheinlich vom Viereckturm G 6 stammenden Bossenquader zeigen, dass ein grosser Teil der Spolien erst in der letzten Bauphase vermauert worden sein dürfte. Offenbar wurden dabei wahllos alle irgendwie brauchbaren Steine verwendet.

3.5.3 Ringmauer M 9, M 10 und Hofmauer M 8

An den nördlichen Ringmauerabschnitt anschliessend entstand im Osten und Süden mit den Mauern M 32 und M 9/M 10 eine neue, schildmauerartige Umfassung von etwa 2,3 m Stärke. In Schnitt S 58 überlagerte M 9 die ältere Ringmauer M 3/II *(Abb. 25)*. Die unregelmässige Stirnseite der Mauer M 9 in Fläche GG weist darauf hin, dass auch diese Mauer nicht vollendet wurde.

Im Verband mit der neuen Ringmauer M 9 verlief die Mauer M 8 wie die vormalige Hofmauer M 4 in nord-südlicher Richtung quer über den Burghügel. Sie überlagerte die Reste des Viereckturmes G 6, der vorgängig bis auf die Grundmauern abgetragen worden war. Offenbar sollte M 8 als Trennmauer die Anlage in eine Vor- und eine Hauptburg gliedern.

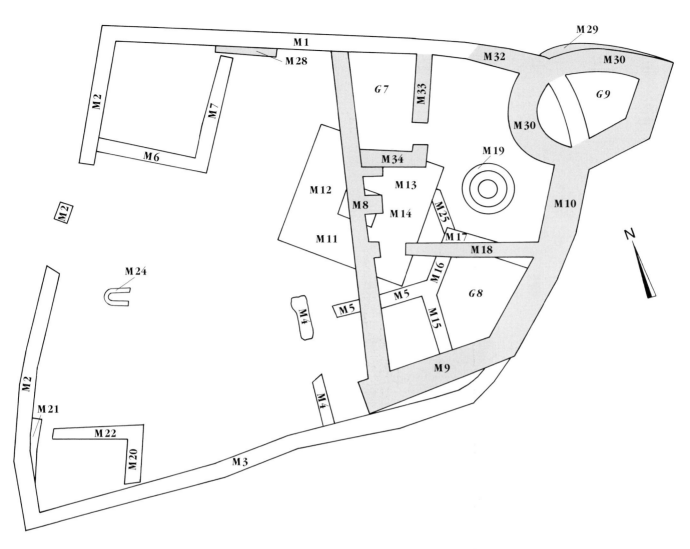

Abb. 51: *Burg Wulp. Burgphase III (mittleres 13. Jh.). M. 1: 250.*

▷ **Abb. 53:** *Burg Wulp. Detail der Abbruchstirn von M 7 und der Vorblendung M 28.*

▽ **Abb. 52:** *Burg Wulp. Östliche Hausmauer M 7 von Gebäude G 4 im Bereich der Störung durch die an die Ringmauer M 1 vorgeblendete Mauer M 28.*

Abb. 54: *Burg Wulp. Nach Süden gekippte Mauer M 26.*

Abb. 55: *Burg Wulp. Rundturm G 9. Abgerundetes inneres Fundament im Bereich der Prallkante.*

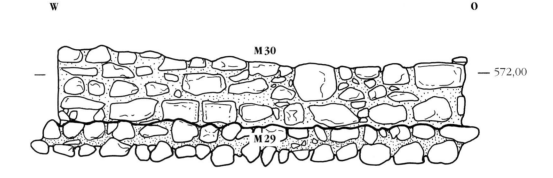

Abb. 56: *Burg Wulp. Fundament des Rundturmes von Norden mit Bossenquadern in Sekundärverwendung. M. 1:40.*

Bereits 1922 konnte in der Mauer eine Öffnung beobachtet und als Tor interpretiert werden *(Abb. 13, 14)*. Dabei handelte es sich um eine einfache Maueröffnung von etwa 1,5 m lichter Weite. Die im Innern der Hauptburg den Eingang flankierenden Schenkelmauern stiessen rechtwinklig an die Mauer M 8 und wurden von Frutiger 1962 als rezente Ergänzung von 1922 betrachtet *(Abb. 22)*.

Der Bering und die Trennmauer wurden relativ unsorgfältig mit wechselnden Mauerstrukturen erbaut. Dabei fand unterschiedlichstes Gesteinsmaterial Verwendung. Neben Kalkbruchsteinen und Bollensteinen wurden auch Sandsteinstücke, Tuff, «Rotackersteine» (Sernifite) und nagelfluhartiges Material verbaut. Sandstein und Nagelfluh stehen am Küsnachter Berg an und könnten aus dem östlichen Burggraben stammen.

3.5.4 Rundturm mit Prallkante G 9

Wie die übrigen Elemente der letzten Bauphase wurde auch der in den Bering integrierte und nach Osten vorragende Rundturm mit keilförmig zulaufender Prallkante G 9 bereits in den Grabungen 1920 – 23 freigelegt

(Abb. 14). Der Fundamentbereich sowie der Aufbau der Prallkante sollten 1982 nochmals genauer untersucht werden. Dabei zeigte sich, dass die originale Mauersubstanz durch die Konservierungen und Betonunterfangungen von 1961 erheblich gestört worden war.

Sondierungen im Turminnern (Schnitte S 56 und S 67) erbrachten den Nachweis eines trocken geschichteten Bollenstein-Fundamentes, das in einer Mauergrube im Mergeluntergrund eingelassen war. Das aufgehende Turmmauerwerk M 30 springt auf der Aussen- und teilweise auch auf der Innenseite gegenüber dem Turmfundament M 29 unterschiedlich stark zurück *(Abb. 22, 25)*. Im Bereich der Prallkante ist die Fundamentinnenseite offenbar nicht gewinkelt, sondern verläuft in einer Rundung *(Abb. 55)*. Das aufgehende Mauerwerk besteht aus Bruch- und Bollensteinen sowie sekundär verwendeten Sandsteinquadern. Im Süden fanden sich in der untersten Lage einige Buckelquader *(Abb. 56)*.

Das Turminnere wird von einer 1,2 m starken Mauer M 31 getrennt. Diese wurde sowohl in den Grabungen 1920 – 23 als auch anlässlich der Untersuchungen 1961/62

Abb. 57: *Burg Wulp. Gebäude G 7 von Norden. Im Vordergrund Anschluss der Mauer M 8 aus Burgphase III an die Ringmauer M 1.*

Abb. 59: *Burg Wulp. Burghof mit Zisterne von Südosten. Im Hintergrund Gebäude G 7.*

Abb. 58: *Burg Wulp. Mauer M 34 von Gebäude G 7. Im Hintergrund links der Rundturm G 9, rechts hinter der Zisterne die Schildmauer M 10.*

Abb. 60: *Burg Wulp. Burghof mit Zisterne von Nordwesten. Im Hintergrund links der Rundturm G 9, in der Mitte die Schildmauer M 10 und rechts Gebäudemauer M 18.*

als Rest der ersten Ringmauer aus Phase I betrachtet
(Abb. 14, 22, 25).

3.5.5 Gebäude G 7 und G 8

Auch die Gebäude G 7 und G 8 wurden bereits in den
Grabungen 1920–23 entdeckt und gesichert. Eine gründlichere Untersuchung, Dokumentation und Konservierung
erfolgte anlässlich der Kampagnen der Jahre 1961/62.

Gemäss den damaligen Befunden entstanden die
beiden Bauten erst nach der Errichtung der Trennmauer
M 8 und der Ringmauer M 9/M 10. Im Norden stossen
die Mauern M 33 und M 34 an die Ringmauer M 1 bzw.
die Trennmauer M 8 und bilden so das Gebäude G 7
(Abb. 57– 59). Mit einer durchschnittlichen Stärke von
1 m sind diese Mauern aus lagig geschichteten Bruchsteinen vom Fundament bis maximal in eine Höhe von
etwa 2 m erhalten. Die nach Osten gerichtete Türe weist
eine Leibung mit einer lichten Weite von 1,25 m auf.
Das Gewände mit einer lichten Weite von 1,1 m besteht
aus Sandsteinquadern, die an der Innenseite einen aus
dem Stein gearbeiteten Türanschlag aufweisen. Hinter

dem südlichen Gewände hat sich in der Sandsteinschwelle die Drehpfanne der Türe erhalten. Das Niveau
im Innern dieses Gebäudes G 7 lag offenbar tiefer als jenes des Hofes. Die Grabungen 1920–23 brachten jedenfalls hinter der Türe noch vier Stufen einer abwärts
führenden gerundeten Treppe zutage, weshalb der
Raum als Keller angesprochen wurde.

Im Süden wurde die Hausmauer M 18 mit Stossfugen zwischen die Trennmauer M 8 und den östlichen
Ringmauerabschnitt M 10 gestellt und bildete so ein Gebäude G 8 *(Abb. 60).* Die Mauer ist gut 3 m hoch erhalten und besitzt eine durchschnittliche Stärke von etwa
90 cm. Auf der Höhe des ersten Obergeschosses befinden sich zwei Lichtscharten mit einer äusseren lichten
Weite von 0,4 m und einer inneren von 0,9 m. An der
westlichen Seite der Hausmauer M 18 öffnet sich nach
Norden eine Türe mit einer Leibung von 1,4 m lichter
Weite *(Abb. 61).* Allerdings scheint die originale Bausubstanz hier stark verändert. Der Türanschlag wurde
fälschlicherweise nicht im Gebäudeinnern, sondern an
der Aussenseite rekonstruiert.

Abb. 61: *Burg Wulp. Gebäudemauer M 18 mit der Tür und den beiden Fensteröffnungen von Süden.*

3.6 Keiner Phase zuweisbare Bauten

3.6.1 Feuerstelle

Bereits Karl Heid hatte 1962 im mittleren Bereich des westlichen Burghofes einige Mauerspuren entdeckt, die er nicht näher einzuordnen vermochte. Die Untersuchungen 1981 in der Fläche H zeigten, dass es sich bei der von Heid beobachteten Mauer um eine Feuerstelle oder einen Ofen handelte. Nach dem Abtragen der Humusschicht kam auf der Mergelplanie ein hufeisenförmiger Bau von bescheidenen Ausmassen zum Vorschein *(Abb. 62)*. Die aus einer Reihe gelb-grauer Sandsteinblöcke errichtete Ofenmauer fasste eine auf der westlichen Rückseite abgeschlossene Feuerkammer von 1 m Tiefe und 0,6 m Breite ein. Die verwendeten Steine waren an der Innenseite brandgerötet, der Innenraum mit einer lockeren, hellbraunen Schicht *Pos. 101* gefüllt, die zahlreiche handgrosse Kieselsteine enthielt. Darunter folgte eine hartgepresste, sandige Kohleschicht *Pos. 102*, die keine datierbaren Funde lieferte. Der Mergeluntergrund zeigte keine Rotfärbung, offenbar hatte die Holzkohleschicht nach unten gut isoliert.

3.6.2 Filterzisterne

Bereits anlässlich der Grabungen 1920–23 wurde der Mauerring M 19 bemerkt und als Sodbrunnenschacht gedeutet *(Abb. 14)*. Wegen Einsturzgefahr konnte er indes nicht näher untersucht werden. Was Professor Hegi schon damals vermutet hatte, bestätigten die Grabungen von 1961: Der Brunnenschacht gehörte zu einer Zisterne mit Filteranlage *(Abb. 63)*. Die äussere, ungefähr 1,8 m hohe Mauer bestand aus länglichen Bollensteinen und war an der Aussenseite mit Lehm abgedichtet worden. Dieser äussere Mauerring war im oberen und unteren Drittel senkrecht und im Mittelteil ca. 20 cm schräg nach innen gemauert. Er wies einen oberen Durchmes-

ser von 2,3 m und einen unteren Durchmesser von 1,9 m auf. Zwischen dieser äusseren Zisternenmauer und dem zentralen, aus trocken geschichteten Bruchsteinen errichteten Schöpfschacht von 1,2 m Durchmesser befand sich der vorwiegend aus Sand und kleinen Steinen bestehende Filtrierkörper. Bei einer Tiefe von 2,3 m besass die Zisterne ein Fassungsvermögen von etwa 2000 Litern Wasser. Gespeist wurde sie wohl mit auf den Dächern gesammeltem Regenwasser, das vermutlich mittels hölzerner Teuchelleitungen der Zisterne zugeführt wurde. Eiserne Verbindungsringe solcher Holzröhren wurden auf der Wulp tatsächlich geborgen *(Kat. 481–488)*.

Als Vorrichtung zum Hochziehen des Wassers dürfen wir wohl ein über eine Rolle laufendes Seil an einer einfachen Haspel annehmen. Ein Wippgalgen, der bei einer Schachttiefe von 2,3 m (wie sie unsere Zisterne aufweist) ebenfalls denkbar wäre, kann wohl aufgrund der engen Verhältnisse im Burghof ausgeschlossen werden. Hinweise auf eine Überdachung liegen keine vor.

Aufgrund fehlender Anschlüsse an Gebäude G 2, die Mauer M 14 des Viereckturmes G 6 und die letzte Ringmauer M 9 und M 10 liess sich die zeitliche Einordnung der Zisterne archäologisch nicht bestimmen.

Abb. 62: *Burg Wulp. Feuerstelle in Fläche H von Osten.*

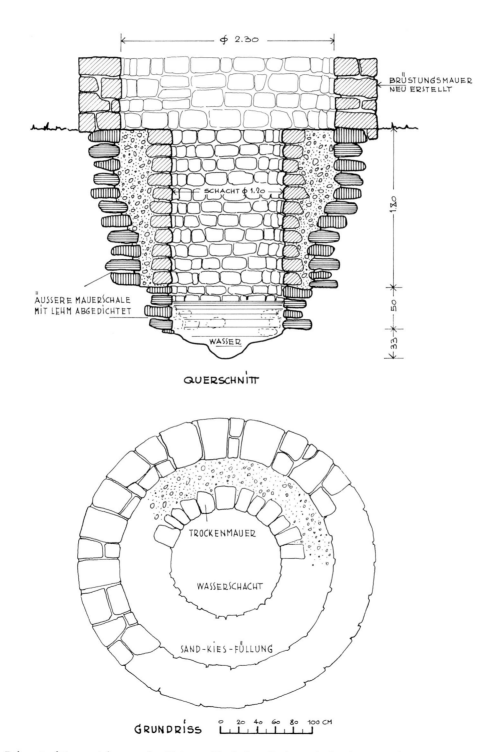

ø 2.30

BRÜSTUNGSMAUER
NEU ERSTELLT

SCHACHT ø 1.20

1.80

ÄUSSERE MAUERSCHALE
MIT LEHM ABGEDICHTET

50

WASSER

33

QUERSCHNITT

TROCKENMAUER

WASSERSCHACHT

SAND-KIES-FÜLLUNG

GRUNDRISS   0 20 40 60 80 100 CM

Abb. 63: *Burg Wulp. Rekonstruktionszeichnung der Zisterne. Nach den Grabungsbefunden von Ch. Frutiger erstellt. M. 1:40.*

IV. Die Funde

1 Vorbemerkungen

1.1 Zum Aufbau des Kataloges

Die Mehrzahl der Funde der Grabungen 1980–82 wurde oberhalb der Mergeleinfüllung geborgen und stammt aus der schwarzen Humus- und der darunterliegenden graubraunen Mischschicht *(Pos. 1 und Pos. 2)*, welche stratigraphisch nicht weiter unterteilt werden konnten und neben frühgeschichtlichem bis mittelalterlichem Material auch rezente Stücke enthielten. Von den ebenfalls berücksichtigten Funden der Altgrabungen 1920–23, 1961/62 sowie den Konservierungsarbeiten 1977/78 ist die genaue Fundlage unbekannt, sodass sie als Streufunde betrachtet werden müssen. Aus diesen Gründen erfolgt die Vorlage des Wulper Fundmaterials nicht nach Komplexen, sondern nach Material geordnet in einem formaltypologisch aufgebauten Katalog. In Fällen, wo sich eine Betrachtung nach Fundkomplexen aufdrängt, wurde das entsprechende Material bereits einmal bei der Befundbeschreibung abgebildet *(Abb. 38, 41–43, 48)*.

Jedes in Zeichnung bzw. Foto abgebildete Fundstück wurde mit einer Katalognummer *(Kat. 1–522)* versehen. Ausserdem besitzt fast jeder Fund eine Inventarnummer, welche ebenfalls im Katalog aufgeführt wird. Während die Funde der Grabung 1920–23 lediglich eine Laufnummer (Inv. 1–163) besitzen, setzen sich die Inventarnummern des Fundmaterials der Konservierungsarbeiten 1977/78 aus der Jahreszahl und einer Laufnummer zusammen (Inv. 77/1–77/18). Die Funde der Grabungen von 1961/62 wurden mit Ausnahme der Münzen im Schweizerischen Landesmuseum inventarisiert (Inv. LM 37718–LM 37923). Die Inventarnummer der Funde von 1980–82 wiederum setzt sich aus der Flächen- oder Schnittbezeichnung sowie der Schicht und der Laufnummer zusammen[56].

Die Münzen *(Kat. 112, 113, 520–522)* werden mit den Zitaten der Referenzwerke sowie mit Gewicht (nach der Reinigung), Durchmesser (Maximal- und Minimaldurchmesser), Stempelstellung, Metall und Erhaltung beschrieben. Zur Definition der Erhaltungsgrade (A = Ab-

nutzung, K = Korrosion), die sich an einer Skala von 1 (nicht bis kaum abgenutzt bzw. korrodiert) bis 5 (sehr stark bis ganz abgenutzt bzw. korrodiert) orientieren (0 = nicht bestimmbar), vgl. Bulletin IFS/ITMS/IRMS 2, 1995, Supplément: Usure et Corrosion/Abnutzung und Korrosion (Lausanne 1995).

Aufgrund des Umstandes, dass das Fundmaterial nicht stratigraphisch ausgewertet werden konnte und die Befunde keine absoluten Daten liefern, bleibt für die Datierung und die typologische Einordnung des Wulper Materials einzig der Weg über Analogieschlüsse zu besser datierten Fundkomplexen.

1.2 Technologische Kriterien zur Beurteilung der Keramik

Bei der Beschreibung der keramischen Funde wurden die Magerung, die Härte der Scherben und die Tonfarbe wie folgt beurteilt:

Korngrösse der *Magerung:*

- feine Magerung: Sandmagerung, Körner kaum erkennbar
- mittelfeine Magerung: gut erkennbare Körner bis 1 mm Grösse
- mittelgrobe Magerung: Körner von 1–2 mm Grösse
- grobe Magerung: Körner von 2–5 mm Grösse
- sehr grobe Magerung: Körner von über 5 mm Grösse.

Trotz dieser Quantifizierung ist die Beurteilung der Magerung mit einer gewissen Subjektivität verbunden. Selten zeichnet sie sich durch eine einheitliche, homogene Korngrösse aus. So können dem Ton eines Gefässes zuweilen feine bis sehr grobe Körner in unterschiedlicher Menge beigemischt sein. Das Verhältnis der ver-

---

[56] FK A/2/1 beispielsweise bezeichnet in Fläche A aus Schicht 2 den 1. Fund. Entsprechend bezeichnet 34/1/3 in Schnitt S34 aus Schicht 1 den 3. Fund. Zuweilen wurde bei weniger bedeutenden Stücken auf die Laufnummer verzichtet (z. B. FF/2). Das Fundmaterial der Wulp befindet sich im Magazin der Kantonsarchäologie Zürich. Einzig die Funde der Grabungen 1961/62 werden im Schweizerischen Landesmuseum Zürich aufbewahrt.

schiedenen Korngrössen untereinander wurde nicht exakt ermittelt, sondern nach subjektivem Empfinden angegeben.

Bei der *Härtebestimmung* einer Scherbe übernehmen wir den Vorschlag von G. Schneider[57]. Danach bedeuten:

- weich: mit dem Fingernagel ritzbar
- hart: mit dem Messer ritzbar
- sehr hart: mit dem Messer kaum noch ritzbar
- klingend hart: mit dem Messer nicht mehr ritzbar.

Die Beurteilung der *Tonfarbe* erfolgte rein subjektiv und lehnt sich an keine Mustertabelle an.

2 Bronzezeit

Mit Ausnahme der beiden Silexgeräte *Kat. 87 und 88* gehören sämtliche auf der Wulp geborgenen bronzezeitlichen Kleinfunde zur Materialgruppe der Keramik. Von den insgesamt etwa 1050 teilweise kleinstfragmentierten Scherben mit einem Gesamtgewicht von etwa 9,25 kg konnten 110 Stücke oder gut 10% für die Auswertung herangezogen werden. Diese bestimmbaren Fragmente machen etwas über 2 kg oder ca. 22,3% des Gesamtgewichtes aus.

86 Fragmente wurden in den Schnitten S 40, S 42, S 52 und S 53 in der Nordwestecke der Burganlage geborgen *(Abb. 25)*. Dabei stammen 17 Stück aus der obersten Humus- und Fundschicht *(Pos. 1 und Pos. 2)* sowie 53 Stück aus der rötlichen Mergelschicht *Pos. 53*, auf welcher später die Ringmauer M 1 und M 2 errichtet wurde *(Abb. 64)*[58]. Mit Ausnahme von drei Scherben, die in anderen Flächen des Burghofes geborgen wurden, entstammen die übrigen 21 bronzezeitlichen Keramikfunde dem Hangschnitt S 51 im Nordwesten des Burghügels *(Abb. 4)*.

Da das Scherbenmaterial überwiegend stark fragmentiert ist, lässt sich die ursprüngliche Gefässform in der Regel nicht sicher ermitteln. Aus diesem Grund stützen wir uns bei der typologischen und chronologischen Ansprache des Materials vorwiegend auf die Randformen und Dekors.

2.1 Grobkeramik

2.1.1 Töpfe *(Kat. 1–48)*

Trotz der Mannigfaltigkeit bezüglich der Randformen können sämtliche grob gemagerten Töpfe derselben Gruppe zugeordnet werden. Sie zeichnen sich durch eine steile, relativ dünne Wandung mit einer Wandstärke zwischen 5 und 10 mm aus. Der Rand biegt in der Regel schwach aus. Die Randlippenbildung ist un-

terschiedlich und variiert von unverdickten, gerundeten, schräg oder horizontal abgestrichenen zu leicht keulenartig verdickten oder nach aussen gezogenen Formen.

Während zwölf Stück der groben Topfränder *(Kat. 14–25)* keine Verzierung aufweisen, lassen sich an 13 Randscherben *(Kat. 1–13)* Fingereindrücke am Rand oder applizierte Fingereindruckleisten zwischen Schulter und Rand beobachten. Ausserdem besitzen wir 14 weitere mit Fingereindruckleisten verzierte Wandscherben *(Kat. 26–39)*. Von zwei möglicherweise unverzierten Einzelstücken *(Kat. 40 und 41)* abgesehen, wurden sämtliche applizierten Leisten mit Fingereindrücken dekoriert.

Ihre Machart berücksichtigend, lassen sich diese Verzierungen in Fingertupfen- und Fingerkuppendekor unterteilen. Die rundlichen Fingertupfen entstanden durch Eindrücken der Fingerbeere, während die mit der Fingerspitze verursachten ovalen Eindrücke als Fingerkuppendekor bezeichnet werden. Bei dieser Verzierungsart zeichnet sich in der Regel der Fingernagel im Ton ab. Fingertupfen machen etwa 35%, Fingerkuppen etwa 65% der Fingereindrücke aus.

Steilrandige Töpfe mit Fingereindruckleisten am Rand oder auf der Schulter finden sich häufig im Material aus früh- und mittelbronzezeitlichen Siedlungen. So können wir unsere Topfränder *Kat. 1–7* und die Wandscherben *Kat. 28–37* mit dendrochronologisch um 1644 v. Chr. datiertem Material von Meilen ZH, Schellen[59] vergleichen. Aber auch in Zürich-Mozartstrasse[60], Arbon TG, Bleiche[61] oder im Material von Trimbach SO, Frohburg[62] lassen sich Parallelen finden. Sie werden heute allgemein in die fortgeschrittene Frühbronzezeit datiert[63]. An einigen Töpfen von Meilen ZH, Schellen liessen sich verzweigte oder vertikale Leisten beobachten, typische frühbronzezeitliche Zierelemente, wie sie unsere Fragmente *Kat. 1, 26 und 27* aufweisen[64].

Mit fünf Beispielen *(Kat. 8–12)* liegen in unserem Material Scherben mit Fingertupfen oder -kerben auf dem Randsaum vor. Dieser Dekor lässt sich vereinzelt in mittelbronze- bis hallstattzeitlichen Zusammenhängen beobachten[65]. Aufgrund der vergleichbaren Randprofilierung können die Topfränder *Kat. 8–12* typologisch derselben Gruppe wie die (unverzierten) Ränder *Kat. 1–7* zugerechnet werden.

Eine Besonderheit stellt das Randfragment *Kat. 13* mit spitz ausdünnendem, gezacktem Randsaum dar. Für dieses Stück liessen sich in der Literatur keine Parallelen finden.

Unverzierte Randscherben mit gerundeten sowie schräg oder horizontal abgestrichenen Randlippen, wie

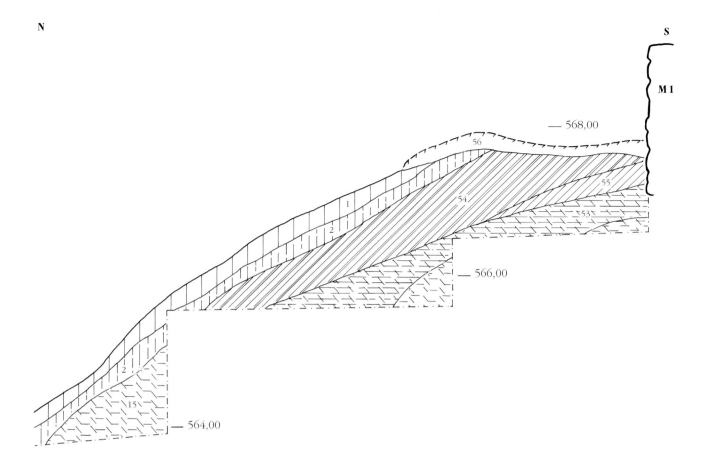

Abb. 64: *Burg Wulp. Profil P 45 von Westen. Ein Teil der bronzezeitlichen Funde stammt aus der Schicht Pos. 53. M. 1 : 50.*

sie mit den Fragmenten *Kat. 14–24* vorliegen, finden sich ebenfalls in frühmittelbronzezeitlichem Zusammenhang. Als Beispiele hierfür lassen sich die Ensembles von Wäldi TG, Hohenrain[66] und Trimbach SO, Frohburg[67] anführen.

Wiederum ohne Parallele bleibt die Scherbe *Kat. 25* mit gerundet profilierter, an der Aussenseite leicht gekehlter Randleiste.

Neben den Leisten sind an plastischen Dekorelementen die an der Wandung angebrachten Knubben oder Grifflappen zu nennen. Bei zwei Scherben *(Kat. 42 und 47)* lässt sich die rechts und links an die Knubbe anschliessende Fingereindruckleiste noch knapp erkennen. Solche auf Tupfenleisten sitzende Knubben weisen in die späte Frühbronze- und den Übergang zur Mittelbronzezeit[68]. In dieselbe Zeit gehört die Randscherbe *Kat. 46* mit leistenförmiger, vertikal gekerbter Knubbe. Sie lässt sich mit einem Stück aus Arbon TG, Bleiche vergleichen[69]. Randständige Grifflappen, die für die fortgeschrittene Mittelbronzezeit typisch sind, fehlen auf der Wulp.

Schlickerbewurf, wie er bei grobkeramischen Töpfen der Bronzezeit in der Regel auf der Bauchoberfläche unterhalb der Schulterleiste anzutreffen ist, konnte nur an einer einzigen Scherbe *(Kat. 40)* sicher beobachtet werden.

[57] Schneider 1989, 11.
[58] Offenbar konnten in den dazwischenliegenden Schichten *Pos. 54 und Pos. 55* keine Funde geborgen werden.
[59] Ruoff 1987, Taf. 3.
[60] Gross et al. 1987, Taf. 13,1.7.
[61] Fischer 1971, Taf. 21,1.2.4–7; 23,4.5.
[62] Gutzwiller 1989, Taf. 5,52–66; 6,67–86.
[63] Vgl. Gutzwiller 1989, 20, Anm. 18.
[64] Ruoff 1987, Taf. 3,25–30.
[65] Mittelbronzezeitlich datiert: Wäldi TG, Hohenrain: Hochuli 1990, Taf. 7,164; 8,197; 11,249.257; 25,434.436; Trimbach SO, Frohburg: Gutzwiller 1989, Taf. 5,66. Hallstattzeitlich datiert: Wäldi TG, Hohenrain: Hochuli 1990, Taf. 35,609; 43,797.800; 49,913; 59,1141.
[66] Hochuli 1990, Taf. 2,15–22.
[67] Gutzwiller 1989, Taf. 6,75–86.
[68] Osterwalder 1971, 42.
[69] Fischer 1971, Taf. 39,7.

2.1.2 Unbestimmtes *(Kat. 49)*

Die Scherbe *Kat. 49* besitzt eine verdickte, hängende Randleiste mit Fingertupfendekor. Aufgrund ihrer geringen Grösse konnte die Orientierung und somit die Gefässform nicht bestimmt werden. Vergleichsstücke liessen sich keine finden.

2.1.3 Bodenscherben *(Kat. 50–57)*

Ganz unterschiedliche Ausformungen zeigen die acht Bodenfragmente grobkeramischer Töpfe *Kat. 50–57*. Das Formenspektrum lässt sich gut mit jenem des mittelbronzezeitlich datierten Komplexes der Brandstelle 3 von Fällanden ZH, Wigarten vergleichen[70].

2.2 Feinkeramik

2.2.1 Töpfe *(Kat. 58–62)*

Die feinkeramischen Töpfe sind in der Regel fein bis mittelfein gemagert, weisen aber teilweise recht grobe Einschlüsse auf. Die Tonfarbe variiert zwischen grau-braun und dunkel-grau. Das Stück *Kat. 62* lässt eine Glättung der Innen- und Aussenseite des Gefässes erkennen. Die feinen Töpfe weisen ähnliche Randausformungen wie ihre gröberen Vertreter auf. Die Ränder sind in der Regel steil und leicht ausladend. Die etwas rundlichen oder horizontal abgestrichenen Randlippen variieren von sich leicht verjüngend bis leicht verdickend. Ein Exemplar *(Kat. 59)* besitzt als Dekor eine hochsitzende Fingerkuppenleiste.

Die besten Parallelen zu unseren feinen Töpfen finden sich wiederum im Material von Trimbach SO, Frohburg[71], wo sie die frühesten Siedlungsphasen der Übergangsperiode von der frühen zur mittleren Bronzezeit belegen.

2.2.2 Töpfchen, Schalen und Knickwandgefässe *(Kat. 63–86)*

Die Gefässe dieser Gruppe sind wie die feinkeramischen Töpfe fein bis mittelfein gemagert, besitzen aber in Einzelfällen *(Kat. 63, 64, 71)* mittelgrobe Einschlüsse. Bei den Töpfchen *Kat. 63–72* reicht die Skala der Tonfarben von orange über beige zu einem hellen Grau. Die Ränder sind überwiegend deutlich ausladend und gerundet gestaltet. Beim Töpfchen *Kat. 63* wurde die unverdickte Randlippe horizontal abgestrichen. Gefässränder dieser Form finden sich während der ganzen Bronze- und Hallstattzeit[72].

Die Schalen und Knickwandgefässe *Kat. 73–79* sind hell- bis dunkelgrau, ihre Ränder in der Regel unverdickt und gerundet. Einzig die Schalen *Kat. 75 und 76* besitzen eine horizontal abgestrichene, leicht nach aussen gezogene Randlippe, während die Schale *Kat. 77* einen flauen Karniesrand aufweist.

Die chronologische Einordnung der Schalen ist ebenso schwierig wie jene der Töpfchen. Während sich in den frühbronzezeitlichen Komplexen von Meilen ZH, Schellen und Zürich-Mozartstrasse keine unverzierten konischen und leicht konvex geschwungenen Schalen finden, können wir dennoch als Parallele für unser Randfragment *Kat. 73* ein Einzelstück aus dem ebenfalls frühbronzezeitlichen Komplex von Arbon TG, Bleiche anführen[73]. Ein Beispiel aus der Spätbronzezeit stammt vom Areal der Frohburg SO[74]. Hier sind dann ebenso wie im spätbronzezeitlichen Ensemble von Stallikon ZH, Üetliberg konische Schalen in grösserer Zahl vertreten[75].

Ähnlich verhält es sich mit der Scherbe *Kat. 74*, einem Gefäss mit nach innen geschwungenem Rand, das wir als Kalottenschale ansprechen möchten. Eine Parallele aus frühbronzezeitlichem Zusammenhang lässt sich aus Arbon TG, Bleiche anführen[76]. Ausserdem findet sich ein Töpfchen mit gleicher Randausformung in Zürich-Mozartstrasse[77]. Vergleichbare Stücke von Trimbach SO, Frohburg lassen sich als Belege für ein verstärktes Aufkommen dieser Form in der späten Bronzezeit nennen[78].

Keine befriedigenden Parallelen liessen sich für die Schalen *Kat. 75 und 76* mit steiler Wandung und horizontal abgestrichener, leicht nach aussen gezogener Randlippe finden. Unseren Stücken am ähnlichsten ist eine mittelbronzezeitlich datierte Schale aus Wäldi TG, Hohenrain[79]. Auch die Schale *Kat. 77* mit flau ausgeprägtem Karniesrand besitzt mit dem von der gleichen Fundstelle stammenden und ebenfalls in die Mittelbronzezeit datierenden Exemplar nur ein Vergleichsstück[80].

Beim Knickwandgefäss *Kat. 78* dürfte es sich am ehesten um eine Kalottenschale handeln, wie wir sie beispielsweise von Meilen ZH, Schellen aus frühbronzezeitlichen Zusammenhängen kennen[81], oder um eine Tasse, wie sie mit grösserem Durchmesser in Weiningen ZH, Hardwald im Grabhügel 5 zum Vorschein kam[82]. Weitere mittelbronzezeitliche Parallelen lassen sich aus Fällanden ZH, Wigarten[83] und allenfalls aus Andelfingen ZH, Auf Bollen[84] anführen.

Für die beiden Wandscherben mit deutlichem Wandknick *Kat. 80 und 81* drängt sich ein Vergleich mit der als schüsselartig angesprochenen Form von Fällanden ZH, Wigarten auf[85]. Das Stück wird der mittelbronzezeitlichen Keramik zugerechnet.

Auffällig ist die geringe Zahl verzierter Feinkeramik. So konnten nur gerade vier Wandscherben mit Dekor aus der gesamten Masse der prähistorischen Feinkeramik von der Wulp ausgesondert werden. Unsere Exemplare *Kat. 82–85* sind sehr kleinfragmentiert, ein Umstand, der Vergleiche mit Dekortypen anderer Fundstellen erheblich erschwert.

Die Wandscherbe *Kat. 82* zeigt drei stark verschliffene Riefen, die Scherbe *Kat. 83* lässt noch eine einzige Rille erkennen. Dagegen scheint *Kat. 84* etwas grossflächiger mit einem Muster aus parallelen Strichen verziert gewesen zu sein. Möglicherweise könnten diese Striche Reste eines durch Dreiecke gebildeten Zickzackbandes darstellen, wie es in frühbronzezeitlichen Fundstellen häufig auftritt[86]. Es könnte sich hierbei aber auch um ein strichgefülltes hängendes Dreieck handeln, wie es auf unserem Fragment *Kat. 85* zu sehen ist[87]. Hängende Dreiecke stellen beliebte Zierelemente von der Frühbronze- bis in die frühe Spätbronzezeit dar[88]. Während die älteren Dreiecke relativ breit sind, werden sie in der Mittelbronzezeit immer schmaler, bis sie in der Stufe BzD dann oft eine extrem lange, schmale Form besitzen. Unser strichgefülltes Dreieck erscheint relativ breit. Es lässt sich gut mit endfrühbronzezeitlichen Vertretern verschiedenster Fundstellen vergleichen[89].

2.3 Silices *(Kat. 87 und 88)*

Mit den bronzezeitlichen Keramikfunden vergesellschaftet fanden sich auch zwei Silexartefakte[90]. Der beidseitig retouchierte Abschlag *Kat. 87* dürfte als Schaber oder als Messer verwendet worden sein. Die im Querschnitt dreikantige Spitze *Kat. 88* weist distal eine starke Abnutzung auf, was auf eine Funktion als Pfriem oder ähnliches deuten könnte. Jedenfalls schliesst die Verrundung eine Funktion als Geschossspitze aus. Bei den beiden hier vorliegenden Silices handelt es sich um keine typologisch ansprechbaren Geräte. Aus diesen formalen Gründen sind sie grundsätzlich ins Neolithikum oder jünger zu datieren.

2.4 Datierung und Deutung

Während die ältesten Ziermuster, die verzweigten Leisten auf grobkeramischen Töpfen, noch in die Frühbronzezeit weisen, finden wir in unserem Material chronologisch relevante Merkmale, die in die späte Frühbronze- und den Übergang zur mittleren Bronzezeit zu datieren sind. Wichtigste Elemente bilden für diesen Ansatz die groben Töpfe mit hochsitzender Leiste und die auf einer Fingertupfenleiste sitzenden Knubben. Bei der Feinkeramik weist im weiteren das Dekor der hängenden, strichgefüllten Dreiecke in eine frühe Phase der Mittelbronzezeit.

Trotz der Keramikformen, die in frühbronzezeitlichen Zusammenhängen zwar schon vorkommen, ab der späteren Mittelbronzezeit aber häufiger zu werden scheinen – wie zum Beispiel die beinahe konische Schale *Kat. 73* und die Kalottenschale *Kat. 74* – ist nicht zu übersehen, dass charakteristische Merkmale fortgeschrittener mittelbronzezeitlicher Zierweise, wie flächen-

deckende Dekors, Kerbschnitt, aus dem Rand gezogene Grifflappen oder Töpfe mit starken Wandungen und keulenartig verdickten Rändern fehlen. Aus diesem Grund scheint uns eine Datierung des Wulper Komplexes in die späte Frühbronze- und früheste Mittelbronzezeit, d. h. in die Stufen nach Reinecke BzA2 – BzB (16./15. Jh. v. Chr.), am wahrscheinlichsten.

Die beachtliche Masse der bronzezeitlichen Funde lässt auf eine zumindest zeitweise Besiedlung des Platzes schliessen. Im betreffenden Zeitraum der späten Frühbronze- und frühen Mittelbronzezeit lassen sich Siedlungen sowohl in den ungeschützten Talniederungen und auf Hochplateaus als auch in topographisch ausgesprochen geschützter Lage beobachten[91]. Da bedingt durch die mittelalterliche Planierung keine bronzezeitlichen Siedlungsstrukturen mehr vorliegen, können wir über Art und Grösse der Bebauung keine Aussagen machen. In Bezug auf die Funktion unserer Station lassen sich nur

[70] Bauer 1992, Taf. 27,586–591.

[71] Gutzwiller 1989, Taf. 6,75–86.

[72] Frühbronzezeitlich datiert: Zürich-Mozartstrasse: Gross et al. 1987, Taf. 13,9.12–16. Mittelbronzezeitlich datiert: Cornol JU, Mont Terri: F. Müller / S. Erb / Ph. Morel / P.-A. Schwarz / R. Windler, Mont Terri 1984 und 1985 – Ein Grabungsbericht. JbSGUF 71, 1988, Taf. 1,4–14; Wäldi TG, Hohenrain: Hochuli 1990, Taf. 22,402–415. Hallstattzeitlich datiert: Wäldi TG. Hohenrain: Hochuli 1990, Taf. 46,840–855; Üetliberg ZH: I. Bauer in: Bauer et al. 1991, Taf. 60,820–837.

[73] Fischer 1971, Taf. 15,3.

[74] Gutzwiller 1989, Taf. 30,496.

[75] I. Bauer / L. Frascoli in: Bauer et al. 1991, Taf. 31,386–390.

[76] Fischer, 1971, Taf. 17,12.

[77] Gross et al. 1987, Taf. 14,13.

[78] Gutzwiller 1989, Taf. 30,483–487.

[79] Hochuli 1990, Taf. 1,14.

[80] Hochuli 1990, Taf. 13,307.

[81] Ruoff 1987, Taf. 2,1–3.

[82] Osterwalder 1971, Taf. 5,7.

[83] Bauer 1992, Taf. 25,553.

[84] Bauer 1992, Taf. 62,1201. Die Keramik scheint aus einem früh-spätbronzezeitlichen Fundhorizont zu stammen. Für einige Scherben, u. a. auch Taf. 62,1201, ist eine mittelbronzezeitliche Datierung aber nicht auszuschliessen.

[85] Bauer 1992, Taf. 24,539.

[86] Z. B. Arbon TG, Bleiche: Fischer 1971, Taf. 33,10.

[87] Für die richtige Orientierung der Wandscherben kann nicht vorbehaltlos gebürgt werden.

[88] Osterwalder 1971, 43.

[89] Spiez BE, Bürg: Osterwalder 1971, Taf. 48,18–20.22; Trimbach SO, Rinthel: Osterwalder 1971, Taf. 52,21; Niederlenz AG, Schürz: Osterwalder 1971, Taf. 59,4; Wisen SO, Moosfeld: Osterwalder 1971, Taf. 49,5–6; Muttenz BL, Wartenberg: Osterwalder 1971, Taf. 55,1; Wenslingen BL, Egg: Osterwalder 1971, Taf. 56,3.

[90] Für die Beurteilung der beiden Silex-Artefakte danke ich R. Jagher, Basel, und U. Leuzinger, Frauenfeld.

[91] Vgl. Gutzwiller 1989, 35, Abb. 11.

Vermutungen anstellen. Möglicherweise haben wir hier das Material einer permanent bewohnten, befestigten Höhensiedlung vor uns. Vielleicht diente der Platz der Bevölkerung ungeschützter Dörfer als Refugium, das nur in Krisenzeiten aufgesucht wurde.

3 Römische Zeit

Die römisch datierten Funde – 18 Geschirrkeramikscherben, zwei Münzen und über 60 kg Baukeramik – verteilten sich auf das ganze Burgareal und liessen sich in allen Schichten finden. Eine signifikante Häufung römischer Ziegel und Heizungsröhren beobachten wir einzig in den Schuttschichten *Pos. 7– 10 und Pos. 25– 28* (Profile P 8– 10, P 13), mit welchen die Reste des abgebrannten Gebäudes G 1 in der südwestlichen Burgecke ausplaniert und überdeckt worden waren *(Abb. 30, 31, 39)*.

3.1 Geschirrkeramik

3.1.1 Terra sigillata oder Glanztonkeramik *(Kat. 89)*
Das Fragment *Kat. 89* zeigt den vollständig erhaltenen Standboden einer Schüssel aus Terra sigillata oder Glanztonkeramik. Der Boden ist an der Unterseite leicht konkav gewölbt. Auf der Innenseite des Gefässes finden sich noch deutliche Reste des braun-orangen Überzuges, der auf der Aussenseite praktisch vollständig verschwunden ist. Aufgrund der schlechten Qualität des Überzuges scheint eine Datierung ins 3. Jh. n. Chr. oder später wahrscheinlich. Einen vergleichbaren Boden besitzt eine Glanzton-Schüssel von Bern-Engehalbinsel[92].

3.1.2 Reibschüsseln *(Kat. 90 und 91)*
Reibschüsseln sind im Wulper Material mit insgesamt fünf Scherben vertreten. Neben drei nicht abgebildeten Wandfragmenten stehen die beiden stark verschliffenen Randscherben *Kat. 90 und 91*. Sie können der sogenannten «rätischen» Form zugewiesen werden. Charakteristisch an *Kat. 90* sind die eingedrehte Rille auf dem Kragenrand und der braun-rote Glanztonüberzug auf der Innenkehle. Die Begriessung ist nicht mehr erhalten, da diese bei rätischen Reibschüsseln meist nur bis zur Innenkehle reicht, unser Stück aber bereits unterhalb der Randleiste gebrochen ist.

Weniger charakteristisch ist die Scherbe *Kat. 91*. Sie besitzt eine schwach ausgeprägte Innenkehlung und scheint keine Randrille aufzuweisen. Allerdings ist die Lippe des Kragens beschädigt und das ganze Stück – wie auch die übrigen römischen Keramikfunde – sehr stark verschliffen. Möglicherweise ist das Fehlen einer ehema-

ligen Randrille auf den Zerstörungsgrad der Scherbe zurückzuführen. Ein im weitesten Sinn ähnlicher Typ mit geknicktem Kragen findet sich im Material der Villa von Stutheien, Hüttwilen TG[93].

Die rätischen Reibschüsseln kommen in der Nordschweiz und im Mittelland ab dem späten 2. Jh. n. Chr. auf[94] und verschwinden allmählich wieder in der ersten Hälfte des 4. Jh.[95].

3.1.3 Verschiedene Rand-, Wand- und Bodenscherben *(Kat. 92 – 96)*
Als Fragment eines Töpfchens möchten wir unsere Randscherbe *Kat. 92* ansprechen. Das Gefäss wurde von Hand aufgebaut und anschliessend nachgedreht, was die unregelmässige Innenwand und die Drehrillen im Randbereich bezeugen. Parallelen zu unserem Stück konnten keine gefunden werden. Die Randausformung liesse sich allenfalls mit dem Fragment eines grob gemagerten Kochtopfes aus dem Gutshof von Seeb vergleichen[96].

Die Wandscherbe mit Rädchendekor *Kat. 93* lässt sich typologisch nicht einordnen, da das Stück sehr kleinfragmentiert und die Scherbenoberfläche zu stark verschliffen ist.

Dasselbe gilt für die Bodenscherbe einer Schüssel mit abgesetztem Fuss *Kat. 94* sowie die Böden *Kat. 95 und 96*, die wohl von Bechern stammen.

3.2 Baukeramik *(Kat. 97 – 111)*
Auf dem Wulper Burghügel wurden über 60 kg römische Baukeramik geborgen. Während mit 65 % der grösste Teil des Materials unbestimmbar blieb, bildeten die Leistenziegel *(tegulae)* mit 23 % die stärkste Gruppe der sicher bestimmbaren Stücke. Allerdings wird wohl ein wesentlicher Teil der nicht sicher bestimmbaren Fragmente ebenfalls zu den Leistenziegeln zu schlagen sein. Zahlenmässig deutlich zurück fielen die Hohlziegel *(imbrices)* mit 7 % und die Wandheizungsröhren *(tubuli)* mit 5 %.

Eine Auswahl verschiedener Leistenziegelfragmente ist anhand der Fragmente *Kat. 97– 105* abgebildet. Während die Grössen der verschiedenen Ziegelplatten wegen der starken Fragmentierung nicht bekannt sind, variieren die Plattenstärken zwischen 2 und 3,5 cm. Die Leisten überragen die Platten um 1,5 bis 3 cm und weisen Breiten zwischen 1 und 3,5 cm auf.

Auf dem antiken Ziegeldach wurden die Stossfugen zweier aneinander geschobener Leistenziegel mittels eines Hohlziegels überdeckt, wie ihn *Kat. 106* zeigt. Hohlziegel fanden aber auch im Mittelalter bei der sogenannten Mönch-Nonnen-Deckung wieder Verwendung[97]. Unsere Stücke dürfen wohl allesamt als römisch betrachtet werden, denn Hohlziegel lassen sich im mittelalterlichen Profanbau erstmals im fortgeschritteneren 13. Jh. nachweisen[98]. Zur Zeit des letzten vollendeten Umbaus der Burg Wulp im späten 12. Jh. dürften die Dächer jedenfalls noch mit Schindeln gedeckt worden sein.

Zweifelsfrei römischen Ursprungs sind die von Hypokaustanlagen stammenden Wandheizungsröhren (*tubuli*). Die *Kat. 107– 110* zeigen vier Exemplare mit unterschiedlich ausgeführtem Kammstrich. Dieser diente nicht als Dekor, sondern bewirkte eine stabilere Verbindung zwischen Wand und Tubulus und liess den

Abb. 65: *Burg Wulp. Römisches Ziegelfragment Kat. 111 mit Abdruck einer Hundepfote. M. 1 : 1,5.*

Verputz besser haften. Vor dem Brand wurden die Ziegel im Freien getrocknet. Dabei konnte es geschehen, dass Haustiere auf die noch nicht gehärteten Stücke traten und ihre Spuren hinterliessen. Das Ziegelfragment *Kat. 111* weist einen wohl auf diese Weise entstandenen Abdruck einer Hundepfote auf *(Abb. 65)*.

3.3 Münzen *(Kat. 112–113)*

Im Gegensatz zur Keramik lassen sich unsere beiden römischen Fundmünzen genauer datieren[99]. Es handelt sich dabei um Antoniniane des sog. Gallischen Sonderreiches (ca. 260–274).

Kat. 112 ist eine für den Gegenkaiser Victorinus (269–271) geprägte Münze. Deren Prägeort wird in der älteren Literatur mit Köln angegeben[100], während die massgeblichen neueren Zuweisungen vorsichtiger von einer «mint I» sprechen, die heute eher in Trier lokalisiert wird[101]. Bei *Kat. 113* handelt es sich um eine Prä-

gung für Tetricus I. (271–274). Sie gehört nach Besly/ Bland zur «mint II» (wahrscheinlich Köln) und dort zur zweiten bis vierten Emission (issue II–IV)[102]. Die Vorderseiten der beiden Stücke zeigen jeweils nach rechts blickende Büsten des Kaisers mit Strahlenkrone. Auf der Rückseite findet sich – jeweils in beiden Händen eine Standarte haltend – die *Fides Militum*, d. h. die personifizierte Treue des Heeres.

Das durch Postumus (260–268) gegründete Gallische Sonderreich hatte nur kurzen Bestand; schon 274 unterwarf sich der letzte Gegenkaiser, Tetricus I., den Truppen Aurelians (270–275). Die Prägungen der gallischen Sonderkaiser blieben anschliessend nicht mehr lange im Umlauf[103]; sie wurden offenbar weitgehend durch lokale Imitationen ersetzt. In Fundzusammenhängen der Zeit um 300 sind sie nicht mehr häufig zu finden[104].

3.4 Datierung und Deutung

Datierbare römische Funde liegen nur in verschwindend geringer Anzahl vor. Einen einzigen sicheren zeitlichen Anhaltspunkt geben die beiden eben beschriebenen Münzen, die ins letzte Drittel des 3. Jh. n. Chr. weisen. Ebenfalls grob ins 3. Jh. n. Chr. können die Boden-

[92] E. Ettlinger / K. Roth-Rubi, Helvetische Reliefsigillaten und die Rolle der Werkstatt Bern-Enge. Acta Bernensia 8 (Bern 1979) Taf. 31,5.

[93] Roth-Rubi 1986, Taf. 21,439.

[94] Martin-Kilcher 1980, 48.

[95] Roth-Rubi 1986, 36.

[96] Drack 1990, Taf. 21,194.

[97] J. Goll, Kleine Ziegel-Geschichte. Zur Einordnung der Ziegelfunde aus der Grabung St. Urban. Jahresbericht Stiftung Ziegelei-Museum Meienberg, Cham 1984, 33.

[98] Früheste Hohlziegel auf der Frohburg SO (um 1300): Meyer 1989, 68; Obergösgen SO (13./14. Jh.): Th. Bitterli-Waldvogel, Burg Obergösgen. Archäologie des Kantons Solothurn 7, 1991, 93, Nr. 41; Mülenen SZ (13. Jh.): Meyer 1970, 199.

[99] Für die Bestimmung der Münzen danke ich M. Peter, Römermuseum Augst, und für deren Kommentierung B. Zäch, Münzkabinett der Stadt Winterthur.

[100] Elmer 1941, 66, Nr. 654: Köln 2. Emission (Anfang bis Mitte / Ende 269).

[101] Besly / Bland 1983, 148, Nr. 2522: mint I, issue II (ohne explizite Datierung).

[102] Elmer 1941, 84, Nr. 782–784: Trier, 1. Emission, Anfang bis Ende 270; Besly / Bland 1983, 153, Nr. 2634–2638: mint II, issue II–IV (ohne explizite Datierung). Zur Unterscheidung von mint I (wahrscheinlich Trier) und mint II (wahrscheinlich Köln) vgl. Besly / Bland 1983, 57f.

[103] Der Antoninian des Victorinus Kat. 112 ist zwar deutlich korrodiert (K 3/3), aber nur wenig abgegriffen (A 2/2), was ebenfalls auf eine recht kurze Umlaufzeit hinweist.

[104] Vgl. dazu H. Brem / S. Frey-Kupper / B. Hedinger / F. E. Koenig / M. Peter, A la recherche des monnaies «perdues». Zum Münzumlauf im späteren 3. Jh. n. Chr. JbSGUF 79, 1996, 209–215.

scherbe aus Terra sigillata und die beiden Randscherben rätischer Reibschüsseln gesetzt werden. Da es sich bei den römischen Funden um keinen geschlossenen Komplex handelt, darf diese Datierung nicht vorbehaltlos für die übrigen Funde übernommen werden.

Sollte tatsächlich das ganze Ensemble dem späten 3. Jh. angehören, liesse diese Datierung des Materials in Zusammenhang mit der geschützten Höhenlage der Fundstelle spontan an ein Refugium denken, das im Zuge der Auflösung des sog. Gallischen Sonderreiches aufgesucht worden sein könnte. Dabei steht die Wulp mit ihrer Fundsituation auf einer geschützten Höhe keineswegs aussergewöhnlich da. In den unruhigen Jahren um 270/75 wurden in der heutigen Nordschweiz offensichtlich vermehrt sichere Plätze ausserhalb der Siedlungen aufgesucht[105]. Eigentliche Höhensiedlungen, die in diesen Jahren vermutlich genutzt wurden, sind vor allem aus der Nordwestschweiz bekannt (Mont Terri JU, das Wittnauer Horn AG und der Grosse Chastel oberhalb Lostorf SO)[106]. Für die Ostschweiz und die angrenzenden Gebiete sind etwa Üetliberg/Uto-Kulm (Stallikon ZH), Thurberg (Weinfelden TG) und eventuell auch das Lutzagüetli (Gamprin FL) zu nennen[107]; in allen Fällen liegt ein Schwerpunkt der Münzreihe im 3. Viertel des 3. Jh.

Ebenso finden sich auf kleinen – später im Mittelalter mit Burgen bebauten – Spornlagen vereinzelt römische Münzen der Jahre um 270/75[108]. Sie dürften am ehesten mit der Situation auf der Wulp vergleichbar sein. Die Münzen sind hier wie dort wohl Zeugnisse einer kurzzeitigen Benutzung der Plätze.

Die insgesamt 18 als römisch angesprochenen Geschirrkeramikscherben und die beiden Münzen erscheinen als Indizien für eine längere, kontinuierliche Besiedlung nicht sehr aussagekräftig. Sofern weitere Funde nicht bei der Planierung des Geländes in mittelalterlicher Zeit verloren gingen, dürfte der Platz daher nur kurze Zeit besiedelt gewesen sein. Nun sticht in unserem Material aber die Masse von insgesamt über 60 kg Baukeramik – vorwiegend Leistenziegel *(tegulae)*, aber auch Hohlziegel *(imbrices)* und vor allem einige Wandheizungsröhren *(tubuli)* – ins Auge. Mindestens eines der Gebäude, die diesen Bauschutt lieferten, muss also mit einer Hypokaust-Heizung ausgestattet gewesen sein. Beheizbare Gebäude sind unseres Wissens auf Höhensiedlungen bis heute nicht nachgewiesen.

Wenn es also wenig wahrscheinlich ist, dass der römische Bauschutt von einem Gebäude auf dem Sporn über dem Küsnachter Tobel stammt, müssen die römischen Funde in mittelalterlicher Zeit in Sekundärverwendung auf die Burgstelle gelangt sein[109]. Die Fundkonzentrationen entlang der südlichen und westlichen Ring-

mauerabschnitte M 2/II und M 3/II nähren die Vermutung, dass beim Hinterfüllen der Umfassung auf Schutt aus den Ruinen einer nahe gelegenen römischen Villa zurückgegriffen wurde.

Der einzige bis heute bekannte römische Gutshof auf Küsnachter Boden liegt in der Flur Rehweid/Amtsäger, keine 1000 m vom Wulphügel entfernt *(Abb. 1)*. 1979 wurden hier beim Bau einer Stützmauer Fragmente römischer Ziegel und Terra-sigillata-Scherben entdeckt. Kleinere Sondiergrabungen und geoelektrische Messungen erbrachten den Nachweis einer grösseren römischen Villa mit mehreren Nebengebäuden[110]. Diese Deutung der sekundären Verwendung römischer Baukeramik schliesst freilich eine zeitweise Nutzung des Platzes im 3. Jh. n. Chr. nicht aus.

4 Mittelalter

Da das Fundgut der Wulp – wie bereits erwähnt – nicht stratigraphisch ausgewertet werden kann, hat die typologische und chronologische Einordnung auf dem Wege über Analogieschlüsse zu absolut datierten Fundstellen zu erfolgen. Starkes Gewicht erhalten hierbei folgende Komplexe:

- Die Keramikfunde aus den gut stratifizierten und teilweise münzdatierten Fundkomplexen im Bereich des Ostturmes der Habsburg AG liefern eine Feinchronologie der Topfränder für die Zeit zwischen 1020/30 und 1100[111].
- In Zürich-Münsterhof datieren die Benützungsphasen I und II des Hauses I unmittelbar vor den Umbau der nach Ausweis zweier Dendrodaten um 1130 erneuerten Friedhofsmauer. Mit dem Umbau rechnen dann die Benützungsphase III und Haus II[112].
- Als weitere gute Vergleichsfundstelle bietet sich die Üetliburg ZH (Üetliberg, Uto-Kulm) an. Aufgrund der jüngsten Münzen – 21 miteinander verbackener Halbbrakteaten der Siedlungsschicht 258 – müssen die darunterliegenden Schichten 254–257 vor, die darüberliegenden Horizonte 259 und 262 um bzw. nach der Mitte des 12. Jh. abgelagert worden sein[113].
- Gut vergleichbar mit unserem Material sind ausserdem die Fundensembles der im 11. Jh. gegründeten und um 1200 aufgelassenen Burgen Ödenburg BL[114] und Riedfluh BL[115]. Insbesondere für die Eisenfunde stellen sie die wichtigsten Vergleichsfundstellen dar.

4.1 Geschirrkeramik

Die Geschirrkeramik der Wulp ist durchwegs gewülstet und auf der Drehscheibe nachgedreht. Unregelmässig verstrichene Wülste an der Innenseite der Gefässe und feine Drehrillen zeugen von dieser Arbeitstechnik. Der in der Regel fein gemagerte Ton wurde überwiegend hart und reduzierend (d. h. grau bis schwarz) gebrannt. Einige wenige braun-beige bis orange gefleckte Stücke weisen auf eine wohl ungewollte Sauerstoffzufuhr während des Brennvorganges hin[116].

4.1.1 Randprofile von Töpfen (Kat. 114–164)

Von den 50 auf der Wulp geborgenen Topfrändern gehört mit 44 Stücken der weitaus grösste Teil der Scherben in die Gruppe der Lippenränder. Das Formenspektrum beginnt bei unverdickten oder leicht verdickten, schräg oder horizontal ausladenden bzw. leicht überhängenden Randlippen (Kat. 114–128). Grob gesehen läuft die weitere typologische Entwicklung über verdickte, unterschiedlich stark überhängende Lippenränder (Kat. 129–132), die sich zu immer knolligeren, wulstigeren Randlippen wandeln (Kat. 133–139 und 140–148)[117]. Diese Ränder steigen in der Regel direkt aus der Schulter des Gefässes auf, der Hals ist meistens gar nicht oder allenfalls sehr schwach ausgebildet. Zusätzlich verleiht der tiefliegende Bauch den Töpfen eine plumpe, gedrungene Form.

Die typologisch ältesten Stücke lassen sich gut mit dem stratifizierten Spektrum der Habsburg AG vergleichen. So besitzt Kat. 114 dort eine Parallele aus dem dritten Viertel des 11. Jh.[118] Ebenso lassen sich für die Ränder Kat. 116 und 117 gute Beispiele aus dem späten 11. Jh. anführen[119].

Ebenfalls ins spätere 11. und frühe 12. Jh. datieren die unverdickten, schräg bis horizontal ausladenden Ränder Kat. 118–122 und die leicht überhängenden, unverdickten Randlippen Kat. 123–125. Analoge Lippenränder finden sich im Material der Habsburg AG, der Üetliburg ZH und in Zürich-Münsterhof vor dem mittleren 12. Jh.[120].

Dieselben Fundstellen liefern Vergleichsbeispiele zu unseren unverdickten, kantig abgestrichenen und leicht unterschnittenen Rändern Kat. 126–128 und weisen diese in die erste Hälfte und die Mitte des 12. Jh.[121].

Auch leicht verdickte, unterschiedlich stark überhängende Randlippen (Kat. 129–132) und wulstig verdickte Lippenränder (Kat. 133–139) lassen sich auf der Üetliburg ZH vereinzelt schon vor 1150 fassen[122]. Häufiger treten sie dann erst in den nach 1150 datierten Schichten auf[123]. In Zürich-Münsterhof finden sich ebenfalls Parallelen des 12. Jh.[124]. Hier lassen sie sich sogar bis in die erste Hälfte des 13. Jh. belegen[125].

Ebenfalls im Fundgut von Zürich-Münsterhof vertreten sind Vergleichsbeispiele zu den Topfrändern mit

knolligem Wulstrand Kat. 140–142 und Kat. 143–145[126]. Sie datieren hier wiederum ins 12. und beginnende 13. Jh.

Denselben zeitlichen Rahmen besitzen die etwas feineren Wulstränder Kat. 146–148. Sie lassen sich gut mit

[105] Die ältere Forschung, z. B. W. Drack/R. Fellmann, Die Römer in der Schweiz (Stuttgart 1988) 82f., bringt dieses Phänomen noch mit angeblichen Alamanneneinfällen um 259/60 in Verbindung.

[106] Zu den Münzfunden dieser Plätze zuletzt M. Peter, Die Fundmünzen. In: P.-A. Schwarz, Die spätlatènezeitliche und spätrömische Höhensiedlung auf dem Mont Terri (Cornol JU): Die Ergebnisse der Grabungskampagne 1987. Basler Beiträge zur Ur- und Frühgeschichte 13 (Derendingen 1993) 69–72.

[107] Vgl. dazu zuletzt B. Hedinger, Münzen. In: Bauer et al. 1991, Bd. A, 194–204, bes. 202f.; zum Lutzagüetli ausserdem die Materialvorlage bei H. Brem, Münzfunde vom Lutzagüetli/Gemeinde Gamprin. Jahrbuch des Historischen Vereins für das Fürstentum Liechtenstein 93, 1995, 217–255.

[108] Vgl. z. B. Glattburg (Oberbüren SG): M. P. Schindler, Kirchberg SG-Gähwil, Alttoggenburg/St. Iddaburg und Oberbüren SG-Glattburg: zwei prähistorische Siedlungen im unteren St. Galler Thurtal. JbSGUF 81, 1998, 7–22, bes. 17–19 (je ein Antoninian des Quintillus und Aurelianus; die beiden Münzen Abb. 15 sind in der Publikation versehentlich vertauscht).

[109] Römische Ziegel bilden häufig Bestandteile mittelalterlicher Herdstellen. Vgl. Marti/Windler 1988, 130, Anm. 7; Tauber 1980, 358, Anm. 88. Für eine solche Verwendung ist die Masse der Wulper Baukeramik aber zu gross.

[110] JbSGUF 63, 1980, 245; JbSGUF 70, 1987, 222.

[111] Frey 1986, 66.

[112] Schneider et al. 1982, 69, 88.

[113] R. Windler in: Bauer et al. 1991, 78f., 213.

[114] Tauber 1991.

[115] Degen et al. 1988.

[116] Keramik erhält eine orange Färbung, wenn Eisenverbindungen im Ton bei genügend Sauerstoff zu rotem Hämatit oxidieren (vgl. Schneider 1989, 17f.).

[117] Die chronologische Einordnung unserer Scherben bezeichnet das erste Auftreten einer bestimmten Form und sagt nichts über deren Laufzeit aus. Denn wie die stratifizierten Fundkomplexe von Zürich-Münsterhof zeigen, scheint der Lippenrand – in unverdickter oder knollig verdickter Ausformung – generell eine lange Laufzeit zu besitzen. Hier finden sich unverdickte, horizontal ausladende Ränder sowie verdickte, überhängende Randlippen mit knolligen Wulsträndern in Schichten des 12. bis frühen 13. Jh. miteinander vergesellschaftet (vgl. Schneider et al. 1982, Taf. 1,1–5.8–9.13–23; 2,1–10; 7,2–21; 8,5–15; 17,1–5).

[118] Frey 1986, 71.

[119] Frey 1986, 71, B9–B10.

[120] Frey 1986, 71, B12–B23; R. Windler in: Bauer et al. 1991, Taf. 96,1387; 97,1388; Schneider et al. 1982, Taf. 2,8.

[121] Frey 1986, 71, B28; Schneider et al. 1982, Taf. 2,2; Bauer et al. 1991, Taf. 97,1399.

[122] R. Windler in: Bauer et al. 1991, Taf. 104,1522–1523.

[123] R. Windler in: Bauer et al. 1991, Taf. 100,1433–1442.

[124] Schneider et al. 1982, Taf. 1,4–5.13–17; 2,3; 3,9.11–12.

[125] Schneider et al. 1982, Taf. 6,7–8.10.

[126] Schneider et al. 1982, Taf. 1,8; 2,9; 3,10; 7,13.15.

Stücken der Habsburg AG vergleichen, welche dem dritten Viertel des 12. Jh. zugewiesen werden[127].

Die weitere typologische Entwicklung im fortgeschritteneren 12. Jh. ist geprägt durch eine stärkere, zuweilen zylindrische Ausformung des Halses. Gleichzeitig wird der untere Teil des Gefässes gerade, der Bauch etwas nach oben verschoben. Dadurch verlieren die Töpfe ihre kugelige Gestalt zugunsten einer eleganteren, schlankeren Gesamterscheinung.

Durch ihren ausgeprägten Hals zeichnen sich unsere leicht verdickten Lippenränder *Kat. 149–153* aus. Parallelen zu diesen Stücken lassen sich in Zürich-Münsterhof wiederum in Schichtzusammenhängen der zweiten Hälfte des 12. und der ersten Hälfte des 13. Jh. finden[128].

Ähnlich ausgeformte Hälse weisen auch die Ränder *Kat. 154–159* auf. Während der Rand *Kat. 154* in seiner schräg abgestrichenen, kantigen Profilierung keine Vergleichsbeispiele kennt, lässt sich für das Stück *Kat. 155* eine Parallele von Zürich-Münsterhof anführen[129]. Der Rand *Kat. 156* ist vergleichbar mit einer Scherbe aus der Wallschüttung der Winterthurer Stadtbefestigung[130]. Ohne Parallele bleibt hingegen die Scherbe *Kat. 157*, während sich als Vergleich für die Randform *Kat. 158* am ehesten ein Schalltopf aus der Kirche St. Arbogast in Oberwinterthur anbietet[131].

In einer typologischen Weiterentwicklung führt ab dem späten 12. Jh. das kantige Abstreichen der Wülstränder zur Ausbildung der ersten Randleisten. So stellen denn die sechs Protoleistenränder *Kat. 159–164* die formal jüngsten Topfränder des Wulper Fundspektrums dar. Diese frühen Randleisten sind noch unprofiliert und nicht unterschnitten, was eher für eine Datierung in die erste Hälfte des 13. Jh. spricht[132]. Vergleichbare Randformen kennen wir beispielsweise von der Frohburg SO[133].

4.1.2 Dekortypen von Töpfen *(Kat. 165–169)*

Mit insgesamt nur fünf Exemplaren liegen verzierte Scherben in unserem Material in erstaunlich geringer Menge vor. Die vorhandenen Verzierungen lassen sich drei verschiedenen Dekortypen zuordnen.

Mit drei Scherben am häufigsten ist der Wellendekor vertreten. Das Topffragment *Kat. 142* weist auf der Schulter ein einfaches Wellenband auf. Dasselbe lässt sich für die Scherbe *Kat. 165* vermuten. Zwei übereinander liegende Wellenbänder besitzt die Scherbe *Kat. 166*.

Der Dekor der Wellenlinie scheint eine ausgesprochen zeitlose Verzierungsart zu sein. Bereits in karolingischer Zeit tauchen unterschiedlich weit schwingende Wellenlinien auf[134]. Diese Verzierung erfreut sich dann vor allem im 11. und 12. Jh. grosser Beliebtheit[135], lässt sich aber auch im Spätmittelalter noch beobachten[136]. Gute Parallelen zu unseren zackig geschwungenen Wellenbändern finden wir im Material der Ödenburg BL[137].

Ebenfalls mit Stücken der Ödenburg BL lässt sich unsere Wandscherbe *Kat. 167* vergleichen, die auf der Schulter eine umlaufende Furche aufweist[138]. Ob das Stück weitere parallellaufende Furchen besass, wie die Ödenburger Exemplare, lässt sich nicht mehr entscheiden. Mehrere Furchen in unterschiedlichen Abständen sind nach Jürg Tauber eine beliebte Verzierung des mittleren 12. Jh.[139].

Auf zwei Scherben tritt als dritte Dekorart im Wulper Material schliesslich die Riefenverzierung *(Kat. 168 und 169)* auf. Die plastische Riefung von Schulter und Bauch scheint im 12. Jh. aufzukommen und wird als Dekor im 13. Jh. dominant[140]. Ab dem späteren 14. Jh. werden Riefen immer häufiger von plastisch aus der Wand gearbeiteten Leisten begleitet[141]. Unsere Exemplare müssen aufgrund der schwach ausgeprägten Riefen wohl eher früh eingeordnet werden. Parallelen lassen sich wiederum auf der Ödenburg finden, wo die entsprechenden Scherben dem 12. Jh. zuweisbar sind[142].

4.1.3 Bodenscherben von Töpfen *(Kat. 170–200)*

Bei einer Gesamtzahl von 31 bestimmbaren Bodenscherben mittelalterlicher Zeitstellung treten die sieben konvexen Linsen- oder Wackelböden *(Kat. 170–176)* gegenüber den 24 Standböden mit ebener Standfläche *(Kat. 177–200)* deutlich in den Hintergrund.

Allgemein ist der Standboden seit der Merowingerzeit durch alle Jahrhunderte hindurch bekannt[143], während der Linsenboden vor allem vom 11. bis zum 14. Jh. gebräuchlich zu sein scheint[144]. Eine Datierung der Töpfe aufgrund ihrer Bodenform ist nicht möglich, für eine zeitliche Einordnung muss vielmehr die Gesamtform des Gefässes berücksichtigt werden. Die Wandungsansätze unserer Bodenfragmente weisen – soweit sich dies beurteilen lässt – auf eine kugelige, eher gedrungene Gefässform. Somit sind sie gut mit Töpfen der Ödenburg BL und der Riedfluh BL aus dem 12. Jh. vergleichbar[145].

Neben den gewöhnlichen Bodenfragmenten müssen aus unserem Komplex die Standböden *Kat. 199 und 200* hervorgehoben werden. Während sich die Scherbe *Kat. 199* durch einen kaum merklichen standringartigen Wulst am Boden, den sogenannten Quellrand, auszeichnet, besitzt *Kat. 200* eine Bodenmarke in Form eines Radkreuzes. Auf das Problem der Quellränder und der Bodenmarken soll bei der Besprechung der Ofenkeramik näher eingegangen werden.

4.1.4 Grapen *(Kat. 201–208)*

Während die ältere Gebrauchskeramik praktisch ausschliesslich den Topf kannte, begann im 13. Jh. ein Differenzierungsprozess im keramischen Formenschatz, der eine Vielzahl neuer Gefässe hervorbrachte. So erzielte der bis anhin direkt ins Feuer gestellte Kochtopf durch das Hinzufügen dreier Standbeine eine bessere Hitzeausnützung. Auf diese Weise entwickelte sich seit dem 12. Jh. im nordwestdeutschen Kugeltopfgebiet mit dem sog. Grapen ein spezifisches Kochgeschirr, das noch vor der Mitte des 13. Jh. in unser Gebiet gelangte und allmählich den älteren Kochtopf verdrängte[146]. Einen weiteren Entwicklungsschritt stellen die seit dem letzten Viertel des 13. Jh. auftauchenden Dreibeinpfannen (Tüpfi) dar[147].

Im Material der Wulp ist der Grapen mit einigen Fragmenten vertreten. *Kat. 201 und 202* zeigen zwei geknickte Wulsthenkel. Beim ersten Stück *Kat. 201* ist der Hals und die Schulter erhalten, sodass wir das Profil der oberen Gefässhälfte bestimmen können. Der Rand ist verdickt und horizontal abgestrichen. Ebenfalls horizontal abgestrichen, aber kaum verdickt ist der Rand der Scherbe *Kat. 203*. Typähnliche Vergleichsbeispiele kennen wir aus der Stadtwüstung Glanzenberg[148] und vor allem im Material von Zürich-Münsterhof[149].

Keine Parallelen konnten wir für die Scherbe *Kat. 204* mit leicht S-förmig geschwungenem Hals finden. Obwohl wir das Stück als Fragment eines Grapens betrachten, möchten wir eine kleine Schale oder Schüssel nicht gänzlich ausschliessen.

In insgesamt vier Exemplaren liegen Standbeine von Dreibeintöpfen (Grapen) *Kat. 205–208* vor. Es handelt sich hierbei um typologisch frühe Formen einfacher Füsse ohne umgelegte Fusslaschen[150]. Zahlreiche Vergleiche finden sich im Material von Zürich-Münsterhof[151].

Einen besonderen Dekor besitzt das Standbein *Kat. 207*. Es weist auf der Vorderseite ein eingedrücktes ährenförmiges Kerbmuster auf. Vergleichbare Kerbverzierungen zeigen Standbeine des mittleren 13. Jh. aus der Basler Barfüsserkirche[152]. Wie ein Beispiel aus Bern belegt, war diese Verzierung aber auch an Standbeinen glasierter Grapen des 14. Jh. noch gebräuchlich[153].

4.1.5 Bügelkannen *(Kat. 209 und 210)*

Etwa gleichzeitig mit den Grapen erschienen in der ersten Hälfte des 13. Jh. die ersten Bügelkannen[154], jene Gefässe mit Bügelhenkel und Ausgusstülle also, die der heiligen Verena als Attribut dienen und in Anlehnung daran auch «Verenakrüge» genannt werden. Wie die zeitgleichen Töpfe besitzen die frühen Bügelkannen Leistenränder, ein Umstand, der bei kleinfragmentierten

Scherben eine Zuordnung zur einen oder anderen Gefässgruppe oftmals erschwert.

Zwei Randscherben unseres Materials möchten wir als Fragmente solcher Bügelkannen ansprechen. Für das Stück *Kat. 209* mit geschwungen ausladender, leicht kantig unterschnittener Hängeleiste finden wir ein typähnliches Vergleichsstück im Fundgut der Stadtwüstung Glan-

---

[127] Frey 1986, 73, B31–B33.

[128] Schneider et al. 1982, Taf. 19,16; 39,20.

[129] Schneider et al. 1982, Taf. 3,11.

[130] Windler 1990, Abb. 13,5.

[131] R. Schnyder, Die Schalttöpfe von St. Arbogast in Oberwinterthur. ZAK 38, 1981, 271, Abb. 9,17.

[132] Windler 1990, 95.

[133] Meyer 1989, 142, A153–A154.

[134] S. Steinle / J. Tauber, Ein karolingischer Töpferbezirk in Oberwil, Kanton Basel-Landschaft (Schweiz). AKB 4, 1974, Abb. 3,2; J. Tauber, Ein karolingisches Grubenhaus in Allschwil. Archäologie und Museum 011 (Liestal 1988) 63,8.

[135] Rippmann et al. 1987, 264.

[136] Im Material der Burgstelle Neuenstein BL befindet sich ein Fragment eines grauen Vorratstopfes mit Wellenbanddekor, der aufgrund seiner Randform ins 15. Jh. gesetzt werden darf. Vgl. Ch. Bader / W. Wild, Streufunde von der Burg Neuenstein, Archäologie und Museum 037 (Liestal 1998) 46 f., A21.

[137] Tauber 1991, Abb. 74,374–377.

[138] Tauber 1991, Abb. 74,370–371.

[139] Tauber 1991, 80.

[140] Rippmann et al. 1987, 266.

[141] Im Keramikspektrum der im Erdbeben 1356 zerstörten Burg Bischofstein BL lassen sich Leisten in Verbindung mit Riefen noch nicht beobachten. Erste vergleichbare Stücke finden sich auf den ebenfalls im Erdbeben zerstörten Burgen Alt-Schauenburg und Madeln. Häufiger tauchen Scherben mit Leisten-Riefendekor erst auf Alt-Wartburg AG auf und werden dort ins 14. und beginnende 15. Jh. gesetzt. Vgl. Tauber 1980, Abb. 46, 81; Marti / Windler 1988, Taf. 3,52; Meyer 1974, 53, B128–B130.

[142] Tauber 1991, 80 f., Abb. 74,379.

[143] Lobbedey 1968, 83.

[144] Lobbedey 1968, 38 f.

[145] Tauber 1991, 79, 337–364; J. Tauber in: Degen et al. 1988, 107 ff., A69a–A90.

[146] Der älteste Grapen in Zürich-Münsterhof datiert vor der Mitte des 13. Jh. Vgl. Schneider et al. 1982, Taf. 24,1.

[147] Marti / Windler 1988, 67.

[148] Tauber 1980, Abb. 220,26.

[149] Schneider et al. 1982, Taf. 21,3–7.10–22.

[150] Standbeine mit umgelegter Fusslasche kommen in der ersten Hälfte des 14. Jh. auf. Vgl. Rippmann et al. 1987, 267.

[151] Schneider et al. 1982, Taf. 12,4–7; 28,1–14.

[152] Rippmann et al. 1987, Taf. 8,14; 50,16.

[153] D. Gutscher / P. Suter, Fundberichte. AKBE 2A, 1992, Abb. 117,13.

[154] Erste Vertreter der Nordwestschweiz in der Basler Barfüsserkirche. Vgl. D. Rippmann, Figürliche Giessgefässe aus Basel. BZ 79, 1979, Abb. 21,2.

zenberg ZH[155]. Einen kurzen, kantig abgestrichenen Trichterrand – ähnlich unserer Scherbe *Kat. 210* – kennen wir von der Frohburg SO[156]. Die beiden Parallelen werden in die Mitte bzw. die zweite Hälfte des 13. Jh. datiert.

4.1.6 Varia *(Kat. 211–223)*
Das aus acht Passscherben bestehende Fragment eines kleinen Napfes *Kat. 211* und die analoge Randscherbe *Kat. 212* besitzen eine zylindrische Wandung und einen unverdickten, einfachen gerundeten Rand. Gute Vergleichsbeispiele zu diesen beiden Fragmenten finden sich auf der Frohburg SO, wo sie ins 13. Jh. datieren[157]. Im Gegensatz zu den eben besprochenen Stücken weisen die ebenfalls als Näpfe oder Schalen angesprochenen Scherben *Kat. 213 und 214* eine konische Wandung auf. Exakte Parallelen liessen sich keine finden. Aufgrund der ähnlichen Randausformung mögen auch sie im Umfeld der Frohburger Gefässe einzuordnen sein.

Ebenfalls ohne Vergleichsbeispiele stehen das Fragment *Kat. 215* mit zylindrischer Wandung und unverdicktem, horizontal abgestrichenem Rand sowie die unverdickte, kantig abgestrichene Randscherbe *Kat. 216* da. Während wir das erste Stück *(Kat. 215)* als Napf oder Becher ansprechen, möchten wir die Scherbe *Kat. 216* am ehesten als Schüsselrand betrachten.

Keinem bestimmten Gefäss zuordnen lassen sich die beiden kleinen Bandhenkelfragmente *Kat. 217 und 218*, die aufgrund ihrer geringen Grösse möglicherweise von Kinderspielzeug stammen. Die schönsten Beispiele von Kinderspielzeug finden wir auf Hallwil AG. Der Komplex datiert allerdings ins Spätmittelalter und die frühe Neuzeit[158]. Als Hakenhenkel lässt sich das Fragment *Kat. 219* ansprechen. In die erste Hälfte des 13. Jh. datiert ein Vergleichsstück von Zürich-Münsterhof[159]. Aus dem Material der Frohburg SO stammen Vergleichsfunde zu unseren beiden stark fragmentierten Ausgusstüllen von Flaschen oder Krügen *Kat. 220 und 221*[160].

Die beiden Gefässhenkelfragmente *Kat. 222 und 223* gehören zum Typus des konischen Hohldeckels mit zentrisch, d. h. in der Deckelmitte angelegtem, massiv ausgeführtem Knopfgriff. Das Auftreten keramischer Deckel lässt sich etwa im dritten Viertel des 13. Jh. ansetzen, wobei Einzelstücke schon früher nachgewiesen sind[161].

4.2 Ofenkeramik
Bezüglich Material und Verarbeitung bilden die Ofenkacheln von Wulp ein sehr einheitliches Ensemble. Der Ton ist vorwiegend fein gemagert und hart oxydierend gebrannt. Das Farbenspektrum der Scherben reicht von beige bis ziegelrot, wobei die Masse unserer Ofenkeramik orange ist. Einige wenige gräulich-beige *(Kat. 250,* *325, 326, 330)* und bräunliche *(Kat. 276)* Kachelfragmente zeugen von gewissen Schwankungen unterworfenen Brennverhältnissen. Nur ein einziges Kachelfragment *(Kat. 295)* ist einheitlich grau.

Sämtliche Kacheln gehören in die Gruppe der gewülsteten Ware. Schlecht verstrichene Wülste, welche überlappende Tonfalten im Gefässinnern bilden, und abrupt variierende Wandungsstärken zeugen von der Herstellungstechnik. Während die typologisch ältesten Stücke ausschliesslich handgeformt sind, wurden jüngere Kacheln offenbar auf der Handtöpferscheibe nachgedreht. Einige Exemplare zeigen feine Drehrillen oder eine Riefung auf der Kachelinnenseite *(z. B. Kat. 293, 294, 333)* – Spuren, die vom Nachdrehen der Ware herrühren. Auf der fussgetriebenen Blockscheibe gefertigte Kacheln lassen sich im Wulper Material nicht nachweisen. Auch die aufgrund ihrer Rillen und Riefen nachweislich auf einer Scheibe vollendeten Stücke weisen im unteren Teil – also jenem Bereich, den der Töpfer beim Nachdrehen nicht mehr erreichte – Unregelmässigkeiten in der Wandung auf, wie sie unmöglich beim freien Hochziehen des Gefässes auf der fussgetriebenen Blockscheibe entstehen können[162].

Es lassen sich in unserem Material drei Kacheltypen unterscheiden: Topf-, Röhren- und Becherkacheln, wobei die Hauptmasse des Kachelmaterials in die Gruppe der Röhren- bzw. Becherkacheln gehört. Formal unterscheiden sich die ersteren von den letzteren durch eine insgesamt schlankere, röhrenförmige Gestalt. In Anlehnung an die von Renata Windler bei der Bearbeitung der Ofenkeramik der Üetliburg ZH angewandten Kriterien[163] weisen wir Kacheln mit einem Mündungsdurchmesser bis zu 5 cm den Röhrenkacheln, jene mit einem Durchmesser über 5 cm den Becherkacheln zu. Unsichere Fragmente, insbesondere kleinfragmentierte Scherben, werden als «röhrenförmige Becherkacheln» angesprochen.

4.2.1 Topfkacheln *(Kat. 224–226)*
Während sich die Topfkachel *Kat. 224* mit ihrer bauchigen Form deutlich von den übrigen Stücken absetzt, stellen die ebenfalls als Topfkacheln angesprochenen Stücke *Kat. 225 und 226* aufgrund ihrer gestreckten und sehr schlanken Ausführung bereits Übergangsformen zu röhrenartigen Kacheln dar. Parallelen zur ausgeprägten Form finden sich auf Schönenwerd ZH und auf der Frohburg SO in Komplexen der zweiten Hälfte des 11. Jh.[164]. Vergleichsbeispiele zu Topfkacheln mit gestreckter Form stammen von Glanzenberg ZH und Schönenwerd ZH sowie von Grenchen SO[165]. Ihre typologische Stellung zwischen ausgeprägter Topf- und zylindrischer Becherform lässt ein Aufkommen um 1100 oder im frühen 12. Jh. vermuten[166].

4.2.2 Röhrenkacheln *(Kat. 227–253)*

Röhrenkacheln sind mit 27 Randscherben vertreten *(Kat. 227–253)*. Die Gesamtform der Gefässe ist geprägt durch eine zylindrische, zuweilen sogar leicht bauchig konvexe, vorwiegend ungeriefte Wandung. Die Mündungsdurchmesser liegen zwischen 3,6 und 5 cm. Das Spektrum der Randformen ist wenig vielfältig und reicht von ausdünnenden zu leicht wulstig verdickten, unterschiedlich stark umgelegten Lippen. Gute Parallelen zu unseren Stücken stammen von der Üetliburg ZH, wobei besonders die Altfunde von Ferdinand Keller sechs schöne Beispiele ganz erhaltener Röhrenkacheln repräsentieren[167]. Aufgrund dieser Vergleiche können unsere Kacheln generell ins 12. Jh. datiert werden.

4.2.3 Becherkacheln *(Kat. 254–314)*

Die 61 als Becherkacheln angesprochenen Exemplare besitzen bei einer Länge von 10–12 cm einen Mündungsdurchmesser von etwa 5–7 cm. Sie zeichnen sich durch eine in der Regel mehr oder weniger konische Wandung aus. Gleichwohl lassen sich vereinzelt immer noch zylindrische Formen beobachten *(Kat. 302–314)*.

Die Ränder *Kat. 254–260* mit ihren sich verjüngenden, leicht ausladenden Lippen sind mit den oben beschriebenen röhrenförmigen Stücken *(Kat. 227–253)* vergleichbar und dem 12. Jh. zuzurechnen.

Für die zahlenmässig grosse Gruppe der gerundeten aussen oder innen gekehlten Randlippen *(Kat. 261–270)* lassen sich Vergleichsbeispiele von Urstein AR anführen, welche grob dem 12./13. Jh. zuweisbar sind[168].

Mit den Fragmenten *Kat. 271–297* begegnen uns die ersten gerieften Ofenkacheln, wobei sich die schwache Riefung noch auf die Gefässaussenseite beschränkt. Die Kacheln zeichnen sich durch horizontal oder schräg abgestrichene und teilweise an der Oberseite gekehlte Ränder aus. Typähnliche Formen kennen wir von Schönenwerd ZH, Maschwanden ZH, Horen AG und Basel-Imbergässlein 11–15 aus dem späten 12. und frühen 13. Jh.[169]. Ein gut mit den Wulper Kacheln vergleichbares Ensemble stammt von einem Ofen mit dem dendrochronologisch ermittelten Baudatum von 1208[170]. Stark nach aussen gezogene Ränder mit Kehlung auf der Oberseite, wie sie unsere Scherben *Kat. 296 und 297* aufweisen, lassen sich ausserdem in Basel-Barfüsserkirche und auf dem Vorderen Wartenberg BL beobachten[171].

Keine Parallelen konnten wir für die Scherben *Kat. 298 und 299* finden, die sich durch eine durchgehend geriefte Wandung auszeichnen. Ihre Ränder lassen sich zwar noch gut mit älteren Formen, etwa den Randlippen *Kat. 254–260*, vergleichen, die durchgehende Riefung scheint aber erst ab dem späteren 12. und frühen

13. Jh. aufzutauchen[172]. In den gleichen Zeitraum gehören die Scherben *Kat. 300 und 301* mit leicht verdicktem, schräg abgestrichenem bzw. unverdicktem, horizontal abgestrichenem Rand. Sie lassen sich grob mit Kacheln von Maschwanden ZH, Horen AG oder Tegerfelden AG vergleichen[173]. Zu den zylindrischen, leicht verdickten und horizontal abgestrichenen Rändern *Kat. 302–306* finden wir mit einem Stück von Zürich-Münsterhof eine gute Parallele aus der ersten Hälfte des 13. Jh.[174].

Schon sehr stark nach aussen gezogene Ränder besitzen die Scherben *Kat. 307–310*. Wie die ihnen sehr ähnlichen, aber noch stärker ausladenden Typen *Kat. 311–314* weisen sie eine leichte Kehlung der Oberseite auf. Als Vergleich für die Randstücke *Kat. 307–310* bieten sich Kacheln aus Basel-Barfüsserkirche an, die um 1200 datiert werden[175]. Ähnliche Randformen wie die Scherben *Kat. 311–314* besitzen Kachelränder vom Mittleren Wartenberg BL und der Löwenburg JU[176]. Im Gegensatz zu unseren Stücken sind diese ins zweite Viertel und die Mitte des 13. Jh. datierenden Exemplare aber bereits scheibengedreht.

---

[155] Tauber 1980, Abb. 220,22.
[156] Meyer 1989, 144, A227.
[157] Meyer 1989, 144, A238, A239.
[158] Lithberg 1932, Pl. 38–42, vgl. v. a. Pl. 40,A.
[159] Schneider et al. 1982, Taf. 24,3.
[160] Meyer 1989, 144, A260–A263.
[161] Rippmann et al. 1987, 268.
[162] Der Unterschied zwischen einer handgetriebenen und einer fussgetriebenen Scheibe besteht in erster Linie nicht in der Geschwindigkeit, sondern in der Konstanz der Drehbewegung. Während der Töpfer bei einer Fusstöpferscheibe beide Hände zur Formung des Gefässes zur Verfügung hat, muss die Handtöpferscheibe immer wieder von Hand in Rotation versetzt werden, was das freie Hochziehen eines Gefässes erheblich erschwert.
[163] R. Windler in: Bauer et al. 1991, 216.
[164] Tauber 1980, Abb. 207,1–13; Meyer 1989, 146, B1–B16.
[165] Tauber 1980, Abb. 220,2–8; 207,14–23; 160,4–6.
[166] Tauber 1980, 294.
[167] R. Windler in: Bauer et al. 1991, Abb. 229,a–f.
[168] F. Knoll-Heitz, Urstein. Die grösste Burg von Herisau. Appenzellische Jahrbücher 113, 1986, 81, B3; 82, B13, B14.
[169] Tauber 1980, Abb. 208,47–50; 214,2–3.5–7; 11,7; 110,2.
[170] A. Matter / W. Wild, Neue Erkenntnisse zum Aussehen von Kachelöfen des 13. und frühen 14. Jahrhunderts. Befunde und Funde aus dem Kanton Zürich. Mittelalter – Moyen Âge – Medioevo – Temp medieval 2, 1997, 80f., Abb. 7.
[171] Tauber 1980, Abb. 98,17–18; 59,14.
[172] Tauber 1980, 308, 1, 6–11.
[173] Tauber 1980, Abb. 214,3–10; 11,2–7; 24,18.
[174] Schneider et al. 1982, Taf. 58,5.
[175] Tauber 1980, Abb. 98,21.
[176] Tauber 1980, Abb. 63,1; 133,64.

Abb. 66: *Burg Wulp. Auswahl von Becherkacheln. Beim liegenden Stück in der Mitte ist die Bodenmarke in Form eines Radkreuzes gut erkennbar. M. 1 : 4.*

4.2.4 Bodenfragmente von Röhren- und Becherkacheln (Kat. 315–342)

Sämtliche Wulper Ofenkacheln besitzen einen rauhen Boden. Ausserdem weisen die meisten unserer Kachelböden Quellränder in unterschiedlich starker Ausprägung auf *(Kat. 317, 321–327, 330, 331, 333)*. Die Entstehung dieser standringartigen Wülste ist noch nicht restlos geklärt. M. Schulze führt sie auf Luftblasen zurück, die sich beim Aufbauen des Gefässes unter dem Ton befanden, oder aber auf eine nachträgliche Verbreiterung des Gefässbodens, zu deren Realisierung der Töpfer von innen gegen die Wand drückte und dabei gleichzeitig die Aussenwand nach unten abstrich[177]. Dagegen postulieren W. Erdmann et al. und B. Scholkmann die Verwendung einer Zwischenscheibe zwischen Gefässboden und Arbeitsfläche, über die hinabquellend der Boden als Grat stehenbleibt[178]. Scholkmann führt für diese Tonscheiben rezente Beispiele aus Südeuropa an, zudem hält sie sie gleichzeitig für Model von Bodenmarken, die direkt in die Scheiben eingeschnitten werden können.

Auch zahlreiche Wulper Ofenkacheln tragen eine Bodenmarke *(Kat. 319, 323, 325, 336, 338, 339, 341, 342)*, und zwar ein einfaches Radkreuz *(Abb. 66)*, eine Form, die seit dem 11. Jh. allgemein üblich ist[179]. Über die Entstehung und Funktion der Radkreuze herrscht noch Unklarheit. Gegen die Interpretation als eine in der Mitte der Töpferscheibe eingeschnittene Zentrierungshilfe, wie sie M. Schulze für möglich hält[180], spricht der Umstand, dass unsere Kacheln allesamt handgewülstet sind, somit nicht auf der Scheibe hochgezogen wurden. Zudem liegen die Zeichen keineswegs immer in der Bodenmitte. Die in der Arbeitsfläche eingekerbten Radkreuze dienten wohl weniger als Produktionshilfen, sondern hatten offenbar den Zweck, am Gefässboden eine Marke zu hinterlassen. Ihre grosse Verbreitung über halb Europa scheint es aber zu verbieten, die Radkreuze als Werkstattzeichen oder Herstellermarken anzusprechen[181]. Es bleibt die letztlich schwer nachzuweisende Möglichkeit einer magischen Bedeutung. Eine – zumindest in sekundärer Verwendung – apotropäische Funktion spricht M. Schulze den aus Gefässböden geschnittenen Zeichen von Mutějovice in Mähren zu, die als Amulette getragen wurden[182].

4.3 Stein

4.3.1 Specksteingefäss mit Deckel *(Kat. 343 und 344)*

Die Randscherbe aus Speckstein (Lavez) *Kat. 343* dürfte aufgrund des Durchmessers von ca. 36 cm von einem steilwandigen grossen Napf oder einer Schüssel stammen. Einen Hinweis auf die Herstellungstechnik des Gefässes geben die Drehrillen an der Aussen- und Innenseite der Wandung, die vom Drechseln an einer Drehbank stammen. Die Schmauchspuren an der Aussenwand legen eine Verwendung als Kochtopf nahe. Zu diesem Gefäss gehörte der Deckel *Kat. 344*. Er weist randparallel an der Unterseite eine schwache Rille auf, wohl eine Abnutzung, die im Laufe der Verwendung durch den Rand des Kochtopfes entstanden sein muss.

Lavezgefässe finden sich in Mitteleuropa von der Latènezeit bis in die Gegenwart[183]. Neben der Aufbewahrung von Vorräten fand Lavez hauptsächlich als Kochgeschirr Verwendung[184]. Aufgrund der günstigen Eigenschaften des Gesteins siedet Wasser in Töpfen aus Lavez schneller als in metallenen oder irdenen Geschirren. In Speckstein gekochte Speisen verändern weder Farbe noch Geschmack und bleiben länger warm. In den Bereich des Aberglaubens gehört die dem Lavezgefäss bescheinigte Eigenschaft, bei Gift zu zerspringen[185].

Die typologische und chronologische Einordnung von Specksteingefässen ist schwierig. Wegen der grösseren Stabilität des Materiales müssen die verschiedenen Gefässformen viel langlebiger gewesen sein als die Formtypen der Keramik. Zudem lässt die herstellungstechnisch bedingte, relativ geringe Variationsbreite Lavezgefässe zeitlos erscheinen. Die wichtigsten Gefässtypen haben sich von der Römerzeit bis in unser Jahrhundert unverändert erhalten. Das mittelalterliche Formengut ist vom römischen also kaum zu unterscheiden[186].

Dennoch möchten wir unser Stück mit sich verjüngendem Randabschluss am ehesten dem hohen bis späten Mittelalter zuordnen. Parallelen lassen sich in römerzeitlichen Komplexen nicht finden. Dagegen bieten sich stratigraphisch vom 9. bis ins 13. Jh. datierte Stücke aus Zürich-Münsterhof zum Vergleich an[187]. Ins 10./11. Jh. gesetzte Parallelen finden sich im Material des Castel Grande TI[188], gut mit unseren Stücken vergleichen lassen sich auch die ins mittlere 12. Jh. datierten Fragmente aus Winterthur, Marktgasse 13 und 15[189].

4.3.2 Wetzsteine *(Kat. 345 und 346)*

Bei den vorliegenden Wetzsteinen *Kat. 345 und 346* handelt es sich um Exemplare aus mesozoischem Spongienkalk, einem Material, das im Molassegestein des zürcherischen Raumes nicht ansteht[190]. Ein Import aus dem Jura oder der Schwäbischen Alb wäre denkbar.

Der Wetzstein *Kat. 346* muss schon im Mittelalter gebrochen, beide Bruchstücke müssen aber weiterbenutzt worden sein, was sich an den Abnützungsspuren im Bereich der Bruchstelle ablesen lässt. Das Stück *Kat. 345* ist stark abgenutzt *(Abb. 67)*. Diese Beobachtungen lassen auf einen gewissen Wert der Geräte schliessen. In der Tat besitzt Spongienkalk eine für Wetzsteine besonders wichtige Eigenschaft: die richtige Härte, um unter möglichst wenig Eisenverlust eine Klinge zu schärfen.

Wetzsteine lassen sich in römerzeitlichen wie mittelalterlichen Fundkomplexen gleichermassen nachweisen, wobei chronologisch relevante formale Unterschiede nicht beobachtet werden können.

4.4 Bein

4.4.1 Armbrustnuss *(Kat. 347)*

Eine gut erhaltene Nuss einer Armbrust liegt mit dem Fundobjekt *Kat. 347* vor *(Abb. 68)*. Hierbei handelt es sich um einen Teil der Abzugsvorrichtung. Das Stück besteht aus Hirschgeweih. Die Sehnenrast, eine über die ganze Breite der Walze eingeschnittene Kerbe, hielt die Sehne. In einer kleineren Kerbe auf der gegenüberlie-

genden Seite sass das Ende des Abzugsbügels und blockierte die Nuss bei gespannter Sehne. Rechtwinklig zur Sehnenrast liegt eine Rille, die das Schaftende des Bolzens aufnahm.

Eine Besonderheit unserer Armbrustnuss ist ihre schwarze Farbe. Ebenfalls schwarz ist die Nuss einer Armbrust des 14. Jh., die im städtischen Museum von Köln aufbewahrt wird[191]. Die Färbungsmethode ist nicht näher bekannt, unser Stück zeigt indes keine homogen schwarze Färbung. Die beiden Haken der Sehnenrast tendieren ins Gräuliche, was auf eine beginnende Kalzinierung des Materiales und somit auf eine Verbrennung schliessen lässt[192]. Es scheint nun wenig wahrscheinlich, dass die Verbrennung mit dem Ziel geschah, die Nuss zu färben, denn bei zu starker Erhitzung wird Bein spröde und brüchig. Zudem spricht die Fundlage in der Brandschuttschicht *Pos. 11* des Gebäudes G 1 (Profile P 9, P 15) eher für eine ungewollte Verbrennung als Folge einer Brandkatastrophe auf der Burg.

[177] Schulze 1981, 61, Anm. 369.

[178] W. Erdmann / H. J. Kühn / H. Lüdtke / E. Ring / W. Wessel, Rahmenterminologie zur mittelalterlichen Keramik in Norddeutschland. AKB 14, 1984, 422; Scholkmann 1978, 62.

[179] Rippmann et al. 1987, 264.

[180] Schulze 1981, 61.

[181] Bodenmarken in Form von Radkreuzen finden wir beispielsweise auf Keramik von: Tegerfelden AG: vgl. Tauber 1980, Abb. 24,19–20; Üetliburg ZH: vgl. R. Windler in: Bauer et al. 1991, Taf. 101,1466; 105,1549; Schaffhausen: vgl. D. Gutscher, Schaffhauser Feingerberei im 13. Jh. Schaffhauser Beiträge zur Geschichte 61, 1984, Abb. 39, 76; Wülfingen, Baden-Württemberg: vgl. Schulze 1981, Abb. 22 ff.; Deggendorf, Bayern: vgl. Dannheimer 1973, Taf. 28,2; 29,2; Budapest, Ungarn: vgl. I. Holl, Mittelalterliche Funde aus einem Brunnen von Buda (Budapest 1966) Abb. 31,6; Freiberg, Sachsen-Anhalt: vgl. A. Gühne, Holzfunde. In: Stadtarchäologie in Freiberg (Berlin 1991) Abb. 5,7; 27,23.

[182] Schulze 1981, 61.

[183] E. M. Ruprechtsberger, Ein Lavezgefäss aus Lauriacum. AKB 11, 1981, 145.

[184] Ch. Holliger / H.-R. Pfeifer, Lavez aus Vindonissa. JbGPV 1982, 13.

[185] E. A. Gessler, Die Lavezstein-Industrie. ASA N.F. 38, 1936, 115.

[186] Schneider et al. 1982, 148. Zu mittelalterlichem Lavez vgl. auch: U. Gross / A. Zettler, Nachantike Lavezfunde in Südwestdeutschland. ZAM 18/19, 1990/91, 11 ff.

[187] Schneider et al. 1982, Taf. 64,4–6.9; 65,3–4.6–7; 67,3.5.

[188] Meyer 1976, Fig. 48,F36–F37.

[189] A. Stebler-Cauzzo, Hochmittelalterliche Siedlungsspuren an der Marktgasse 13 und 15 in der Winterthurer Altstadt. In: AIZ 12, 1987–1992, Taf. 2,62–64.

[190] Für die Beurteilung des Wetzsteines danke ich M. Joos, Labor für Urgeschichte, Basel.

[191] U. Gross, Bilder und Sachen. In: Codex Manesse (Ausstellungskatalog, Heidelberg 1988) 489.

[192] Freundl. Hinweis von S. Deschler-Erb, Basel.

Abb. 67: *Burg Wulp. Wetzstein Kat. 345. M. 1:1,5.*

Abb. 68: Burg Wulp. Armbrustnuss aus Hirschgeweih Kat. 347. M. 2:1.

Während die beiden exponierten Haken besonders hohen Temperaturen ausgesetzt gewesen zu sein scheinen, weist der überwiegende Teil der Nuss noch keine Kalzinierung auf. Dies lässt sich am sinnvollsten mit der relativ geschützten Lage im Baum der Armbrust erklären. Wir möchten also annehmen, dass unsere Nuss den einzigen übriggebliebenen Bestandteil einer einem Schadenfeuer zum Opfer gefallenen Armbrust darstellt.

Als ausschliesslich funktionale Elemente sind Nussschlösser immer gleich gestaltet und unterliegen keinen Modeströmungen. Seit ihrem ersten Auftreten im 10. Jh. lassen sie sich in gleicher Machart bis in die Neuzeit verfolgen[193]. Hoch- und spätmittelalterliche Vergleichsbeispiele zu Armbrustnüssen sind allerdings noch recht selten. Aus der Schweiz sind uns nur zwei weitere Stücke, eines aus Mülenen BE[194] und eines von Alt Lägern ZH[195], bekannt. Drei Nussschlösser stammen aus dem Material der Burg Rougemont, Terr. de Belfort F[196].

4.4.2 Ortband (Kat. 348)

Sehr kunstvoll gefertigt ist das Ortband einer Dolchscheide Kat. 348 (Abb. 69). Es besteht aus zwei zu gleicher Form geschnitzten Hirschgeweihplättchen, die das spitz auslaufende Ende der Lederscheide ähnlich eines Beschlages auf beiden Seiten einfassten. Die beiden Ortbandteile und das Leder sind durch drei Kupferniete miteinander verbunden. Da sich das Leder nicht erhalten hat, klafft heute zwischen den durch die Niete zusammengehaltenen Knochenplättchen ein ca. 2 mm breiter Schlitz. Parallelen zu dem hier vorliegenden Ortband liessen sich keine finden.

4.4.3 Beingriff (Kat. 349)

Ebenfalls ein schönes Beispiel kunsthandwerklichen Könnens stellt der in Längsrichtung gespaltene Beingriff Kat. 349 dar (Abb. 70). Hierbei handelt es sich um einen gedrechselten und durch Bohrung regelmässig ausgehöhlten, nicht mehr näher bestimmbaren Röhrenknochen. Die Aussenseite wurde mit umlaufenden Rillen und einer plastisch aus dem Bein gearbeiteten Leiste ver-

ziert und anschliessend poliert. Mit einer Länge von nur 6,8 cm dürfte unser Griff zu einem feinen Werkzeug oder einem Besteck gehört haben. Mangels Vergleichsbeispielen ist eine exaktere Bestimmung nicht möglich.

4.4.4 Unbestimmbare Funde aus Bein (Kat. 350–355)

Nach diesen drei relativ eindeutig bestimmbaren Beinobjekten bewegen wir uns mit den folgenden Fundstücken bereits auf wesentlich unsichererem Boden.

Die Knochenplatte Kat. 350 macht an einem Ende einen leichten Knick, ist von rechteckigem Querschnitt

Abb. 69: Burg Wulp. Ortband aus Hirschgeweih Kat. 348. M. 1:1.

und weist zwei kupferne Niete auf. Ausserdem lässt sich an der Bruchkante der abgeknickten Seite noch knapp ein gebohrtes Loch von ehemals etwa 5 mm Durchmesser erkennen, weshalb es sich bei dem Stück um einen Beschlag handeln dürfte.

Auch die beiden folgenden Knochenartefakte lassen sich nicht genauer ansprechen. Kat. 351 und 352 zeigen zwei aussen und teilweise auch innen geschliffene und polierte Knochenplättchen. Kat. 351 weist drei kurze, eingesägte Kerben auf. Es muss sich bei diesen Stücken um Werkabfälle oder Halbfabrikate handeln. Das gleiche gilt für den angesägten Röhrenknochen Kat. 353, einer Tibia von Schaf oder Ziege[197], sowie das auf drei Seiten würfelförmig geschliffene Geweihstück Kat. 354. Auch der aus einer Geweihsprosse gesägte Ring Kat. 355 ist als Werkabfall oder Halbfabrikat zu betrachten.

4.4.5 Hirschgeweihteile (Kat. 356–358)

Wegen seiner Härte war Hirschgeweih im Mittelalter ein äusserst beliebter Rohstoff. Um das Material bearbeitbar zu machen, wurde es zuerst im Säurebad aufgeweicht.

Versuche haben ergeben, dass Geweih nach einem vierwöchigen Bad in Sauerampfer so weich und leicht zu schnitzen ist wie Holz. Vier Tage nach der Entnahme besitzt es wieder seine alte Festigkeit[198]. Die handwerkliche Verarbeitung von Hirschgeweihen ist vor allem auf der Frohburg SO[199], in kleinerem Umfang aber auch auf Bischofstein BL[200], Schiedberg GR[201] und der Mörsburg ZH[202] belegt.

Tafel 9 zeigt eine Übersicht der auf der Wulp geborgenen Werkabfälle. *Kat. 356* stellt ein Fragment einer rechten Hirschgeweihstange dar. Das Stück wurde knapp

Abb. 70 : *Burg Wulp. Aus einem Röhrenknochen gedrechselter Griff Kat. 349. M. 1 : 1.*

über dem Rosenstock vom Schädel und unterhalb der Mittelsprosse vom oberen Teil der Stange getrennt. Die Augs- sowie die Eissprosse sind abgesägt. Ebenfalls von einer rechten Hirschgeweihstange stammt das Stück *Kat. 357.* Es weist zahlreiche Säge- und Schnitzspuren auf. Wohl als Halbfabrikat ist das Exemplar *Kat. 358* zu betrachten. Es stammt vom Bereich des Rosenstockes. Das oben würfelförmig zurechtgeschnittene Stück lässt an der Unterseite noch Reste der Schädeldecke erkennen. Nicht abgebildet wurden neun in unterschiedlicher Länge erhaltene, noch nicht verarbeitete Geweihsprossen, die wohl ebenfalls vom Hirsch stammen.

4.5 Eisen

4.5.1 Waffen

Flügellanze (Kat. 359)
Eine der geläufigsten mittelalterlichen Lanzenformen ist die Flügellanze. Die seitlich angebrachten Flügel verhinderten ein zu tiefes Eindringen in den Körper. Bis heute gibt es offenbar keine sicheren Kriterien, um karolingi-

sche Exemplare von solchen des 10. bis 12. Jh. zu unterscheiden[203].

Ein Fragment einer Flügellanzenspitze *(Kat. 359)* wurde auch auf der Wulp geborgen. Das Stück ist beim Übergang vom Klingenschaft zum Blatt gebrochen. Auffallend an unserem Fragment sind die in ihrem Ansatz asymmetrischen, sehr ungleich geschmiedeten Flügel. In der Regel weisen Flügellanzen zwei mehr oder weniger identisch ausgeformte Flügel auf.

Die treffendste Parallele zu unserer Flügellanze stammt von der Niederungsburg bei Haus Meer, Nordrhein-Westfalen, die aus typologischen Überlegungen ins 10. oder 11. Jh. datiert wird[204].

Parierplatte (Kat. 360)
Die fragmentierte Parierplatte eines Dolches oder Dolchmessers *Kat. 360* ist 7,5 cm lang und an der breitesten Stelle knapp 2 cm breit. Dolche und Dolchmesser kommen ab der zweiten Hälfte des 13. Jh. auf[205]. Unsere Parierplatte gehört wohl einer frühen Form an[206].

Geschossspitzen
Eine der schwierigsten Fragen, die sich bei der Bearbeitung mittelalterlicher Geschossspitzen stellen, ist jene der Unterscheidung zwischen Pfeileisen für Bögen und Bolzeneisen für Armbrüste. Diesem Problem wurde zuweilen mit der Frage nach dem frühesten Auftreten der Arm-

---

[193] Kluge-Pinsker 1992, 97.

[194] W. Wild, Reichenbach, Burg und Lezi Mülenen (Bern 1997) Taf. 14,155.

[195] H. Schneider / K. Heid, Das Fundmaterial aus der Burgruine Lägern. ZAK 8, 1946, 39.

[196] Walter 1993, 130, Abb. 80.

[197] Für die Bestimmung danke ich R. Ebersbach, Basel.

[198] J. Tauber, Beinschnitzer auf der Frohburg. Ein Beitrag zur Geschichte eines Handwerks im Mittelalter. In: Festschrift Elisabeth Schmid, Regio Basiliensis 18/1, 1977, 218.

[199] Meyer 1989, Fundgruppe F.

[200] Müller 1980, Fundgruppe E.

[201] Meyer 1977, Fundgruppe H.

[202] Obrecht 1981, Fundgruppe F.

[203] B. Theune-Grosskopf, Lanzen und Streitäxte. In: Das Reich der Salier 1024–1125 (Ausstellungskatalog, Sigmaringen 1992) 92.

[204] W. Janssen / M. Müller-Wille, Das Fundmaterial der Grabungen 1962–1964 auf der Niederungsburg bei Haus Meer. Rheinische Ausgrabungen 1 (Köln 1968) 72,2; W. Janssen, Die frühmittelalterliche Niederungsburg bei Haus Meer, Büderich, Stadt Meerbusch, Kreis Neuss. In: H. W. Böhme (Hrsg.), Burgen der Salierzeit 1: In den nördlichen Landschaften des Reiches. RGZM, Monographien 25 (Sigmaringen 1991) 195–224, Abb. 28, rechts.

[205] Schneider 1980, 192 ff.

[206] Vgl. H. Schneider, Untersuchungen an mittelalterlichen Dolchen aus dem Gebiet der Schweiz. ZAK 20, 1960, Abb. 1 f.; Schneider 1980, 196,339–340; 197,343–344.

brust begegnet: Solange die ältesten Armbrustbelege ins 13. Jh. datiert wurden, konnten alle älteren Geschossspitzen getrost als Pfeileisen betrachtet werden[207]. Wie nun aber Jürg Tauber[208] und Bernd Zimmermann[209] gezeigt haben, war die Armbrust bereits im 11. Jh. durchaus in Gebrauch. Die frühesten schriftlichen und bildlichen Belege dafür finden sich gar im 10. Jh.[210], weshalb hochmittelalterliche, vor das 13. Jh. datierte Geschossspitzen nicht mehr vorbehaltlos als Pfeileisen angesprochen werden dürfen.

Überdies gelang es Zimmermann anhand ganz erhaltener Armbrustbolzen aus Museen und Zeughausinventaren aufzuzeigen, dass das häufig verwendete Argument des Gewichtes und des Tüllendurchmessers zur Unterscheidung von Pfeil- und Bolzeneisen sehr problematisch ist[211]. Bemerkenswerterweise stiess er auf lanzettförmige Bolzeneisen, die ohne die erhaltene Schäftung zweifellos als Pfeilspitzen angesprochen worden wären. Allerdings zeigte der Zain in diesem Fall am vorderen Ende eine Verdickung, die das fehlende Gewicht der Spitze ausglich und einen für den Flug günstigen Schwerpunkt des Bolzens schaffte.

Aus all diesen Gründen wird im folgenden der neutrale Begriff «Geschossspitze» verwendet.

Geschossspitze mit abstehenden Flügeln (Kat. 361). Eine in hochmittelalterlichen Fundkomplexen nicht alltägliche Spitze stellt das Stück *Kat. 361* dar. Sie besitzt zwei gerade, flügelartig abstehende Widerhaken, die über die Länge der Tülle hinausreichen.

Geschossspitzen mit Widerhaken sind seit dem 5. Jh. in verschiedenen Typen weit verbreitet[212]. Widerhakenspitzen finden sich etwa auf der Burg Riedfluh BL, auf Schiedberg GR und auf Castel Grande TI[213]. Auch von der ins 11. Jh. datierenden Burgruine Altenberg BL ist ein Exemplar bekannt[214]. Weitere Beispiele stammen vom Burgstall bei Romatsried, Bayern, dessen Besiedlung in der ersten Hälfte des 12. Jh. durch zwei Münzfunde sicher belegt ist, und von der 1138 zerstörten Entersburg bei Hontheim, Rheinland-Pfalz[215]. Als Charakteristikum weisen diese Stücke aber gegenüber der Tülle wesentlich kürzere Flügel auf.

Als einziger Vergleich zu unserem Stück mit langen, geraden Flügeln und kürzerer Tülle bietet sich eine Geschossspitze von der 1233 in einer Brandkatastrophe zerstörten Burg Winsdorf, Kreis Siegen, Nordrhein-Westfalen, an[216].

Geschossspitzen mit pyramidalem Blatt und quadratischem Querschnitt (Kat. 362–365). Die pyramidalen Geschossspitzen mit quadratischem Querschnitt *Kat. 362–365* lassen sich weiter unterteilen in einen «Typ» mit kurzer, gedrungener Spitze (Kat. 362), in etwas weniger gedrungene «Typen» mit längerer Spitze (Kat. 363 und 364) sowie in eine eher schlanke Form mit relativ langer Spitze *(Kat. 365)*. Diese formalen Kriterien scheinen chronologisch nicht relevant. Sowohl gedrungene als auch längere Exemplare kommen auf der um 1117 zerstörten Burg Fenis BE vor[217].

Für die zeitliche Einordnung sind folgende Fundstellen von besonderer Bedeutung: Einzelne Vertreter der pyramidenförmigen Spitzen mit quadratischem Querschnitt aus der Siedlung Colletière bei Charavines, Dep. Isère F, belegen ein Auftreten dieses Typs in der ersten Hälfte des 11. Jh.[218]. Auf der von der ersten Hälfte des 11. Jh. bis kurz vor 1200 bewohnten Ödenburg BL stellt diese Form dann den Standardtyp dar[219]. Nicht mehr vertreten ist die pyramidale Geschossspitze mit quadratischem Querschnitt auf den kurz vor oder um 1200 errichteten Burgen Alt-Wartburg AG und Scheidegg BL[220].

Geschossspitze mit abgesetzter, schlanker Spitze (Kat. 366). Völlig singulär steht unsere von der Tülle abgesetzte langgezogene, sehr schlanke Geschossspitze mit rhombischem Querschnitt *Kat. 366* da. Es lassen sich keine Vergleichsbeispiele finden.

Lorbeerblattförmige Geschossspitze (Kat. 367). Ein im weitesten Sinn vergleichbares Stück zu unserer von der Tülle abgesetzten, lorbeerblattförmigen Spitze mit rhombischem Querschnitt *Kat. 367* stammt von der Burgruine Alt-Regensberg ZH und wird ins 13. Jh. datiert[221].

Lanzettförmige Geschossspitzen (Kat. 368–377). Die in der Gruppe der lanzettförmigen Spitzen mit rhombischem Querschnitt zusammengefassten Geschossspitzen *Kat. 368–377* zeichnen sich durch ihre schlanke, gestreckte Form und ihre überdurchschnittliche Länge aus. Charakteristisch ist das gegenüber der Tülle mindestens gleich lange, oft aber deutlich längere Blatt. Seine grösste Breite liegt in der Regel nahe beim Übergang zur Tülle, rückt aber nie höher als in die Blattmitte.

Lanzettförmige Geschossspitzen sind auf Burgen des 11. und 12. Jh. noch kaum vertreten. So fehlen sie beispielsweise auf den um 1200 abgegangenen Plätzen Riedfluh BL und Ödenburg BL gänzlich[222]. Auf Burgen, deren Besiedlung über das 13. Jh. hinausgeht, lassen sie sich dann aber beobachten, weshalb mit einem frühesten Aufkommen des Typs im ausgehenden 12. und beginnenden 13. Jh. zu rechnen ist[223]. Ein schönes Vergleichsensemble zu unseren Eisen stellen die lanzettförmigen Geschossspitzen mit rhombischem Querschnitt von Nänikon-Bühl ZH dar[224].

Weidenblattförmige Geschossspitzen (Kat. 378–396). Innerhalb des Wulper Geschossspitzenensembles stellt die Gruppe der weidenblattförmigen Spitzen von rhombischem Querschnitt mit 19 Exemplaren *(Kat. 378–396)* die meisten Vertreter. Charakteristisch ist die gegenüber dem Blatt meist längere, zumindest aber gleich lange Tülle. Die grösste Breite des Blattes liegt nie unterhalb der Blattmitte, sondern regelmässig nahe der Spitze.

Nach Ausweis zahlreicher Fundstellen bilden Eisen mit weidenblattförmiger Spitze die allgemein gebräuchlichen Geschossspitzen des 13. und 14. Jh.[225]. Dass sie vereinzelt schon früher auftreten können, belegen das Exemplar aus der um die Mitte des 12. Jh. münzdatierten Schicht Nr. 258 auf der Üetliburg ZH und die dort als Vergleichsfunde angeführten Geschossspitzen von der Habsburg AG[226].

Abb. 71: Burg Wulp. Geschossspitze, anlässlich einer Feldbegehung um die Mitte des 19. Jh. von einem Burgenfan aufgesammelt (Bibliothek SLM, AGZ M III, 108a).

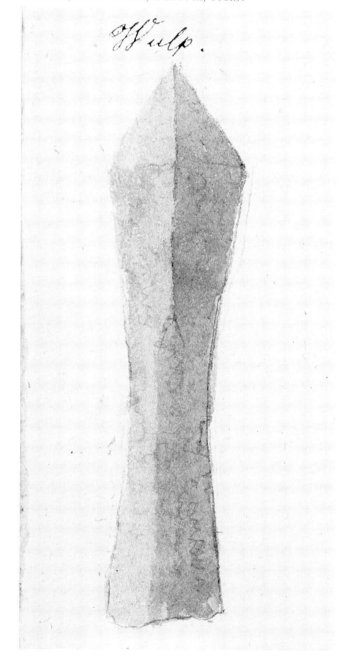

Geschossspitze mit pyramidalem Blatt und dreieckigem Querschnitt (Kat. 397). Sowohl formal als auch bezüglich der Datierung stellt die pyramidale Geschossspitze mit dreieckigem Querschnitt *Kat. 397* eine Besonderheit dar. Vergleichbare Typen treten erstmals in Fundinventaren des 14. und 15. Jh. auf. So besitzt unsere Geschossspitze Parallelen auf Schiedberg GR und Castel Grande TI[227].

Als jüngstes Fundstück belegt die pyramidale Spitze mit dreieckigem Querschnitt eine spätmittelalterliche Begehung der Burgruine.

4.5.2 Pferdezubehör und Reitzeug
Hufeisen

Die insgesamt 27 ganzen oder fragmentierten Hufeisen lassen sich in zwei Gruppen unterteilen: in Eisen mit Wellenrandruten und solche mit Mondsichelruten.

Wellenrandhufeisen (Kat. 398–417). Mit 20 Stücken *(Kat. 398–417)* machen die Wellenrandhufeisen den Hauptteil des Wulper Ensembles aus. Charakteristisch für diesen Typ sind die namengebenden unterschiedlich deutlich ausgeprägten Wellenkonturen. Sie entstanden durch die Materialverdrängung, wenn mit einem keilförmigen Stift, dem sog. Durchschlag, die Nagellöcher in das glühende Eisen getrieben wurden. Wellenrandeisen

[207] Vgl. Zimmermann 1992, 128.

[208] J. Tauber in: Degen et al. 1988, 129.

[209] Zimmermann 1992, 128f.

[210] Kluge-Pinsker 1992, 97.

[211] Zimmermann 1992, 130f.

[212] Koch 1984, 106f.

[213] J. Tauber in: Degen et al. 1988, Abb. 17,E13; Meyer 1977, 126,E6; Meyer 1976, Fig. 50,K2.

[214] J. Tauber in: Degen et al. 1988, 129.

[215] Dannheimer 1973, Taf. 39,7; K. J. Gilles, Die Entersburg bei Hontheim. In: Funde und Ausgrabungen im Bezirk Trier 16, 1984, Abb. 5,24.

[216] W. Bauer, Grabungen und Funde in der Burg zu Wilnsdorf (Kreis Siegen). Denkmalpflege und Forschung in Westfalen 2, 1979, 176,16.

[217] Vgl. J. Tauber in: Degen et al. 1988, 128, Abb. 28.

[218] Hier vergesellschaftet mit der typologisch älteren Form der nadelartig, gleichmässig zugespitzten Pfeileisen. Vgl. Colardelle/Verdel 1993, 215f., Fig. 149,17.18.

[219] Tauber 1991, Abb. 79,434–441.

[220] Meyer 1974, C5–C31; Ewald/Tauber 1975, F4–F23.

[221] Schneider 1979, Taf 13,C9.

[222] J. Tauber in: Degen et al. 1988, 126ff.; Tauber 1991, 87ff.

[223] B. Zimmermann in: Hoek et al. 1995, 44 mit Anm. 116.

[224] B. Zimmermann in: Hoek et al. 1995, 40ff., Taf. 4.5,39–102.

[225] Z. B. Scheidegg BL: Ewald/Tauber 1975, F6–F21; Alt-Wartburg AG: Meyer 1974, C16–C31; Bischofstein BL: Müller 1980, F4–F17; Schiedberg GR: Meyer 1977, E20–E30.

[226] R. Windler in: Bauer et al. 1991, 220,1410.

[227] Meyer 1977, E31–E32; Meyer 1976, K20–K21.K23.

weisen in der Regel auf jeder Rute drei Nagellöcher auf. Exemplare mit vier Löchern, wie sie heute gebräuchlich sind, finden sich erstmals an Hufeisen mit Mondsichelruten[228]. Ebenso fehlen den Wellenrandeisen in der Regel die Griffe am Scheitel des Schusses, die sich erst allmählich bei den Hufeisen mit mondsichelförmiger Rute ausbilden[229].

Bezüglich der Rutenenden lassen sich zwei Formen von Wellenrandeisen unterscheiden. Der eine, seltenere und typologisch wohl etwas ältere Typ, weist flach ausgeschmiedete Rutenenden ohne Stollen auf. Die zweite Form besitzt senkrecht aufgeschmiedete oder umgelegte Stollen[230].

Hufeisen generell treten ganz vereinzelt seit dem 9./10. Jh. auf[231]. Am Runden Berg bei Urach, Baden-Württemberg, konnten einige frühe Exemplare aus dünnem Eisenblech geborgen werden[232]. Frühe Wellenrandeisen kennen wir auch aus Colletière bei Charvines, Dep. Isère F. In dieser Siedlung, die in der ersten Hälfte des 11. Jh. belegt ist, dominieren die flach ausgeschmiedeten Typen gegenüber denjenigen mit aufgeschmiedeten Stollen noch im Verhältnis 3:1[233]. Bei dem ins 11. und 12. Jh. datierenden Ensemble der Ödenburg BL bilden Eisen mit Stollen die Mehrheit[234]. Im beginnenden 13. Jh. scheinen Hufeisen mit Wellenrändern allmählich zu verschwinden. Während auf der kurz vor 1200 gegründeten Alt-Wartburg AG noch ein Wellenrandeisen vorhanden ist[235], fehlen diese auf der wenig später errichteten Burg Scheidegg BL[236].

Die Wulper Wellenrand-Hufeisen gehören alle zum Typ mit senkrecht aufgeschmiedeten oder umgelegten Stollen. Allerdings sind die Stollen verschieden stark abgenutzt. Während sie an den Eisen *Kat. 398 und 401* noch sehr kantig und wenig abgenutzt scheinen, sind sie bei den anderen Exemplaren deutlich gerundet, bei *Kat. 400 und 414* sogar beinahe bis zur Unkenntlichkeit verschliffen.

Hufeisen mit Mondsichelruten (Kat. 418–420). Gegenüber den Hufeisen mit Wellenrand treten im Wulper Material jene mit ungewellter Mondsichelrute zahlenmässig stark zurück. Neben den beiden kleinen Fragmenten *Kat. 419 und 420* besitzen wir als einziges grösseres Fragment die Rute *Kat. 418*. Sie verjüngt sich stark und endet in einem quergehämmerten Gradstollen. Dieses Exemplar weist nun bereits vier Nagellöcher auf.

Die durch das Schlagen der Nagellöcher entstandenen Auswellungen scheinen in einem zweiten Arbeitsgang zurückgeschmiedet worden zu sein, wodurch entlang der Aussenkante ein Wulst entstand. Noch gut zu erkennen ist dieser Wulst an dem Fragment *Kat. 420*.

Hufeisen mit mondsichelartig sich verjüngenden Ruten entwickeln sich im Laufe des 13. Jh.[237]. Parallelen zu unseren Stücken mit Gradstollen finden sich unter der um 1400 abgegangenen Brücke von St. Jakob an der Birs, auf Alt-Wartburg AG, auf Bischofstein BL sowie auf der Burgruine Scheidegg BL[238]. Von letzterer stammt das einzige ganz erhaltene Exemplar. Interessanterweise ist bei diesem nur die eine Seite als Gradstollen ausgestaltet, während die andere einen breiten Stollen aufweist. Gemäss den Bearbeitern könnte es sich in diesem Fall um ein orthopädisches Hufeisen handeln, das einen Fehler der Beinstellung zu korrigieren hatte. Im allgemeinen darf der quergeschmiedete Gradstollen aber als gängiger Typ betrachtet werden[239].

Hufeisennägel (Kat. 421–430). Die zehn abgebildeten Nägel *Kat. 421–430* dokumentieren das Formenspektrum der geborgenen Hufeisennägel. Es handelt sich hierbei durchwegs um sogenannte Griffnägel. Während die späteren Keilnägel im Loch oder Falz des Hufeisens versenkt waren, hatte der Griffnagel nicht nur das Hufeisen zu fixieren, sondern diente mit seinem weit herausragenden Kopf gleichzeitig auch als Stollen[240]. Das Vorkommen der Griffnägel scheint an jenes der Wellenrandeisen gebunden zu sein und kann ins 11. und 12. Jh. datiert werden[241].

Sporen (Kat. 431 und 432)

Da Sporen eine klare Modeentwicklung durchmachten, eignen sie sich gut zu Datierungszwecken. Seit dem Hochmittelalter gehört der Stachelsporn zur Standardausrüstung des Reiters[242]. Die typologische Entwicklung führt von Exemplaren mit geraden oder leicht gebogenen Bügeln und kurzen Stacheln (10./11. Jh.) zu Sporen mit kräftig geschwungenem Bügel und kurzen, abwärts geneigten Stacheln, ein Typ, der um 1200 voll ausgebildet gewesen sein muss[243]. Diese Entwicklung lässt sich offenbar auf eine veränderte Tragweise zurückführen: Während Sporen mit geraden Bügeln an den Fersen getragen wurden, sassen jene mit geschwungenen Bügeln auf der Höhe des Knöchels[244]. Schon in der ersten Hälfte des 13. Jh. beginnt der Radsporn den älteren Stachelsporn abzulösen[245].

In zwei Exemplaren liegen im Material der Wulp Stachelsporen vor. Es handelt sich bei *Kat. 431* um ein leicht korrodiertes Stück mit schwach geschwungenem, tordiertem Bügel und abwärts geneigtem Stimulus. Der Stimulusschaft ist kurz und gedrungen.

Der Stachelsporn *Kat. 432* dagegen besitzt einen stark geschwungenen Bügel und einen kurzen, schlanken, ebenfalls abwärts geneigten Stimulusschaft.

Durch gute Parallelen im Sporenensemble der Ödenburg BL lassen sich unsere Stücke etwa in die erste bzw.

zweite Hälfte des 12. Jh. datieren[246]. Ein ähnliches Stück wie der Sporn *Kat. 432* findet sich auch auf der Frohburg SO und wird dort dem 12. Jh. zugewiesen[247]. Eine weitere Parallele stammt von Rougement, Terr. de Belfort F[248].

Pferdestriegel (Kat. 433)

Ein sorgfältig und besonders kunstvoll ausgearbeiteter Pferdestriegel liegt mit dem Fragment *Kat. 433* vor. Das U-förmig gebogene und gezähnte Eisenblech hat sich in seiner ganzen Breite von 15,5 cm erhalten. Die mit ihren weidenblattförmig ausgeschmiedeten Enden an den Striegelrücken genieteten Griffarme enden in einer nur noch ansatzweise erhaltenen Griffangel. Der eigentliche Griff bestand wohl aus Holz und ist nicht mehr erhalten.

Als Hilfsmittel der täglichen Pferdepflege lassen sich Striegel in mittelalterlichen Zusammenhängen häufig finden. Sie kommen ab dem 12. Jh. vorerst nur auf Burgen vor[249]. Pferdestriegel scheinen keinen Modeströmungen unterworfen zu sein. Sie zeigen eine gleichbleibende Grundform, die sich bis heute nicht verändert hat. Somit entziehen sie sich auch jeglicher typologischen und chronologischen Einordnung.

Fragmente von Striegeln finden wir auf den Burgen Freudenau AG, Riedfluh BL, Schiedberg GR, auf der Frohburg SO, auf Heitnau TG und der Mörsburg ZH[250].

4.5.3 Schnallen (Kat. 434–443)

Mit insgesamt zehn Fragmenten liegen im Wulper Material Schnallen verschiedener Grössen vor. Das schlanke, hochrechteckige Exemplar mit gerundeten Schmalseiten *Kat. 434* weist zu beiden Seiten der Dornauflage einen Dekor aus parallelen Rillen auf. Aus hoch- bis spätmittelalterlichen Fundzusammenhängen lassen sich keine exakten Vergleichsbeispiele zitieren. Ein bezüglich der Form und des Rillendekors ähnliches Stück stammt von der Freudenau AG[251]. Dieselbe Form, allerdings in etwas grösseren Dimensionen, besitzt ausserdem ein Stück aus Hallwil AG[252].

Dreiteilige Schnallen sind mit einem vollständigen Exemplar *(Kat. 435)* und einer Dornrast *(Kat. 436)* vertreten. Bei diesem Typ wird die Dornrast mit halbkugeligen Enden von den beiden Enden des U-förmigen Schnallenrahmens umfasst. Es handelt sich hierbei um eine Form, die besonders im 11. und 12. Jh. gehäuft aufzutreten scheint. Sie kommt in der Regel bis spätestens um 1250 vor[253]. Parallelen finden sich auf den um 1200 aufgelassenen Burgen Riedfluh BL und Ödenburg BL, aber auch auf der Frohburg SO, wo sie ebenfalls dem 11. und 12. Jh. zugewiesen werden[254].

Mit den *Kat. 437–440* besitzen wir vier D-förmige Schnallen unterschiedlicher Grösse. Während die beiden ersten Exemplare wohl mit einem Sattelgürtel in Verbindung gebracht werden können, lassen sich die beiden kleineren Schnallen am ehesten als Trachtbestandteile ansprechen. D-förmige Schnallen finden sich bereits in Fundkomplexen des 11./12. Jh.[255]. Zahlreich treten sie im 13. und im 14. Jh. beispielsweise im Material der Alt-Wartburg AG und der Gesslerburg SZ auf[256].

Drei hochrechteckige Schnallen mit rechteckigem Querschnitt liegen mit den Stücken *Kat. 441–443* vor. Die Dornrast der Schnalle *Kat. 442* ist auf der ganzen Länge von einer Blechtülle eingefasst. Bei *Kat. 443* liegen die Blechtüllen zu beiden Seiten der zungenartig ausgeschmiedeten Dornauflage. Diese Tüllen sollten ein sattes Anziehen des Gurtes erleichtern. Es wäre denkbar,

[228] Moosbrugger-Leu 1970, 279.

[229] Moosbrugger-Leu 1970, 278.

[230] Vgl. Tauber 1991, 90 ff.

[231] Felgenhauer-Schmiedt 1993, 201.

[232] Koch 1984, Taf. 13–15.

[233] Colardelle/Verdel 1993, 210 f., Fig. 146,1–14.

[234] Tauber 1991, Abb. 81,453–465.

[235] Meyer 1974, 78, C35.

[236] Ewald/Tauber 1975, 101.

[237] W. Drack, Hufeisen – entdeckt in, auf und über der römischen Strasse in Oberwinterthur (Vitudurum). Bayerische Vorgeschichtsblätter 55, 1990, 207.

[238] Moosbrugger-Leu 1970, Abb. 15,2826.2829; Meyer 1974, 78,C38–C39; Müller 1980, 55, F22; Ewald/Tauber 1975, 102, F56.

[239] Müller 1980, 74.

[240] Moosbrugger-Leu 1970, 277 f.

[241] J. Tauber in: Degen et al. 1988, 131.

[242] B. Theune-Grosskopf, Sporen. In: Das Reich der Salier 1024–1125 (Ausstellungskatalog, Sigmaringen 1992) 82.

[243] R. Koch, Stachelsporen des frühen und hohen Mittelalters. ZAK 10, 1982, 81.

[244] Vgl. Anm. 242.

[245] E. Nickel, Zur zeitlichen Ansetzung des Radsporns. PZ 39, 1961, 293.

[246] Tauber 1991, Abb. 80,448.450.

[247] Meyer 1989, 155, G56.

[248] Walter 1993, 121, Abb. 73.

[249] Felgenhauer-Schmiedt 1993, 202.

[250] Baumann/Frey 1983, 55, E17; J. Tauber in: Degen et al. 1988, Abb. 19, E23; Meyer 1977, 128,E45–E47; Meyer 1989, G63–G66; F. Knoll-Heitz, Burg Heitnau. Die Ausgrabungen 1950–1954. Thurgauische Beiträge zur vaterländischen Geschichte 93, 1957, Taf 30,13/1; Obrecht 1981, 169,G21–G22.

[251] Baumann/Frey 1983, 60,E49.

[252] Lithberg 1932, Pl. 5,K.

[253] Tauber 1991, 96.

[254] J. Tauber in: Degen et al. 1988, Abb. 19,E24–E25; Tauber 1991, Abb. 83,484–489; Meyer 1989, 158,G170–G172.

[255] Ödenburg BL: Tauber 1991, Abb. 83,491–497; Riedfluh: J. Tauber in: Degen et al. 1988, Abb. 19,E26.

[256] Meyer 1974, 94,C163–C168; Schneider 1984, 121,C159–C160.C162–C164.C167.C175–C176.

dass auch die Schnalle *Kat. 441* einst eine derartige Tülle besass, diese sich aber nicht erhalten hat. Schnallen mit hochrechteckigem Rahmen treten wie die D-förmigen Schnallen ab dem 13. Jh. häufiger auf. Beispiele finden sich auf Alt-Wartburg AG, Bischofstein BL, Madeln BL sowie Multberg ZH und Alt-Regensberg ZH[257].

4.5.4 Messer *(Kat. 444–447)*

Die vier fragmentiert erhaltenen Messerklingen der Wulp lassen sich zwei verschiedenen Typen zuordnen. Die beiden Messer *Kat. 444 und 445* zeichnen sich durch einen leicht konvex geschwungenen Rücken und eine gerade Schneide aus. Diese Form ist offenbar in der Zeit vor 1200 die häufigere[258]. Parallelen lassen sich von der Ödenburg BL und der Riedfluh BL[259] anführen.

Selten scheinen Messer mit leicht konkav geschwungenem Rücken vorzukommen. Parallelen zu unserem Stück *Kat. 446* lassen sich in Fundzusammenhängen des 11. und 12. Jh. keine beobachten. Ähnliche Klingen finden sich auf Alt-Wartburg AG, wo sie dem 13. Jh. zugewiesen werden[260].

Bei dem Messerfragment *Kat. 447* mit langer, schlanker Angel sind nur noch geringe Reste der Klinge erhalten. Ihre Form ist nicht mehr sicher rekonstruierbar.

4.5.5 Möbelbestandteile *(Kat. 448–451)*

Beim Fundstück *Kat. 448* handelt es sich um das Schlossband einer Truhe. Es besteht aus einem abgewinkelten Eisenband mit einer am vorderen Ende eingenieteten Riegelrast. Das hintere Ende besitzt ein Loch, durch welches der Scharniersplint greift. Beispiele derartiger Schlossbänder finden sich auf Hallwil AG, der Riedfluh BL, auf Schiedberg GR und auf der Mörsburg ZH[261].

Als Scharnier lässt sich wohl das Fragment *Kat. 449* ansprechen. Eine U-förmige Öse von rundem Querschnitt geht an beiden Enden in eine flachgeschmiedete Beschlagplatte über. Mit unserem Scharnier vergleichbare Funde stammen von der Riedfluh BL und der Ödenburg BL[262].

Wohl um einen Schlüsselschild handelt es sich beim Beschlagfragment *Kat. 450*. Es besitzt spitzovale Form, wobei die Spitzen zu rechteckigen Fortsätzen ausgeschmiedet wurden. Von den ehemals vier Nagellöchern sind zwei erhalten, in einem steckt noch ein Nagel. Einen ebenfalls spitzovalen Schlüsselschild, hier allerdings ohne rechteckig ausgeformte Spitzen, findet sich im Material von Hallwil AG[263].

Das Eisenblechband *Kat. 451* lässt sich aufgrund des hohen Fragmentierungsgrades funktional nicht näher bestimmen.

4.5.6 Tür- und Schlossbestandteile

Türkloben (Kat. 452–455)

Die Türkloben lassen sich nach technologischen Gesichtspunkten einerseits in die aus einem Stück geschmiedeten, andererseits in die aus zwei Teilen zusammengesetzten Exemplare unterteilen. Zur ersten Gruppe gehören die in ihrer Grösse sehr unterschiedlichen Kloben *Kat. 452 und 453*. Um die Verankerung der Kloben in der Mauer zu verbessern, erhielt das Stück *Kat. 452* eine am Ende T-förmig ausgeschmiedete Angel, während jene des Klobens *Kat. 453* rechtwinklig hochgebogen wurde.

Zur zweiten Gruppe sind die Kloben *Kat. 454 und 455* zu zählen. Die zweischenklige Angel wird aus einem um den Zapfen geschmiedeten Eisenband gebildet. Unsere Stücke weisen keine ausgeschmiedeten Anker auf. Die spitze Angel des Klobens *Kat. 454* dürfte in einem hölzernen Türrahmen gesteckt haben.

Türbänder (Kat. 456 und 457)

Das Gegenstück zum Türkloben stellen die Türbänder dar. Sie sind mit ihrem Ring im Zapfen des Klobens eingehängt und bilden so eine bewegliche Verbindung. *Kat. 456* zeigt ein solches Türband, das mit seiner vierkantigen, zum Ende hin spitz zulaufenden Angel in die Tür getrieben war.

Die Klobenverbindung ist eine zeitlose Technik. Sie ist schon zur Römerzeit weit verbreitet und lässt sich bis heute verfolgen[264]. Formal haben sich Kloben und Türbänder durch die Jahrhunderte kaum verändert, weshalb sie sich einer Typologisierung entziehen[265].

Ebenfalls im Zusammenhang mit einer Türe möchten wir das Fundstück *Kat. 457* sehen. Es handelt sich hierbei um einen vierkantigen Eisenstift, der an einer Seite rechtwinklig hochgeschmiedet wurde. Die gegenüberliegende Seite ist abgebrochen, der noch erhaltene spitze Fortsatz dürfte als Anker anzusprechen sein. Eine Funktion als Türdorn scheint am wahrscheinlichsten. Parallelen zu unserem Fragment konnten keine gefunden werden. Die Türdorne von Scheidegg BL und Alt-Regensberg ZH besitzen eine andere Form[266].

Schlüssel (Kat. 458–465)

Die acht auf der Wulp geborgenen Schlüssel können – von einer Ausnahme abgesehen – zwei verschiedenen Gruppen zugeordnet werden. Die Exemplare *Kat. 458– 461* gehören zum Typus mit massivem Schaft, einfachem Bart und rechteckig übereck gestelltem Griff. Schlüssel dieser Form sind weit verbreitet und sehr langlebig. Sie lassen sich vor allem in Fundzusammenhängen des 11. und 12. Jh. beobachten und treten auch im 13. Jh. vereinzelt noch auf[267]. Auf Burgen, die nach 1200 gegründet wurden, finden sich allerdings deutlich weniger Belege[268]. Ausserdem zeichnen sich diese späten Vertreter durch grössere Dimensionen aus.

Die besten Parallelen zu unseren Schlüsseln finden wir auf der Ödenburg BL und der Riedfluh BL[269]. Ein Vergleichsbeispiel zum Schlüssel *Kat. 458* mit dreifach gespaltenem Schaft stammt von Schiedberg GR[270].

Eine zweite Gruppe bilden die aus einem Vierkantstab geschmiedeten Schlüssel mit hohlem Schaft und rundem Griff *Kat. 462–464*. Offenbar handelt es sich hierbei um die gängigste mittelalterliche Schlüsselform, die in verschiedenen Grössen vorkommt[271]. Ihr Auftreten lässt sich zeitlich kaum näher eingrenzen. Beispiele des 11. und 12. Jh. finden wir etwa auf der Ödenburg BL und der Riedfluh BL[272]. Nach 1200 datieren die Exemplare der Alt-Wartburg AG und von Scheidegg BL[273]. Die vergleichbaren Schlüssel von Schiedberg GR werden dem 11. bis 13. Jh. zugewiesen[274].

Etwas aus dem Rahmen fällt der kleine Schlüssel *Kat. 465*. Er besitzt die gleichen Dimensionen wie die kleinen Schlüssel *Kat. 458–461*. Allerdings unterscheidet er sich von diesen durch seinen massiven, d. h. nicht durchbrochenen Griff. Schlüssel dieser Form sind uns aus mittelalterlichen Komplexen nicht bekannt, weshalb wir ihn als modern betrachten.

4.5.7 Werkzeuge und Gerätschaften

Spitzhaue (Kat. 466)

Zur Spitzhaue mit vierkantigem Querschnitt *Kat. 466* lässt sich als einzige Parallele ein praktisch identisches Exemplar von der Gesslerburg SZ anführen, welches dem 15. Jh. zugewiesen wurde[275]. Sollte unsere Spitzhacke die gleiche Zeitstellung besitzen, könnte sie mit späterer Steinbruchtätigkeit auf der Ruine in Zusammenhang gebracht werden.

Gertel (Kat. 467 und 468)

Gertel liegen im Material der Wulp in zwei Exemplaren vor. Das Stück *Kat. 467* besitzt eine gerade Schneide, die in einem abwärts geschwungenen Haken endet. Der gerade Rücken knickt zur Spitze hin ab. Eine ähnliche Form hat der Gertel *Kat. 468*. Seine leicht konvex geschwungene Schneide endet in einem nicht mehr erhaltenen, aber ehemals wohl ebenfalls abwärts geschwungenen Haken. Der Rücken knickt zur Spitze hin ab.

Der Gertel, ein schweres Haumesser, dient bis heute vor allem zum Abschlagen und Verkleinern von Ästen. Nach formalen Gesichtspunkten lassen sich unsere Gertel kaum chronologisch einordnen. Es handelt sich hierbei, funktional bedingt, um einen langlebigen Typ. Gertel

mit abwärtsgeschwungenen Haken finden wir schon im 10. Jh. auf Burghalden BL[276]. Beispiele des 13. und 14. Jh. stammen von Gutenfels BL, der Scheidegg BL, vom Vorderen Wartenberg BL sowie von der Burgruine Tannenfels bei Baiersbronn-Obertal, Baden-Württemberg[277].

Beil (Kat. 469)

Ein etwas sonderbares Fundstück stellt das Objekt *Kat. 469* dar. Es handelt sich hierbei um die Klinge eines

[257] Meyer 1974, 94,C169–C170; Müller 1980, 55,F31; Marti/Windler, 1988, Taf. 15,166–167; H. Schneider, Multberg: Ein weiterer Beitrag zur Burgenkunde des Hochmittelalters in der Schweiz. ZAK 15, 1954/55, Abb. 7,27–28; Schneider 1979, Taf 22,C122.

[258] J. Tauber in: Degen et al. 1988, 132.

[259] Tauber 1991, Abb. 82,469–471; J. Tauber in: Degen et al. 1988, Abb. 20,E29–E31.

[260] Meyer 1974, 88,C110–C111.

[261] Lithberg 1932, Pl. 110,D; Tauber 1991, Abb. 24,E72–E78; Meyer 1977, 141,E140; Obrecht 1981, 174,G65.

[262] J. Tauber in: Degen et al. 1988, Abb. 25,E89; Tauber 1991, Abb. 84,520.

[263] Lithberg 1932, Pl. 124,M.

[264] Beispiele für Klobenverbindungen aus römischen Zusammenhängen: Chur, Areal Dosch: A. Hochuli-Gysel/A. Siegfried-Weiss/E. Ruoff/V. Schaltenbrand, Chur in römischer Zeit 1, Ausgrabungen Areal Dosch. Antiqua 12 (Basel 1986) Taf. 58,1–3; Laufen-Müschhag: Martin-Kilcher 1980, Taf. 59,6–7; Seeb: Drack 1990, Taf. 51,290–297. Beispiele für mittelalterlich datierte Kloben: Alt-Wartburg AG: Meyer 1974, 81,C56–C58; Freudenau AG: Baumann/Frey 1983, 58,E33–E34; Scheidegg BL: Ewald/Tauber 1975, 106, F83–F88; Frohburg SO: Meyer 1989, G117–G119; Gesslerburg SZ: Schneider 1984, 123; Alt-Regensberg ZH: Schneider 1979, Taf. 26,C47–C54; 18,C67–C69.

[265] Der Kloben *Kat. 452* dürfte modern sein, denn sein Zapfen ist nicht mehr handgeschmiedet.

[266] Vgl. Ewald/Tauber 1975, 105,F82; Schneider 1979, Taf. 18, C78–C79.

[267] J. Tauber in: Degen et al. 1988, 136.

[268] Alt-Wartburg AG: Meyer 1974, 84,C73; Bischofstein BL: Müller 1980, 57,F61–F62. Dagegen keine Parallelen auf Freudenau AG: Baumann/Frey 1983; Madeln BL: Marti/Windler 1988; Scheidegg BL: Ewald/Tauber 1975; Mörsburg ZH: Obrecht 1981.

[269] Tauber 1991, Abb. 83,505–507; J. Tauber in: Degen et al. 1988, Abb. 21,E47–E52.

[270] Meyer 1977, 143,E171.

[271] J. Tauber in: Degen et al. 1988, 136.

[272] Tauber 1991, Abb. 83,501–504; J. Tauber in: Degen et al. 1988, Abb. 21,E53–E55.

[273] Meyer 1974, 84,C72; Ewald/Tauber 1975, 105,F78–F81.

[274] Meyer 1977, 413,E165–E170.

[275] Schneider 1984, 125,C133.

[276] Tauber/Hartmann 1988, 15.

[277] K. Heid, Die Burg Gutenfels. BHB 9, 1962, 132f., Bild 6; Ewald/Tauber 1975, 103,F59; Tauber/Hartmann 1988, 15; D. Rippmann, Die Untersuchungen auf dem Tannenfels bei Baiersbronn-Obertal, Lkr. Freudenstadt. FuB 7 (Stuttgart 1981) Abb. 24,13.

kleinen Beiles. Aussergewöhnlich ist das Fehlen eines Schaftloches für den Holzgriff. Möglicherweise wurde das Beil mit Griff und Klinge aus einem Stück Eisen geschmiedet, und der Fortsatz am Scheitel des Beiles wäre als abgebrochene Griffangel zu verstehen.

Exakte Parallelen zu unserem Stück liessen sich keine finden. Formal ähnlich und ebenfalls aus einem Stück Eisen geschmiedet ist ein Beil aus dem Fundmaterial der Frohburg SO[278].

Schaufelbeschlag (Kat. 470)

Die Schneideneinfassung eines Schaufelblattes *Kat. 470* hatte den Zweck, das hölzerne Blatt vor rascher Abnutzung zu schützen. Schaufelbeschläge vom Burgstall bei Romatsried, Bayern, aus dem 11./12. Jh. und von der Gesslerburg SZ aus dem 15. Jh. sind als Vergleiche zum Wulper Exemplar anzuführen[279].

Hämmer (Kat. 471 und 472)

Hämmer sind im Fundgut der Wulp mit zwei ganz unterschiedlichen Exemplaren vertreten. Das Exemplar *Kat. 471* repräsentiert einen beinahe 1 kg schweren, aufgrund seines flachrechteckigen Querschnittes aber doch relativ feingliedrigen Hammer. Seine spezifische Form lässt am ehesten an einen beim Schmieden eingesetzten, leichten Vorschlaghammer denken. Seit römischer Zeit sind derartige Hämmer bekannt[280]. Exakte Vergleiche zu unserem Stück lassen sich keine finden. Ein Vertreter mit ähnlichem Gewicht von Madeln BL ist etwas breiter, aber weniger lang und wird als Allzweckhammer angesprochen[281].

Hämmer mit Geissfuss, ähnlich dem von der Wulp vorliegenden Fundobjekt *Kat. 472*, begegnen uns häufig in mittelalterlichen Fundkomplexen. Sie scheinen eine ausgesprochen langlebige Form darzustellen. Parallelen des 11. und 12. Jh. finden sind auf der Riedfluh BL[282]. Dem 12. Jh. wird das Stück von Schiedberg GR zugewiesen[283]. Ins 13. und 14. Jh. schliesslich datieren die Vertreter von Bischofstein BL, Frohburg SO und Mülenen SZ[284].

Rebmesser (Kat. 473)

Rebmesser mit langer Griffangel und dünner, stark geschwungener Klinge wie unser Exemplar *Kat. 473* kommen sowohl in römischen als auch in mittelalterlichen Fundzusammenhängen vor[285]. Chronologisch relevante formale Unterschiede sind nicht auszumachen. Da eindeutig römisch datierte Eisenfunde auf der Wulp fehlen, weisen wir unser Stück dem Mittelalter zu.

Während die Parallelen der Ödenburg BL (11./12. Jh.)[286], der Alt-Wartburg AG[287] und der Freudenau AG (beide 13./14. Jh.)[288] bedeutend breitere Klingen aufwei-

sen, entsprechen die Rebmesser von Seedorf UR (14./15. Jh.)[289] und der Mörsburg ZH (undatiert)[290] eher unserem Exemplar. Bei diesen Stücken ist der Griff allerdings weniger stark von der Klinge abgewinkelt. Ein Rebmesser von grösserer Dimension stammt von der Burgruine Innerjuvalt GR[291].

Zangenartiges Gerät (Kat. 474)

Ohne Parallele bleibt das in seiner Funktion unbestimmte, zangenartige Gerät *Kat. 474*. Da keine sicher als römisch anzusprechende Eisenfunde von der Wulp vorliegen, möchten wir auch dieses Stück dem Mittelalter zuweisen.

Bohrer (Kat. 475)

Bohrer scheinen im Fundgut mittelalterlicher Grabungen nicht besonders häufig zu sein. Allerdings gilt es zu bedenken, dass sie aufgrund ihres teilweise schlechten Erhaltungszustandes zuweilen gar nicht mehr als solche erkennbar sind[292].

Bei dem Löffelbohrer mit abgebrochener Spitze *Kat. 475* ist das obere Ende des runden Schaftes als Halterung für den Griff lanzettförmig ausgeschmiedet.

Löffelbohrer sind seit der Latènezeit in grösserer Zahl bekannt[293]. Sie lassen sich in römischen[294] und mittelalterlichen[295] Fundkomplexen gleichermassen beobachten.

Meissel (Kat. 476–478)

Mit insgesamt drei Exemplaren sind Meissel im Fundbestand der Wulp vertreten. Als Vergleiche zu unserem 27,5 cm langen achtkantigen Stück *Kat. 476* bieten sich am ehesten zwei Meissel von Mülenen SZ an[296].

Kleinere Meissel wie unser Stück *Kat. 477* mit einem 19,4 cm langen vierkantigen Schaft und das rundschäftige Fragment *Kat. 478* besitzen Parallelen auf der Scheidegg BL[297].

Kettenglieder (Kat. 479 und 480)

Das Kettenglied *Kat. 479*, für welches wir Parallelen unter anderem auf der Frohburg SO kennen, weist einen ovalen Umriss auf[298]. Bei den beiden aneinander hängenden Gliederfragmenten *Kat. 480* sind die Langseiten des einzelnen Gliedes jeweils in der Mitte zusammengeschmiedet. Für diesen Kettentyp lassen sich Vergleichsbeispiele von Mülenen SZ anführen[299].

4.5.8 Teuchelringe (Kat. 481–488)

Bei den acht aus Bandeisen gefertigten Reifen *Kat. 481–488* handelt es sich um sieben Verbindungsstücke und eine Endmuffe hölzerner Teuchelleitungen. Die einzelnen Röhren, bestehend aus ausgehöhlten dünnen Baumstämmen, wurden mittels der in die Stirnseiten getriebenen Teuchelringe *Kat. 481–487* fest miteinander verbunden. Die in der Mitte umlaufenden Leisten der Reifen *Kat. 486 und 487* hatten ein zu tiefes Eindringen ins Holz zu verhindern. Am Ende der Leitung sass die Endmuffe *Kat. 488*. Sie war konisch geschmiedet, über den Teuchel gestülpt und mit einem Nagel befestigt. Die Teuchelleitung der Wulp dürfte zur Speisung der Zisternen mit auf den Dächern gesammeltem Regenwasser gedient haben.

Die besten Vergleiche zu unseren Teuchelringen *Kat. 481–485* stammen von der Burgruine Madeln BL[300]. Für die Ringe mit Leisten *Kat. 486 und 487* sowie die Endmuffe *Kat. 488* liessen sich keine Parallelen finden.

4.5.9 Nägel *(Kat. 489–498)*

In grosser Zahl traten auf der Wulp Nägel zutage, wobei es sich vornehmlich um längliche, schlanke Stifte handelt. Bezüglich ihrer Kopfform lassen sie sich in vier Gruppen unterteilen.

Die zur Gruppe der gebräuchlichsten mittelalterlichen Nägel gehörenden Stücke *Kat. 489–492* zeichnen sich durch ihre einseitig abgeschmiedeten Köpfe aus. Als Vergleichsbeispiele für diesen Typ seien die Exemplare von Ödenburg BL und Scheidegg BL genannt[301].

Charakteristikum des zweiten Nageltyps ist sein dünn ausgeschmiedeter Kopf mit rechteckigem Umriss. Ein Vertreter mit oben rundem und unten vierkantigem Schaft, ähnlich unserem Stück *Kat. 493*, stammt von Mülenen SZ[302].

Gut mit den oben beschriebenen Griffnägeln des Hufbeschlags lassen sich die beiden Stücke *Kat. 494 und 495* mit rautenförmig breitgeschlagenem Kopf vergleichen. Wie die kleine Ausführung der Griffnägel datieren auch diese grösseren Typen ins 11. und 12. Jh. Gute Parallelen stammen von der Riedfluh BL und von Schiedberg GR[303].

Die Nägel *Kat. 496–498* schliesslich zeichnen sich durch ihre runden, kalottenförmigen Köpfe aus. Dieser Typ scheint frühestens im 13. Jh. aufzukommen. Von da an lässt er sich bis heute immer wieder finden. Als Vergleich zu unseren Stücken können Beispiele von der Alt-Wartburg AG, der Scheidegg BL, von Mülenen SZ und Alt-Regensberg ZH angeführt werden[304].

4.5.10 Varia *(Kat. 499–506)*

In seiner Verwendung unklar ist das Stück *Kat. 499*. Der vierkantige Stift ist im unteren Bereich genutet und lief wohl in zwei Arme aus. Ein ähnliches Exemplar findet sich auf der Burg Scheidegg BL[305]. Hier wurde eine Verwendung als Nietzieher in Betracht gezogen.

Zwei verschieden breite, dünne Eisenbänder *Kat. 500 und 501* lassen sich funktional nicht näher bestimmen,

dürften aber im weitesten Sinne als Beschläge angesprochen werden. Gänzlich unklar ist die Verwendung des kleinen Hakens mit Öse *Kat. 502*. Ebenfalls in seiner Funktion unbestimmt ist der Eisenstift mit rundem Querschnitt *Kat. 503*, der an einem Ende flachgeschmiedet und rechtwinklig hochgebogen wurde. Nicht näher bestimmt werden konnten im weiteren der Eisenbügel *Kat. 504*, die steigbügelartige Platte mit zwei rechtwinklig hochgebogenen Angeln *Kat. 505* und das spachtelartige Gerät *Kat. 506*.

4.6 Buntmetall

4.6.1 Bronzegrapen *(Kat. 507 und 508)*

Seit dem späten 12. Jh. entwickelte sich in den norddeutschen Städten mit dem Grapen ein spezifisches dreibeiniges Kochgeschirr aus Ton oder Metall[306]. Die

[278] Meyer 1989, 158,G160.

[279] Dannheimer 1973, Taf. 40,15.16; Schneider 1984, 125, C128.

[280] Vgl. Gaitzsch 1980, 72ff., bes. 80ff.

[281] Marti/Windler 1988, 113f., Taf. 17,193.

[282] J. Tauber in: Degen et al. 1988, Abb. 20,E36.

[283] Meyer 1977, 136,E103.

[284] Müller 1980, 56,F45; Meyer 1989, 157,G157; Meyer 1970, 242,E157.

[285] Etwa Seeb: Drack 1990, Taf. 44,172.174.

[286] Tauber 1991, Abb. 82,473.

[287] Meyer 1974, 93,C151–C152.

[288] Baumann/Frey 1983, 58,E43.

[289] W. Meyer, Die Sondierungen und Bauuntersuchungen in der Burgruine Seedorf. In: W. Meyer/J. Obrecht/H. Schneider, Die Bösen Türnli. Archäologische Beiträge zur Burgenforschung in der Urschweiz. SBKAM 11 (Olten/Freiburg i. Br. 1984) 60,A3.

[290] Obrecht 1981, 170,G31.

[291] U. Clavadetscher/M. Janosa, Die Burgruine Innerjuvalt bei Rothenbrunnen. In: Archäologie in Graubünden. Funde und Befunde (Chur o. J.) 317,11.

[292] Marti/Windler 1988, 111.

[293] Marti/Windler 1988, 111.

[294] Gaitzsch 1980, Taf. 55,275–276.

[295] Scholkmann 1978, 99; weiteres Beispiel vom Castel Grande TI: Meyer 1976, Fig. 52,K51.

[296] Meyer 1970, 241,E147–E148.

[297] Ewald/Tauber 1975, 103,F63–F64.

[298] Meyer 1989, 158,G163–G165.

[299] Meyer 1970, 240,E146.

[300] Marti/Windler 1988, Taf. 18,212–215.

[301] Tauber 1991, Abb. 84,525; Ewald/Tauber 1975, 107,F96–F99.

[302] Meyer 1970, 246,256.

[303] J. Tauber in: Degen et al. 1988, Abb. 25,E95–E96; Meyer 1977, 137,E118–E119.

[304] Meyer 1974, 85,C88; Ewald/Tauber 1975, 107,F95; Meyer 1970, 246,257; Schneider 1979, Taf. 19,C92–C94.

[305] Ewald/Tauber 1975, 108,F113.

[306] Felgenhauer-Schmiedt 1993, 86.

frühesten bronzenen Grapen wurden nach Wachsmodellen nach dem Prinzip der verlorenen Form gegossen. Nachdem das Modell mit Lehm umhüllt worden war, erfolgte das Ausschmelzen des Wachses und anschliessend der Guss des Gefässes. Diese Gusstechnik hinterliess keine Gussnähte.

Im 13. Jh. änderte sich die Technik. Das Modell bestand nun aus gefettetem Lehm. Vor dem Guss musste der Formmantel geöffnet werden, um das Modell zu entnehmen. Die beiden anschliessend wieder zusammengesetzten Formhälften hinterliessen beim Guss nun eine Naht. Dafür konnte die Form mehrmals verwendet werden[307].

Auf der Wulp wurden zwei Fragmente eines bronzenen Grapens geborgen. Das Wandfragment *Kat. 507* scheint möglicherweise durch zu grosse sekundäre Hitzeeinwirkung seine ursprüngliche Form verloren zu haben. Die Wandung ist nicht mehr regelmässig gerundet, sondern stark verbogen. Zudem spricht die ausgefranste Ansatzstelle der Grifföse für eine Feuereinwirkung. Atypisch ist überdies das Wandungsprofil. Mit seiner schlanken, konischen Form unterscheidet sich unser Grapen wesentlich von den in der Regel kugeligen Typen des Mittelalters und den flachen, schalenförmigen Gefässen des 15. bis 17. Jh. Das Stück ist mit drei umlaufenden, plastischen Leisten verziert.

Das einzige erhaltene Standbein *Kat. 508* des Gefässes besitzt einen dreieckigen Querschnitt und einen schwach abgeknickten Fuss. Es ist auf den beiden Vorderseiten mit schwach ausgeprägten, schräg verlaufenden Riefen verziert.

Während Hinweise auf eine Produktion gegossener Grapen im Gebiet der nördlichen Schweiz offenbar fehlen, sind Herstellungszentren in Norddeutschland und in Holland seit dem 13. Jh. belegt[308]. Somit dürfen wir für unseren Grapen einen Import aus dem Norden in Betracht ziehen.

Zur Beurteilung der Zeitstellung ist die über die Wandung ziehende Gussnaht von Bedeutung. Sie spricht – wie oben ausgeführt – für eine Datierung ab dem 13. Jh. Ebenfalls ab diesem Zeitraum scheint die umlaufende Leistenverzierung auf der Gefässschulter in grosser Beliebtheit zu stehen[309]. Einen Grapen mit Dekorelementen, wie sie ähnlich an unserem Stück zu beobachten sind, finden wir im Material der Wüstung Morgeren SH[310].

4.6.2 Varia (Kat. 509–519)

In ihrer Funktion nicht näher bestimmbar sind die kupfernen oder bronzenen Beschlagbänder *Kat. 509 und 510*. Sie stehen möglicherweise im Zusammenhang mit

Verschlussvorrichtungen von Möbelstücken. Im Bereich von Mobiliar könnte auch die dünne, wohl aus Kupferblech getriebene Platte *Kat. 511* in irgendeiner Funktion Verwendung gefunden haben. Vielleicht ist sie aber auch als Kesselflickblech anzusprechen. Von Kesseln stammende dünne Kupferplättchen liegen im Material der Ödenburg BL und der Frohburg SO vor[311].

Als Zierbeschlag eines Kästchens dürfen wir das rosettenverzierte Stäbchen aus Kupfer oder Bronze *Kat. 512* betrachten. Ein eisernes Vergleichsbeispiel stammt von Scheidegg BL[312]. Parallelen aus Buntmetall lassen sich auf Alt-Homberg AG und der Ödenburg BL finden[313].

Ebenfalls von der Ödenburg BL stammt ein Beschlagfragment, das Ähnlichkeiten mit unserem Kupferoder Bronzestäbchen mit Wellenkonturen und mandelförmigem Punzendekor *Kat. 513* aufweist[314].

Keine Vergleichsbeispiele liessen sich dagegen für den rautenförmigen Zierbeschlag *Kat. 514* finden. Er ist vergoldet, mit Kerben versehen und besitzt an allen vier Ecken Löcher zur Fixierung am Trägermaterial.

An eine Buchschliesse erinnert das Stück *Kat. 515*. Es handelt sich hierbei um ein längliches Kupfer- oder Bronzeplättchen mit feiner Punzenverzierung. Zwei zungenartige Haken, wie sie unser Stück besitzt, weist eine Buchschliesse von der Burgruine Scheidegg BL auf[315]. Ein weiteres Vergleichsbeispiel stammt von Mülenen SZ[316].

Feine, nagelspitzengrosse Punzenlinien besitzt auch das hauchdünne Plättchen aus Kupfer oder Bronze *Kat. 516*, dessen Funktion unbekannt ist. Für die Zierscheibe *Kat. 517* lässt sich ein Vergleichsbeispiel von der Ödenburg BL anführen[317]. In ihrer Funktion unklar und ohne Vergleichsbeispiele bleiben hingegen die vergoldete Ringscheibe mit Öse *Kat. 518* und das Band aus Kupfer- oder Bronzeblech *Kat. 519*, dessen eine Langseite als Randverstärkung umgeschmiedet wurde.

4.7 Münzen (Kat. 520–522)

(Benedikt Zäch)

Zu den Funden der Grabungen von 1961/62 gehören auch Fragmente von mittelalterlichen Zürcher Pfennigen, die zu mindestens drei Münzen zusammengefügt werden konnten[318]. Sie lagen bis Anfang der 90er Jahre unerkannt unter den übrigen Funden dieser Grabungen im Funddepot des Schweizerischen Landesmuseums[319]. Das ist auch der Grund, weshalb diese Funde bisher nicht Eingang in die Literatur gefunden haben[320].

Numismatische Bemerkungen

Die beiden Pfennige *Kat. 520 und 521* gehören zu einem der ersten Münztypen der Fraumünsterabtei

Zürich, die um 1050 in den Besitz eines (zuvor herzoglichen) Münzrechts gelangt war[321]. Nach der massgeblichen Zusammenstellung von Geiger gehören die beiden Münzen zum Typ 3, der in der zweiten Hälfte des 11. Jh., genauer wohl im 3. Viertel des 11. Jh., geprägt wurde[322].

Kat. 520 vertritt dabei den häufigsten Untertyp Geiger 3a/b[323], während *Kat. 521* eine Variante des Untertyps Geiger 3c bildet. Beide Untertypen zeigen auf der Vs. eine einfache Kirchenfassade mit einem Rundbogeneingang und einem Dreieckgiebel, der an den Ecken mit Ringeln abgeschlossen wird. *Kat. 521* weicht von Geiger 3c insofern ab, als unter der Trauflinie ein kleines Quadrat (schwach) erkennbar ist. *Kat. 522* besteht aus Fragmenten, die sehr wahrscheinlich zur selben Münze gehören; diese ist nur noch allgemein dem Typ Geiger 3 zuweisbar.

Zeugen des ländlichen Geldumlaufs

Entgegen einer bisweilen geäusserten Auffassung[324] sind Münzfunde auf Burgen gar nicht so selten. Von schweizerischen Burgen sind selbst grössere Schatzfunde bekannt, darunter derjenige von Alt-Bechburg (Balsthal SO), der wahrscheinlich grösste mittelalterliche Münzschatzfund der Schweiz überhaupt[325]. Einige dieser Funde dürften aber zumindest teilweise Überreste einer speziellen Nutzung der (bereits verlassenen?) Burgstellen sein. Darauf weist die Tatsache hin, dass verschiedentlich Zeugen einer – regulären oder heimlichen – Münzproduktion überliefert sind[326].

Im allgemeinen ist jedoch der monetäre Niederschlag im Fundgut von Burgstellen gering. Dies kann einerseits mit der Kleinheit und Unscheinbarkeit der Fundmünzen zu tun haben (sie sind im ungereinigten Zustand kaum von anderen Objekten aus Metall zu unterscheiden). Andererseits ist die Versorgung mit Münzgeld im ländlichen Gebiet bis ins 13. Jh. noch schwach.

Zürcher Pfennige des 11. und 12. Jh. hatten im Gebiet der heutigen Nord- und Innerschweiz überregionale Bedeutung. Geiger hat 1984 deren Fundverbreitung erstmals zusammengestellt[327]. Seither ist eine Reihe von Neufunden hinzugekommen, die das Verbreitungsbild zunehmend verdichten[328]. Es wird auch immer deutlicher, dass die Funde seit dem späteren 11. Jh. einen lokalen und regionalen Münzumlauf belegen, der von der Forschung lange eher unterschätzt wurde[329].

Die grossräumige Zusammenstellung zeigt, dass Zürcher Pfennige des Typs Geiger 3 in Kirchen wie auch Burgen als Einzelfunde erscheinen. Daneben las-

[307] Zu den verschiedenen Gusstechniken vgl. Drescher 1982, 158.

[308] Ewald / Tauber 1975, 84.

[309] Vgl. Drescher 1982, 159, Abb. 2.

[310] W. Guyan / R. Schnyder, Morgeren, Ein wüstgelegter Adelssitz bei Schaffhausen. ZAM 4, 1976, Abb. 10, 11. Dieses Stück wird in die zweite Hälfte des 15. Jh. datiert.

[311] Tauber 1991, Abb, 86,549–550; Meyer 1989, 160,H2–H7.

[312] Ewald / Tauber 1975, 106,F90–F91.

[313] P. Frey / D. Wälchi, Neufunde von der Burgruine Alt Homberg im Fricktal. Vom Jura zum Schwarzwald 64, 1990, Taf. 1,3; Tauber 1991, Abb. 86,555.

[314] Tauber 1991, Abb. 86,564.

[315] Ewald / Tauber 1975, 109,G10.

[316] Meyer 1970, Abb. 32,Q36.

[317] Tauber 1991, Abb. 86,562.

[318] Die sorgfältige Konservierung ist Markus Leuthard, SLM Zürich, zu verdanken.

[319] Es war Christoph Schweiss vom Ortsmuseum Alte Mühle in Küsnacht (er sah die Altfunde 1992 im Zuge der Vorbereitung einer Ausstellung durch), der die unscheinbaren Fragmente als erster als Münzen identifizierte.

[320] Die Münzfunde fehlen in der Übersichtsarbeit von Geiger 1984 und sind auch nicht bei Bitterli-Waldvogel o. J., 28–37, erwähnt.

[321] Dietrich W. H. Schwarz, Münz- und Geldgeschichte Zürichs im Mittelalter (Dissertation Zürich, Aarau 1940) 28f.

[322] Geiger 1984, 77. Zur näheren Eingrenzung der Prägezeit vgl. ders., Ad limina apostolorum. Zürcher Halbbrakteaten in Rom. In: Commentationes Numismaticae 1988: Festgabe für Gert und Vera Hatz (Hamburg 1988) 177–184, bes. 181.

[323] Geiger 3a bezeichnet eine Gruppe mit etwas höherem Gewicht als Geiger 3b (Geiger 1984, 66); unser Stück lässt sich wegen der fragmentarischen Erhaltung keiner der beiden Gewichtsgruppen 3a bzw. 3b zuordnen.

[324] W. Meyer, Münzen und Medaillen. Wozu sammeln und erforschen? In: Der Basler Münzensammler. Jubiläumsausstellung des Circulus Numismaticus Basiliensis 1938–1988. Historisches Museum Basel, 27. März–30. Mai 1988 (Basel 1988) 76.

[325] E. Tatarinoff, Der Münzschatzfund von Alt-Bechburg. JbSolGs 11, 1938, 47–63.

[326] Neben dem Schatzfund von Alt-Bechburg enthielt vor allem der Fund aus der Ruine Grenchen (Bettlach SO) – 1930 entdeckt und bis heute nicht bearbeitet – ca. 225 Schrötlinge: H.-U. Geiger, Bemerkungen zur Technik der Brakteatenprägung in der Schweiz. In: Beiträge zur Süddeutschen Münzgeschichte. Festschr. zum 75-jährigen Bestehen des Württembergischen Vereins für Münzkunde e. V. (Stuttgart 1976) 79–86, bes. 80f.; ausserdem Fund Rochefort NE (mit u. a. einem Münzstempel und Schrötlingen): M. Spoerri, Découvertes monétaires récentes sur le site du château de Rochefort (NE). Musée Neuchâtelois 32, 1995, 123–135.

[327] Geiger 1984, 68–75, 78–80.

[328] Zäch 1991, Bd. A, 226f. (Üetliberg, Uto-Kulm ZH); Zäch 1993, 52f. (Kanton Luzern); B. Zäch / R. C. Warburton-Ackermann, Die Münzfunde aus der Winterthurer Altstadt 1807–1994. In: AIZ 1993–1994. Berichte der Kantonsarchäologie Zürich 13 (Zürich / Egg 1996) 205–238, bes. 212, Kat. 33; 216, Kat. 86 (Winterthur, Altstadt); ausserdem: Zürich, Kirche St. Peter, Grabung 1970/74: Börsenfund (7 oder 8 Ex.), unpubl., FmZH.

[329] Vgl. dazu W. Hess, Bemerkungen zum innerdeutschen Geldumlauf im 10., 11. und 12. Jahrhundert. In: K. Jonsson, B. Malmer (Hrsg.), Sigtuna Papers. Proc. of the Sigtuna ↝

sen sich kleine Börsenfunde[330], darunter sogar ein als Grabbeigabe verwendeter Geldbeutel[331] anführen, die zeigen, dass dieses Münzgeld nahezu überall – wiewohl sicher nicht für jedermann – verfügbar war. In diesem Sinne sind die Funde von der Wulp ein weiterer Mosaikstein im allmählich deutlicheren Bild des hochmittelalterlichen Geldwesens in unserem Gebiet.

4.8 Datierung und Deutung

In der Mehrzahl entspricht das mittelalterliche Fundmaterial der Wulp dem üblichen Spektrum des 11. und 12. Jh. Typisch sind insbesondere die unverdickten und knollig verdickten Lippenränder der Töpfe *Kat. 118–148*. Beim Eisen sind die pyramidalen Geschossspitzen mit quadratischem Querschnitt *Kat. 362–365*, die Hufeisen mit Wellenkonturen *Kat. 398–417* sowie die Stachelsporen *Kat. 431 und 432* als charakteristisch zu betrachten. Nach Ausweis der Topfränder *Kat. 114–117* und der Topfkachelränder *Kat. 224–226* muss die mittelalterliche Besiedlung der Wulp in der zweiten Hälfte des 11. Jh. eingesetzt haben.

Die typologisch jüngsten Topfränder sind die einfachen, gerundeten und noch unprofilierten Protoleistenränder *Kat. 158–164*, eine Form, die in der ersten Hälfte des 13. Jh. in Mode kommt. Gekehlte oder unterschnittene Leisten, die für das mittlere 13. Jh. typisch werden[332], lassen sich im Wulper Material noch nicht nachweisen. Während charakteristische Neuerungen der ersten Hälfte des 13. Jh. wie Bügelkannen und Grapen[333], vereinzelt noch zu beobachten sind *(Kat. 200–209)*, fällt das Fehlen der im Zürcher Raum während des 13. Jh. immer häufiger werdenden Schüsseln auf[334]. Aufgrund des Keramikspektrums ist eine Auflassung der Wulp im 13. Jh. also als sicher zu erachten. Die jüngsten Randformen der in der Regel relativ kurzlebigen grauen Töpfe lassen den Siedlungsabbruch eher noch in der ersten Jahrhunderthälfte vermuten.

Neben ihrer datierenden Funktion besitzen die Kleinfunde aber auch eine kulturgeschichtliche Relevanz. Obwohl nur ein kleiner Teil der ursprünglichen Fahrhabe der Wulp in den Boden gelangte und ein noch kleinerer Teil durch die Ausgrabungen geborgen werden konnte, spiegeln die erhaltenen Gegenstände verschiedene Aspekte adliger Lebensweise im Mittelalter[335], wobei vor allem den Funden aus Bein und Eisen eine gewisse Bedeutung zukommt.

Zu nennen ist zunächst das durch die höfischen Romane allgemein verbreitete Bild des Adligen als Ritter. Von der Bewaffnung dieses berittenen Kriegers haben sich auf der Wulp neben zahlreichen Geschossspitzen *(Kat. 361–397)* und einer beinernen Armbrustnuss

(Kat. 347) die Parierplatte eines Dolches oder Dolchmessers *(Kat. 360)* und das Fragment einer Flügellanze *(Kat. 359)* erhalten. Alle diese Kleinfunde sind nicht ausschliessliche Kriegswaffen, sie dienten ebenso zur Jagd. Reine Kampfwaffen, wie Schwerter oder Lanzen – seien sie für Krieg oder Turnier bestimmt gewesen – liessen sich leider nicht nachweisen. Auch der Schild als Verteidigungswaffe ist im Fundmaterial der Wulp nicht belegt. Pferde waren nach Ausweis verschiedener Hufeisen *(Kat. 398–420)*, Hufnägel *(Kat. 421–430)* sowie eines Striegels *(Kat. 433)* mit Sicherheit vorhanden. Zur Ausrüstung des adligen Reiters gehörten ferner die Sporen *Kat. 431 und 432*, während die Schnalle *Kat. 437* möglicherweise von einem Sattelgurt stammt.

Neben Fundstücken, die in den Bereich der adligen Standesrepräsentation gehören, finden sich auf der Wulp auch Belege für handwerkliche Tätigkeiten. Insbesondere die Verarbeitung von Bein ist durch Halbfabrikate, Werkabfälle und Hirschgeweihteile *(Kat. 351–358)* nachgewiesen. Verschiedene Werkzeuge wie Gertel, Beil, Hammer, Schaufel, Zange, Löffelbohrer oder Meissel *(Kat. 467–472, 474–477)* weisen auf unterschiedlichste, im Alltag der Burgbewohner anfallende handwerkliche Tätigkeiten hin. Das Rebmesser *Kat. 470*, das möglicherweise mit dem Wetzstein *Kat. 345* geschärft wurde, lässt wohl auf Weinbau schliessen.

Obwohl entsprechende Funde auf der Wulp nicht besonders zahlreich sind, lässt sich doch eine in beschränktem Umfang betriebene Landwirtschaft und ein bescheidenes bäuerliches Handwerk postulieren.

Symposium on Viking-Age Coinage 1–4 June 1989. Commentationes de nummis saeculorum IX–XI in Suecia repertis, Nova series 6 (London 1990) 113–119.

[330] Alt-Regensberg (Regensdorf ZH): Geiger 1984, 69, Nr. 5 (20 Ex. sowie Fragmente); Üetliberg, Uto-Kulm (Stallikon ZH): Zäch 1991, 226f. (21 Ex.); Beromünster LU, Stiftskirche: Geiger 1984, 70, Nr. 17 (30+6 Ex.).

[331] Nottwil LU, Pfarrkirche St. Maria Himmelfahrt: Zäch 1993, 52f., Anm. 31 (ca. 25 Ex.).

[332] Windler 1990, 95.

[333] Zum Aufkommen der Bügelkannen und Grapen vgl. Rippmann et al. 1987, 266f.

[334] In der Kellerverfüllung Winterthur-Marktgasse 54 machen Schüsseln einen grossen Teil des keramischen Materials aus. Vgl. dazu: A. Matter, Keramik um 1300 aus der Brandschuttverfüllung eines Steinkellers in Winterthur-Marktgasse 54. In: AIZ 13, 1996, 243ff.

[335] Vgl. dazu auch Meyer 1989, 105ff.

V. Burgentypologische Aspekte

1 Topographische Lage

Die topographische Situation ist im allgemeinen eines der ersten Kriterien, die zur Beurteilung einer Burg betrachtet werden. Dies wird in jedem Fall zur Charakterisierung der Anlage sinnvoll sein, eine typologische Einordnung hingegen lässt sich anhand der Topographie nur bedingt vornehmen[336].

Die Wulp kann als schönes Beispiel einer Burg in Spornlage gelten. Sie sitzt am äussersten Punkt eines Geländerückens, der sich gegen die Spitze hin allmählich senkt. Der südwestliche Ringmauerfuss liegt etwa 6 m tiefer als das Fundament des Rundturmes. Nach dem etwa 10 m tiefen Abschnittsgraben steigt das Gelände bis zum Fusse der sogenannten «Burgstelle» etwa 100 m östlich der Wulp allmählich um weitere 10 m an. Von hier aus weitet sich das Gelände und wird nun flacher (vgl. Abb. 4).

Die Spornlage wurde für den Burgenbau häufig gewählt, vermutlich weil der Platz mit verhältnismässig geringem Aufwand durch einen Hals- oder Abschnittsgraben gesichert werden konnte. Als Parallelen aus dem zürcherischen Raum lassen sich Alt-Wädenswil, Alt-Landenberg, Tössegg oder der Rossberg bei Winterthur anführen.

2 Grundriss und Baukonzept

Die Ringmauer der Wulp umfriedet ein Burgareal mit einer maximalen Länge von etwa 40 m und einer maximalen Breite von etwa 30 m. Es ergibt sich ein Flächeninhalt von ungefähr 800 m². In der Burgmitte trennte eine in nordsüdlicher Richtung verlaufende Mauer M 4 die erste Anlage in einen östlichen und einen westlichen Teil. Während in der nächsten Phase dieses Baukonzept wieder fallengelassen wurde und die Fläche innerhalb des Beringes eine Einheit bildete, beabsichtigte man in der letzten, unvollendeten Phase, die Burg mittels einer Trennmauer M 8 wieder in zwei Teile zu gliedern (vgl. Abb. 21).

Charakteristisch für die Wulp ist das hier zu beobachtende Bauprinzip der dividierenden Grundrissentwicklung. Der Bering bildet die Konstante, er bleibt in der Regel unverändert und steckt den Rahmen ab, innerhalb dessen sich die Innenüberbauung unterschiedlich entwickelt. Dieses Grundrisskonzept ist typisch für Burgen des 11. Jh.[337] Es zeichnet sich durch einen grossen Variantenreichtum aus. So kann sich beispielsweise die Hauptmasse der Bauten in einer Hälfte oder im Zentrum des Areals konzentrieren. Die einzelnen Gebäude können sich aber auch gleichmässig entlang des Berings um einen Innenhof gruppieren[338]. Dies scheint – soweit es sich beurteilen lässt – auf der Wulp der Fall zu sein. Die archäologisch nachgewiesenen Steinhäuser G 1, G 2–G 4 und G 7/G 8 lehnen sich durchwegs an die Ringmauer. Auch das mutmassliche Holzgebäude G 5 der Phase III befand sich in der Beringecke. Weitere Holzgebäude, von denen sich keine Spuren erhalten haben, können vermutet werden. Als analoge Beispiele zu unserem Bebauungskonzept wären Alt-Homberg AG[339] und die Ödenburg BL[340] zu nennen.

3 Grundsätzliches zum Mauerwerk

Die unter der südwestlichen Ringmauerecke angetroffene lehmgefügte Mauer M 21 stellt auf der Wulp den einzigen Rest einer Trockenmauer dar. Über ihre Funktion lassen sich nur Vermutungen äussern. Nicht gänzlich auszuschliessen ist, dass wir hier letzte Reste einer Randbefestigung vor uns haben, wie wir sie von der Habsburg AG kennen[341].

---

[336] Vgl. Tauber 1991, 133.
[337] Meyer 1991, 327.
[338] Meyer 1989, 129f.
[339] Meyer 1981, 69.
[340] Tauber 1991, Beilage 21.
[341] P. Frey, Die Habsburg im Aargau. In: H. W. Böhme (Hrsg.), Burgen der Salierzeit 2: In den südlichen Landschaften des Reiches. RGZM, Monographien 26 (Sigmaringen 1991) 347.

Sämtliche übrigen Mauern der Burg Wulp sind gemörtelt und in ihrem aufgehenden Bestand in der Zweischalentechnik errichtet. Im Fundamentbereich muss allerdings – vor allem beim Bering und bei Gebäude G 1 – mit einschalig an den Fels gelehntem Mauerwerk gerechnet werden.

Während im Ostteil der Burg einzelne Mauerzüge neu aufgeführt wurden, scheinen die übrigen Mauern in mehr oder weniger originaler Substanz vorhanden zu sein. Allerdings wurden sie durch die wiederholten Ausbesserungs- und Sicherungsarbeiten zum Teil stark verändert. Namentlich bei der Umfassungsmauer haben die jüngsten Konservierungen, vor allem aber die im Mittelalter in jeder Bauetappe vorgenommenen Reparaturen zu einem steinernen Patchwork geführt. Hier besteht das Mauerwerk vorwiegend aus Bruch- und Feldsteinen verschiedener Grösse. Vereinzelt fanden quaderförmig zurechtgehauene Sandsteine Verwendung. Diese dürften teilweise auch sekundär als Spolien in die Ringmauer gelangt sein. Von den Ausbesserungsarbeiten zeugen aber vor allem die in grosser Zahl zu beobachtenden Werkstücke wie Gewänd-, Sturz- und Kragsteine sowie die Bossenquader. Die Steine wurden vorwiegend als «Läufer» verarbeitet. Im allgemeinen achtete man auf eine einigermassen lagerhafte Anordnung. Dennoch macht die Ringmauer einen sehr unsorgfältigen Eindruck. Auffallend ist ausserdem ihre nicht gerade stolze Stärke von knapp 1 m. Relativ schwache Umfassungsmauern gelten als typisch für das 11. und 12. Jh.[342] Randbefestigungen von ähnlichen Dimensionen finden wir auf Altenberg BL[343] oder der Frohburg SO[344].

Etwas sorgfältiger wurden offensichtlich die Gebäudemauern errichtet. Während der Aussenmantel von Mauer M 20 des Gebäudes G 1 noch den gleichen Charakter wie der Bering aufwies, fielen in der Mauerfront im Gebäudeinnern teilweise kleine, quaderförmig zurechtgehauene Bruchsteine in lagerhaftem Verband auf *(Abb. 72)*, wie sie typisch für Mauerwerk des 11. Jh. sind[345].

Bedeutend sorgfältiger und vor allem repräsentativer erscheint die Aussenwand M 7 des Gebäudes G 4. Über dem Fundament aus Bollen- und Bruchsteinen erhob sich ein schön gefügtes Quadermauerwerk *(Abb. 46)*. Die unterschiedlich langen Sandsteinquader waren praktisch ausschliesslich als «Läufer» vermauert. Eine gute Parallele zu dieser Hauswand stellt die Chormauer im Bereich der Blendarkaden aus der um 1100 begonnene ersten Bauetappe des Zürcher Grossmünsters dar[346].

Mindestens ein Gebäude der Wulp muss eine gewisse Anzahl Buckelquader aufgewiesen haben. Dies wird durch das Auftreten bossierter Quader als Spolien in der Ringmauer und dem gerundeten Turm G 9 belegt *(Abb. 56)*. Bossenquader finden sich hauptsächlich an Burgen, Stadtbefestigungen und turmartigen Steinbauten in Städten, sind aber an sakralen Bauten so gut wie nie zu beobachten. Sie kommen im ausgehenden 12. Jh. auf[347].

Auf der Wulp sind Buckelquader einzig am Viereckturm denkbar, da er neben dem vorhin angesprochenen Gebäude G 4 mit der aus Sandsteinquadern bestehenden Ostwand das einzige steinerne Gebäude der

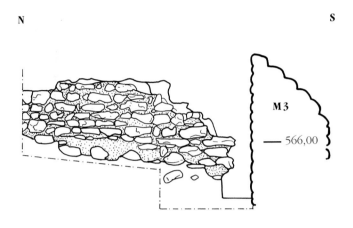

Abb. 72: Burg Wulp. Innenansicht der Gebäudemauer M 20 von Westen. M. 1:50.

zweiten Bauphase darstellt. Die Buckelquader müssen in dieser Phase verbaut worden sein, denn sie fanden beim letzten, unvollendeten Burgneubau bereits als Spolien neuerliche Verwendung. Da Fundament und aufgehendes Mauerwerk des Turmes mit Ausnahme weniger Ecksteine keine Buckelquader aufwiesen, nehmen wir an, dass diese erst in einer Höhe, von welcher der Turm weithin sichtbar war, einsetzten. Ob eine oder mehrere Mauern ganz aus Buckelquadern bestanden oder nur die Mauerecken bossierte Quader aufwiesen, lässt sich nicht mehr eruieren. Als Beispiel für Buckelquader, die erst in einer bestimmten Höhe einsetzen, sei der «Grüne Turm» von Rötteln bei Lörrach, Baden-Württemberg, genannt[348]. Beim Hauptturm auf Wieladingen, Baden-Württemberg, wurden die beiden dem Burgweg zugewandten Seiten ganz aus Buckelquadern gefügt, während die beiden übrigen Turmmauern nur eine Eckbossierung aufweisen[349].

Im Ostteil der Anlage ist das Mauerwerk, namentlich jenes der Gebäude G 2/G 3, gänzlich neu aufgeführt oder stark durch frühere Konservierungen verändert worden, weshalb es hier nicht weiter beachtet wird. Bei der Umfassungsmauer und dem Rundturm soll nach Frutiger das Mauerwerk durchwegs in originaler Substanz vorhanden sein. Einzig die Fugen seien mit Zementmörtel ausgefugt worden[350]. Als Hinweis auf weitere Eingriffe in die originale Bausubstanz sind allerdings die Drainageöffnungen zu betrachten, die sich häufig am Mauerfuss beobachten lassen. Jedenfalls scheinen die letzte Ringmauer und der Rundturm G 9 im Ostteil der Burg in aller Eile mit jeder Art von Bruch- und Bollensteinen sowie sekundär verwendetem Abbruchschutt errichtet worden zu sein. Auch hier finden sich Werkstücke aus Sandstein und wiederverwendete Bossenquader.

Diese Ringmauer M 9/M 10 und M 32 der letzten Phase, die sich halbrund um die östliche Flanke der Burg legt, besitzt eine Stärke von gut 2 m. Sie hätte das Areal gegen Beschuss vom Sporn jenseits des Halsgrabens zu schützen gehabt. Gute Vergleichsbeispiele finden sich auf Alt-Homberg AG und der Ödenburg BL und sind nach Werner Meyer als Frühformen der erst im späten 13. Jh. voll ausgebildeten, teilweise über 4 m starken Schildmauer zu betrachten[351].

4 Einzelne Bauten

4.1 Steingebäude G 1 – G 4

Die steinernen Gebäude G 1 – G 4 lehnten sich rückwärtig an den Bering. Da wir die Lage der südlichen Ringmauer M 3/I nicht kennen, können wir auch die genaue Innenfläche der Gebäude G 1 – G 3 nicht mehr bestimmen. Es ist aber anzunehmen, dass G 3 mit etwa 60–70 m² die doppelte Fläche der Gebäude G 1 bzw. G 2 besass. Mit den Massen 6,5 x 7 m und einer daraus resultierenden Fläche von etwa 45 m² liegt das Gebäude G 4 dabei flächenmässig etwa dazwischen (vgl. Abb. 30, 45).

Wie diese Bauten im aufgehenden Baubestand ausgesehen haben, muss aufgrund der geringen Reste hypothetisch bleiben. Mit einer durchschnittlichen Mauerstärke von knapp 1 m scheinen sie jedoch massiv genug für eine Höhe von bis zu drei Geschossen gewesen zu sein[352].

Weitere Rückschlüsse auf die Konstruktionsweise der Gebäude erlauben die von lehmverstrichenen Flechtwerkwänden stammenden und bei Bränden verziegelten Rutenlehmstücke. Während im Bereich des Hauses G 4 Rutenlehm in grosser Masse geborgen wurde, finden wir in der südwestlichen Ecke bei Gebäude G 1 nur verschwindend wenig davon. Daher nehmen wir an, dass das Gebäude G 1 im Südwesten tatsächlich ganz aus Stein bestand oder in einem oberen Stockwerk Wände in Stab- oder Bohlenkonstruk-

tion besass[353]. Das im Nordwesten liegende Gebäude G 4 dagegen scheint über dem Quadermauerwerk aus Sandstein in den oberen Stockwerken einen Fachwerkaufbau mit einer Gefachfüllung aus Lehmflechtwerk besessen zu haben.

Bei den Gebäuden G 2 und G 3 im 1961 ausgegrabenen östlichen Burgteil besitzen wir keinerlei Informationen bezüglich Vorhandensein oder Fehlen von Rutenlehm. Hier können wir demnach auf die Konstruktion der Hauswände nicht näher eintreten.

Auch was die Dacharten betrifft, sind wir auf Vermutungen angewiesen. In Frage kämen eigentlich sämtliche zur Zeit möglichen Dachformen – vom Sattel-, Walm- oder Krüppelwalm- bis hin zum Pultdach[354]. Wir möchten hier keiner Variante den Vorzug geben. Als Bedachungsmaterialien kommen nur Stroh oder Brettschindeln in Frage, da mittelalterliche Dachziegel, die erstmals im 13. Jh. in grösseren Zusammenhängen auftauchen[355], hier noch keine Verwendung fanden.

Während wir im Falle der Gebäude G 1 – G 3 keinem der beiden diskutierten Materialien den Vorzug geben möchten, scheint Gebäude G 4 aufgrund der vielen darin vorgefundenen kleinen Schindelnägel mit Holzschindeln gedeckt gewesen zu sein.

Einfachere Steinhäuser, wie sie auf der Wulp belegt sind, kommen im ganzen 11. Jh. häufig vor[356]. Als analoge Beispiele können Häuser von Alt-Kienberg SO[357], Frohburg SO[358] und von der Ödenburg BL[359] angeführt werden.

[342] Meyer 1989, 122.

[343] Meyer 1991, 315, Abb. 6.

[344] Meyer 1989, 121.

[345] Meyer 1991, 326.

[346] D. Gutscher, Das Grossmünster in Zürich. Beiträge zur Kunstgeschichte der Schweiz 5 (Bern 1983) Abb. 60.

[347] Maurer 1967, 76 ff.

[348] Meyer 1981, 25 ff.

[349] Meyer 1981, 37 ff.

[350] Tagebuchnotiz von Th. Bitterli, 4. 8. 81.

[351] Meyer 1989, 122.

[352] Der 16 m hohe Kirchturm von Landau-Wollmesheim weist lediglich eine Mauerstärke von 0,85 m auf. Vgl. Bernhard/ Barz 1991, 151, Anm. 108. Auch Tauber hält auf der Ödenburg zwei- bis dreistöckige Bauten bei einer Mauerstärke von 80 cm für möglich. Vgl. Tauber 1991, 139 ff.

[353] Ähnlich werden die Häuser in Zürich-Storchengasse 5 / In Gassen 1 ergänzt. Vgl. Schneider 1986, 24 ff., Abb. 8.

[354] Analoge Überlegungen wurden bei den Steinbauten der Ödenburg BL angestellt. Vgl. Tauber 1991, 141.

[355] Vgl. Anm. 98.

[356] Meyer 1991, 321.

[357] Meyer 1991, 321, Anm. 80.

[358] Meyer 1989, 94.

[359] Tauber 1991, 139 ff.

4.2 Mutmassliches Holzgebäude G 5

In der Fläche B konnte eine Steinsetzung unbekannter Fortsetzung beobachtet werden, die möglicherweise als Substruktion eines Holzgebäudes anzusprechen ist *(Abb. 45, 49)*. Leider lassen die dürftigen Spuren nicht einmal die Rekonstruktion des Grundrisses zu. Bei der Frage nach konstruktiven Einzelheiten der Wände und der Dachkonstruktion können wir lediglich Vermutungen äussern.

Ein- bis zweilagige, trocken verlegte Steinsetzungen scheinen in der Regel als Unterbau der Schwellenkonstruktion von Holzbauten gedient zu haben[360]. Das Fehlen grösserer Rutenlehmkonzentrationen spricht gegen Fachwerkwände. Denkbar wären beispielsweise Bohlenwände oder eine Wandkonstruktion in Stabbauweise, wie sie in Basel-Petersberg für das 11. und 12. Jh. belegt ist[361].

4.3 Steingebäude G 7/G 8

Wie die Gebäude G 1–G 4 weisen auch die beiden Häuser G 7/G 8 der letzten Bauphase 0,9 bis 1 m starke Hausmauern auf. Sie sind bis in eine Höhe von maximal etwa 3 m erhalten. Diese Gebäude scheinen weitgehend in Stein errichtet gewesen zu sein, wobei ein hölzernes Obergeschoss nicht ausgeschlossen werden kann *(vgl. Abb. 51)*.

Als Dachkonstruktion wären zwei Pultdächer mit Neigung gegen den Burghof am sinnvollsten, weil das Regenwasser so am einfachsten gesammelt und der Zisterne zugeführt hätte werden können.

Es scheint allerdings fraglich, ob die Gebäude G 7 und G 8 jemals fertiggestellt wurden. Wie bereits bemerkt, liegt im Fundmaterial der Wulp kein einziger mittelalterlicher Dachziegel vor. Da zur Zeit der Errichtung der fraglichen Gebäude – wohl im mittleren 13. Jh. – im betreffenden Gebiet Dachziegel sehr wohl schon gebräuchlich waren[362], ist anzunehmen, dass sie Verwendung gefunden hätten, wenn es zur Vollendung des Burgneubaues gekommen wäre. Es ist wenig wahrscheinlich, dass man ausgerechnet bei den Wohnbauten der Hauptburg auf die damals nicht mehr zeitgemässe Stroh- oder Schindelbedachung zurückgegriffen hätte, zumal das übrige Baukonzept – namentlich der Rundturm mit Prallkante G 9 – der neuesten architektonischen Mode entsprach.

4.4 Viereckturm G 6

Der Hauptturm, von der Forschung des 19. Jh. mit der Bezeichnung «Bergfried» versehen[363], ist oft das stärkste und höchste Bauwerk einer hochmittelalterlichen Burg. Er vereinigt mehrere Funktionen in einem Gebäude. Ei-

nerseits stand sicherlich der verteidigungstechnische Aspekt bei der Entstehung dieses Bautyps im Vordergrund. Innerhalb der Burg bot der Hauptturm die letzte Rückzugsmöglichkeit. Zuweilen stellte er sogar das einzige wehrhafte Gebäude der Anlage dar, wie es beispielsweise in der ersten Siedlungsphase auf Alt-Regensberg ZH der Fall ist[364]. Die fortifikatorische Komponente ist jedoch stark mit jener der Standesrepräsentation verflochten. Da die Wehrhaftigkeit der Behausung zum Attribut adliger Lebensführung geworden war, besass die Burg auch die Funktion der Standesrepräsentation[365]. Der hohe Hauptturm, der als weithin sichtbares Statussymbol diente, war ein wichtiger Bestandteil dieser repräsentativen Burgenarchitektur[366]. Er findet sich vorzugsweise an der höchsten Stelle des Burgareals[367], wie dies auch bei der Wulp der Fall ist. Sein ohnehin schon martialischer optischer Eindruck wurde oft durch den Mauercharakter (Megalith- oder Buckelquadermauerwerk) zusätzlich verstärkt. Insbesondere die Beschaffung von Buckelquadern war jedoch mit erheblichem finanziellem Aufwand verbunden, sodass bossiertes Mauerwerk zuweilen nur auf die gut sichtbaren Stellen beschränkt wurde.

Neben der fortifikatorischen und der repräsentativen Funktion diente der Turm wohl auch als Wohngebäude, wobei die Platzverhältnisse nicht sehr grosszügig gewesen sein können. Bei einer Mauerstärke von über 3 m besass das unterste Stockwerk des Wulper Turmes eine Fläche von nicht einmal 6 m². Allerdings wies die Mauer in einer Höhe von 2 m einen Rücksprung von 20 cm auf. Wenn wir annehmen, dass sie sich bis im obersten Stockwerk auf eine Stärke von etwa 1,5 m verjüngte, entstünde hier bei einer Kantenlänge von ca. 8,5 x 8,5 m eine Wohnfläche von 14 m². Etwas mehr Platz bot der zuweilen als oberstes Stockwerk auf die Mauerkrone aufgesetzte vorkragende hölzerne Obergaden. Ein wohl aus dem 15. Jh. stammender Obergaden sitzt auf dem Turm von Mammertshofen TG[368]. Reste von Obergaden konnten ausserdem am Archivturm in Sarnen OW[369] und dem Turm von Wieladingen, Baden-Württemberg[370], archäologisch nachgewiesen werden.

Erschlossen wurde der Turm über eine hölzerne Stiege, die zu einem Hocheingang frühestens im ersten Obergeschoss in 2 m Höhe führte. Über das genaue Aussehen, beispielsweise die Höhe, die Anzahl, Anordnung und Ausgestaltung der Fenster und den oberen Abschluss des Turmes haben wir keine Informationen, da uns entsprechende Befunde fehlen.

Der repräsentative und wehrhafte Hauptturm lässt sich im Burgenbau erstmals gegen Ende des 11. Jh. nachweisen[371]. Als Beispiel seien das Schlössel in Klingenmünster, Rheinland-Pfalz[372], und Rickenbach SO[373] genannt. Nach Maurer besassen die frühen Wohntürme bei einer grösseren Innenfläche tendenziell eher schwächere Mauern von 1,3 bis 1,6 m Stärke, während der engere, aber wehrhafte Bergfried mit einer Mauerstärke zwischen 2,5 und 4 m erst um die Mitte des 12. Jh. aufkäme[374]. Der in der zweiten Hälfte des 12. Jh. entstandene Turm der Burg Wulp *(Abb. 45)* kann also als typisch für seine Zeit betrachtet werden.

4.5 Rundturm mit Prallkante G 9

Anlässlich des letzten Neubaues der Burg entstand zur Flankierung der entlang der östlichen Burgflanke errichteten 2 m starken Ringmauern M 9/M 10 und M 32 der gerundete Turm G 9, der gegen die Angriffsseite eine keilförmige Prallkante aufwies *(vgl. Abb. 51)*.

Obwohl er eher zwetschgenförmigen Grundriss besitzt, lässt sich unser Turm typologisch der Gruppe runder Haupttürme zuordnen. Diese waren quadratischen bezüglich Stärke zweifellos überlegen, wehrtechnisch und architektonisch stellen sie eine höher entwickelte Form dar[375]. Mit seinen nicht sonderlich massiven Mauern von maximal 2 m Stärke und einem Innendurchmesser zwischen 4 und 7 m hat der Wulper Turm aber eher Wohn- denn Wehrcharakter.

Grundsätzlich ist die Herleitung runder Haupttürme aus direkten oder indirekten französischen Vorbildern unbestritten[376]. Der Donjon – in Frankreich vereinzelt bereits im 11. Jh. anzutreffen – erlebte unter Philippe II. Auguste im späten 12. Jh. einen eigentlichen Boom[377], der in der Folge auch auf das Gebiet der Schweiz abfärbte[378]. Allerdings scheint sich bei uns der Rundturm nicht überall gleich schnell und gleich stark durchgesetzt zu haben. So entstanden in der Westschweiz unter Peter II. von Savoyen mit den Anlagen von Bossonens FR, Brignon VS, La Bàtiaz VS, Romont FR, Saillon VS und Saxon VS[379] um die Mitte des 13. Jh. eine grosse Anzahl runder Haupttürme, während sie sich in der Ostschweiz und im zürcherischen Raum auf einige wenige Exemplare beschränkten. Als Beispiele für dieses Gebiet wären die Haupttürme von Alt-Rapperswil SZ[380], Neu-Regensberg ZH[381] und Wildenburg ZG[382] zu nennen.

Burgenkundlich von besonderem Interesse ist die keilförmige Prallkante des Wulper Turmes. Sie hatte die Aufgabe, vom Sporn jenseits des Halsgrabens abgefeuerte Wurfgeschosse am Turm abprallen zu lassen. Funktional vergleichbare keilförmige Rundtürme finden sich auf den französischen Burgen Château-Gaillard, Dép. Eure[383], Issoudun, Dép. Indre[384], Penne-du-Tarn, Dép. Tarn[385], und La Roche-Guyon, Dép. Val-d'Oise[386].

In Österreich lässt sich ein analoges Beispiel von der Burg Forchtenstein im Burgenland anführen[387], eine weitere Parallele stammt von der tschechischen Burg Zvíkov *(Abb. 73)*[388].

[360] Meyer 1989, 119.

[361] L. Berger, Die Ausgrabungen am Petersberg in Basel. Ein Beitrag zur Frühgeschichte Basels (Basel 1963) 13 ff.

[362] Schneider 1986, 32.

[363] Maurer 1967, Anm. 78.

[364] Schneider 1979, 39 ff.

[365] W. Meyer, Die Burg als repräsentatives Statussymbol. ZAK 33, 1976, 173.

[366] Meyer 1991, 327.

[367] Maurer 1967, 83.

[368] D. Reicke, «Von starken und grossen flüejen.» Eine Untersuchung zu Megalith- und Buckelquader-Mauerwerk an Burgtürmen im Gebiet zwischen Alpen und Rhein. SBKAM 22 (Olten / Freiburg i. Br. 1995) 61.

[369] J. Obrecht, Archäologische Untersuchungen der unteren Burg von Sarnen. Obwaldner Geschichtsblätter 17, 1988, 20.

[370] Freundl. Mitt. J. Obrecht, Frenkendorf.

[371] Meyer 1991, 321.

[372] Bernhard / Barz 1991, 144.

[373] W. Meyer, Die Burgstelle Rickenbach. Ein archäologischer Beitrag zur Geschichte des Buchsgaus im Hochmittelalter. JbSolGs 45, 1972, 375.

[374] Maurer 1967, 84.

[375] Maurer 1967, 88.

[376] Meyer 1982, 287.

[377] U. Albrecht, Von der Burg zum Schloss. Französische Schlossbaukunst im Spätmittelalter (Worms 1986) 7 ff.

[378] Dabei sind eigenständige Entwicklungen in regionalem Rahmen nicht ausgeschlossen, wie das Beispiel des Basler Raumes zeigt. Hier ist der runde Bergfried schon um die Mitte des 12. Jh. belegt. Beispiele: Alt-Kienberg SO, Kindhausen AG, Mittelbirseck BL, Vollenburg bei Kleinkems, Baden-Württemberg. Vgl. Meyer 1982, 288 f.

[379] Zu den Walliser Burgen vgl. A. Donnet / L. Blondel, Burgen und Schlösser im Wallis (Olten 1963), zu den Freiburger Burgen vgl. H. Reiners, Die Burgen und Schlösser des Kantons Freiburg I u. II. Die Burgen und Schlösser der Schweiz 13 u. 14 (Basel 1937).

[380] J. Kessler-Mächler, Archäologische Grabungen in der St. Johann Kapelle in Altendorf SZ. NSBV 45, 1972, 454.

[381] Zeller-Werdmüller 1893, 355 ff.

[382] W. Meyer, Die Wildenburg – Versuch einer Deutung und Datierung. In: J. Grünenfelder / P. Hoppe / E. Huber / A. Iten / B. Keller / W. Meyer / J. Obrecht / U. Schelbert / J. Speck / J. Wyss, Wildenburg. Die Geschichte der Wildenburg und ihrer Bewohner. Rettungsaktionen 1938 und 1985 (Zug o. J.) 119 f.

[383] Salch et al. 1977, 276 f.

[384] Salch et al. 1977, 256 f.

[385] J. Mesqui, Châteaux et Enceintes de la France médiévale 1 (Paris 1991) 301.

[386] Ch.-L. Salch, Dictionnaire des châteaux et des fortifications du moyen âge en France (Strasbourg 1979) 977.

[387] Libal 1993, 222.

[388] Libal 1993, 63, 67.

Abschliessend ist festzuhalten, dass unser Rundturm nicht nur als einer der wenigen gerundeten Haupttürme des zürcherischen Raumes bemerkenswert ist, sondern vor allem aufgrund seiner europaweit äusserst selten nachgewiesenen keilförmigen Prallkante besondere Beachtung verdient.

4.6 Filterzisterne

Die Filterzisterne im östlichen Burghof der Wulp *(vgl. Abb. 25)* lässt sich typologisch gut einordnen. Vergleichbare Anlagen mit runder Filtrierkammer und zentralem Schöpfschacht treten auf Burgen des 12. und 13. Jh. immer wieder auf[389].

Auf Höhenburgen des 11. Jh. scheinen feste Anlagen zur Wasserversorgung nur ausnahmsweise eingerichtet worden zu sein. Eine sehr frühe Filterzisterne findet sich auf der Frohburg SO und wird in die Zeit der Jahrtausendwende datiert[390]. Eine weitere frühe Anlage stammt von Schiedberg GR und ist um die Mitte des 11. Jh. entstanden[391]. Unsere Zisterne könnte also sehr wohl schon im Rahmen der ersten Burg in der zweiten Hälfte des 11. Jh. errichtet worden sein.

4.7 Feuerstelle

Funde und Befunde auf mittelalterlichen Burgen belegen immer wieder eine gewerbliche und handwerkliche Produktionstätigkeit in unterschiedlichem Umfang. Dabei muss klar zwischen dem Hauswerk, jenen handwerklichen Tätigkeiten, die der Herstellung oder Reparatur von Gütern des Eigenbedarfes dienten, und dem eigentlichen Handwerk, d. h. der Überschussproduktion für Handelszwecke, unterschieden werden[392]. Aussagen über Umfang und Organisation der entsprechenden Gewerbe sind jedoch meist mit erheblichen Unsicherheiten behaftet.

Handwerkliches Gewerbe zur Deckung des Eigenbedarfes der Burgsassen kann eigentlich auf jeder hochmittelalterlichen Burg erwartet werden[393]. In diesem Zusammenhang muss in erster Linie die Verarbeitung von Roheisen zu Hufeisen und Nägeln sowie die Herstellung und Reparatur einfacher Werkzeuge und Waffen genannt werden. Darüber hinaus ist häufig die Holz-, Leder- oder Textilverarbeitung nachgewiesen[394].

Für eine grössere Abnehmerschaft produzierte auf der Frohburg SO das eisengewinnende und -verarbeitende Gewerbe[395]. Am Fusse des «Hohen Felsens» kam ein hufeisenförmiger Rennofen aus der Zeit zwischen dem Beginn des 12. und der Mitte des 13. Jh. zum Vorschein[396].

Reste einer ähnlichen Feuerstelle wurden 1981 auf der Wulp ausgegraben *(vgl. Abb. 25,* M 24*)*. Ihre Funktion ist jedoch unklar. Dass es sich hierbei um eine Eisenschmelze wie auf der Frohburg SO gehandelt haben könnte, ist unwahrscheinlich. Das in der näheren Umgebung von Rennöfen üblicherweise anzutreffende Bohnerz fehlt im Gebiet der Wulp, und auch eine Häufung von Eisenschlacke und/oder -abfällen ist im Burgbereich nicht beobachtet worden. Möglicherweise könnte es sich hier aber um die Esse eines Hufschmiedes handeln, traten doch gerade im Bereich der Feuerstelle Hufeisen und Griffnägel gehäuft zutage.

Als weitere Parallele für den hufeisenförmigen Grundriss von Feuerstellen jeglicher Zweckbestimmung lässt sich die Herdstelle der sogenannten «Gesindehütte» auf Alt-Regensberg ZH anführen[397].

---

[389] Meyer 1989, 128. Vgl. auch M. Maire, Untersuchungen an baukonstruktiven Elementen auf Burganlagen der Region Basel (Unpubl. Lizentiatsarbeit, Universität Basel 1993) 77 f.

[390] Meyer 1989, 128.

[391] W. Meyer, Zisternen auf Höhenburgen der Schweiz. Zum Problem der Trinkwasserversorgung auf mittelalterlichen Burgen. Burgen und Schlösser 1979/II, 88.

[392] Vgl. W. Janssen, Die Bedeutung der mittelalterlichen Burg für die Wirtschafts- und Sozialgeschichte des Mittelalters. In: H. Jankuhn / W. Janssen / R. Schmied-Wigand / H. Tiefenbach (Hrsg.), Das Handwerk in vor- und frühgeschichtlicher Zeit. Bericht über die Kolloquien der Kommission für die Altertumskunde Mittel- und Nordeuropas in den Jahren 1977–80 (Göttingen 1983) 278 ff., 295 ff.

[393] Meyer 1989, 110.

[394] Meyer 1989, 109 ff.

[395] Meyer 1991, 330.

[396] Meyer 1989, 27 f.

[397] Schneider 1979, 41 f., Abb. 38.

Abb. 73: *Die im 13. Jh. errichtete Burg Zvíkov in Tschechien. Sie besitzt einen Hauptturm mit keilförmiger Prallkante, der gut mit dem Turm G 9 der Wulp vergleichbar ist.*

VI. Die Wulp im Lichte der schriftlichen und archäologischen Quellen

1 Eine Gründung durch die Herren von Küsnacht?

Die erste und einzige zeitgenössische Nennung einer Burg über Küsnacht findet sich in den sog. «Acta Murensia», einer Urkundensammlung über die Gründung des Klosters Muri. Hierin wird um das Jahr 1095 ein Eckhard von Küsnacht genannt, der in Rom gegen den Jahreszins eines Goldguldens den Schutz des Papstes für das Kloster Muri erwirbt. Beiläufig erwähnt die Quelle seine nicht näher lokalisierte Burg am Zürichsee:

«Cumque hoc firmasset, commendavit idem comes locum et omnia ad eum pertinentia in manus cuiusdam nobilis viri, nomine Eghartdi de Chüsnach, castello quodam quod est juxta Turicinum lacum, ut ipse omnia super altare sancti Petri Rome traderet.»[398] – «Und als er diesen Vertrag unterzeichnet hatte, empfahl derselbe Graf [Wernher] den Ort mit allem, was dazugehörte, in die Hände eines gewissen Edelmannes mit Namen Eckhard von Küsnacht, [der von] einer Burg [stammte], die nahe dem Zürichsee liegt, auf dass er selber alles der Schirmherrschaft des Altars des heiligen Petrus zu Rom übergebe.»

Möglicherweise könnte mit *castellum quoddam* die Wulp im Küsnachter Tobel gemeint sein. Das mit Formen der zweiten Hälfte des 11. Jh. einsetzende Fundspektrum steht zu dieser Hypothese jedenfalls nicht in Widerspruch.

2 Die Regensberger Fehde von 1267/68 und die angebliche Zerstörung der Burg Wulp

Im 12. Jh. gehörte das Ufergebiet beidseits des Zürichsees zur Reichsvogtei Zürich, die von den Herzögen von Zähringen verwaltet wurde[399]. Nach Erlöschen des Zähringer Geschlechtes 1218 fiel sie an das Reich zurück und wurde in Teilstücken an verschiedene Adelsgeschlechter neu verliehen. Die Stadt Zürich wurde reichsfrei, die Reichsvogtei über das rechte Zürichseeufer ging an die Freiherren von Regensberg über[400]. Auch die Herrschaft Wulp dürfte zu diesem Zeitpunkt in deren Hände gelangt sein. Mit den weiteren regensbergischen Burgen Glanzenberg ZH, Friesenberg ZH und wohl auch der Üetliburg ZH besass die Familie im mittleren 13. Jh. ein praktisch geschlossenes Gebiet um die reichsfreie Stadt Zürich herum[401]. In der kaiserlosen Zeit des Interregnums nach dem Tode des letzten Staufers Konrad IV. (1254) scheinen die Freiherren von Regensberg bestrebt gewesen zu sein, Besitz und Position weiter auszubauen und zu festigen. Dabei soll auch die Stadt Zürich bedrängt worden sein. Das regensbergische Machtstreben musste aber zwangsläufig auch zu Konflikten mit dem Hause Habsburg führen. In der sogenannten «Regensberger Fehde» von 1267/68 sollen die Zürcher unter Anführung Graf Rudolfs von Habsburg die Freiherren von Regensberg in die Schranken gewiesen haben. Unter anderem soll im Rahmen dieser Auseinandersetzung auch die Burg Wulp belagert und zerstört worden sein.

2.1 Schriftliche Überlieferung

Allerdings kennen wir nur eine einzige erhaltene zeitgenössische Quelle, die Bezug auf eine Auseinandersetzung zwischen den Regensberger Freiherren und dem Grafen von Habsburg nimmt. Sie erwähnt nichts von jenem in späteren Chroniken so ausführlich geschilderten Burgenbruch. In einem beiläufig angehängten Nebensatz einer Urkunde betreffend eine Güterübertragung wird bemerkt, dass die beiden als Zeugen auftretenden Bischöfe von Konstanz und Basel versucht hätten, eine Auseinandersetzung zwischen den Freiherren von Re-

---

[398] Acta Murensia, Acta Fundationis 12.

[399] H. Dürst, Rittertum. Dokumente zur aargauischen Kulturgeschichte. Nr. 2 (Aarau o. J.) 222ff., 238ff.

[400] Nabholz 1894, 9.

[401] F. Müller / Th. Bitterli / St. Jacomet / M. Joos / A. Mutz / J. Schibler, Die Burgstelle Friedberg bei Meilen. ZAM 9, 1981, 12.

gensberg einerseits und Rudolf von Habsburg und seinen Gefolgsleuten andererseits zu schlichten:

«Actum Turegi (…) domino et compatre nostro E. dei
gratia Constantiensi episcopo et domino nostro H. ea-
dem gratia Basiliensi episcopo Turegi existentibus, ut
inter nos et dominos de Regensberc concordiam ordina-
rent, militia tamen nostra nullatenus concordiam ad-
mittente.»[402] – «Es geschah in Zürich (…), als der Herr
und unser Gevatter E., durch Gottes Gnade Bischof von
Konstanz, und unser Herr H., durch dieselbe Gnade Bischof von Basel, in Zürich auftraten, um zwischen uns
und den Herren von Regensberg Frieden zu stiften; wir
hätten uns aber nicht als Ritter erwiesen, wenn wir eine
Einigung zugelassen hätten.»

Das Dokument wurde in Zürich besiegelt und datiert auf den 20. März 1267. Von einer Teilnahme Zürcher Kontingente am Konflikt ist keine Rede. Sie wird
nach neuester Forschung als Zutat der aus Zürcher
Sicht schreibenden späteren Chronisten betrachtet[403].
Die Zürcher erscheinen erstmals in der um 1348
verfassten Chronik des Johannes von Winterthur:

«Item fertur de R., dum adhuc comes erat, quod uno
tempore cum adjutorio civium Thuricensium bellum
conmiserit cum dominis nuncupatis de Regensperg…»[404]
– «Ebenso wird von R[udolf] für jene Zeit, als er noch
Graf war, berichtet, dass er einmal mit der Unterstützung der Zürcher Bürger gegen die sogenannten Herren von Regensberg einen Krieg begann.»

Etwa 40 Jahre später – um 1390 – in der sogenannten Redaktion A der Zürcher Chronik[405], erfahren wir
zum ersten Mal Näheres über die Hintergründe und den
Verlauf der Regensberger Fehde. Danach soll die Stadt
Zürich den Freiherren Lütold von Regensberg um die
Schirmherrschaft während der Zeit des Interregnums
gebeten haben, bis ein neuer König gewählt wäre. Dieser lehnte jedoch ab und drohte mit der direkten Über-
nahme der Herrschaft:

«… er hetti si umlait mit sinen vestinen, mit land
und mit lüten, als ain visch mit ainem garn umlait ist;
si muestind sus tuon was er wölti.»[406] – «… er habe sie,
Land und Leute, mit seinen Burgen umfangen, wie ein
Fisch in einem Netz gefangen ist. Folglich müssten sie
sich ihm fügen.»

Daraufhin wandten sich die Zürcher an Graf Rudolf
von Habsburg, den späteren König, der Schutz- und
Schirmfunktion übernahm und zusammen mit den Zür-
chern gegen die Regensberger in den Krieg zog.

Im Verlauf der Fehde soll neben der Üetliburg (ZH),
der Burg und dem Städtchen Glanzenberg (ZH) und
der Burg Uznaberg (SG) auch eine Burg bei Küsnacht
zerstört worden sein:

«Darnach laitend sich die von Zürich für Küssnach,
die burg, an dem Zürichse, die ward gewunnen und
zerbrochen anno 1268, uf sant Urbanustag.»[407] – «Danach belagerten die Zürcher die Burg Küsnacht am
Zürichsee. Diese wurde am St. Urbanstag (25. Mai) 1268
eingenommen und zerstört.»

Alle Chronisten des 16. und 17. Jh. sowie die späteren Geschichtsschreiber liefern sodann keine neuen Informationen mehr. Sie stützten sich allesamt in ihren
Schilderungen auf die Aufzeichnungen der frühen Zürcher Chronisten.

2.2 Quellenkritik

In seinen Untersuchungen über die Zürcher Stadtchroniken wies Rudolf Gamper nach, dass in der Redaktion A aus der Zeit um 1390, der ersten ausführlicheren
Schilderung der Ereignisse rund um die Regensberger
Fehde, gerade der Bericht über diese Auseinander-
zung sich sowohl formal wie auch inhaltlich von der
sonst episodenhaft-annalistischen Erzählweise des Ver-
fassers unterscheidet[408]. Daher vermutet Gamper, dass
dieser Bericht nicht vom Autor der Redaktion A selbst,
sondern von einer älteren Vorlage stamme. Zwischen
der noch relativ nüchternen Darstellung der Ereignisse
bei Johannes von Winterthur um 1348 und der Redaktion A müsse die mündliche Überlieferung die Auseinandersetzung zwischen den Freiherren von Regensberg
und dem Grafen Rudolf von Habsburg zu einer exem-
plarischen Geschichte mit belehrender Funktion weiter-
entwickelt haben. Thema der Erzählung sei der Gegensatz von überheblicher und demütiger Gesinnung
(*superbia* und *humilitas*)[409].

Gemäss dem Kontext geht es darum, den Habsbur-
ger König zu charakterisieren, der sich von seinem Wi-
dersacher, Lütold von Regensberg, durch seine
demütige Haltung unterscheidet.

Demnach wären die chronikalischen Überlieferun-
gen der Regensberger Fehde ab dem späten 14. Jh.
primär in ihrer Funktion als Exempel, aber nur noch
bedingt als Quelle für die tatsächlichen historischen Ereignisse zu betrachten.

2.3 Archäologische Hinweise

Bereits in der ersten Redaktion der Zürcher Chronik
(Redaktion A) wird die Belagerung und Zerstörung der
Burg und des Städtchens Glanzenberg (ZH), der Üetliburg (ZH) sowie der Wulp und der Burg Uznaberg (SG)
vermerkt. Archäologische Untersuchungen fanden bisher auf Glanzenberg, der Üetliburg und der Wulp statt.

In Glanzenberg belegen die Funde eine Besiedlung
bis ins mittlere 14. Jh.[410]. Auch die Ausgrabungen auf

dem Üetliberg ZH haben gezeigt, dass hier im archäologischen Befund keine Hinweise auf eine Zerstörung von 1267/68 zu finden sind. Aufgrund des Fundspektrums ist vielmehr anzunehmen, dass die Burg bereits zu Beginn des 13. Jh. aufgelassen wurde[411].

Ähnliches gilt für die Wulp. Auch hier legt das Fundspektrum eine Auflassung noch in der ersten Hälfte des 13. Jh. nahe. Zudem liessen sich in der letzten Bauphase keine Brand- oder Schuttschichten beobachten, die auf einen Kampf um die Feste hinweisen würden.

2.4 Schlussfolgerung

Die sogenannte Regensberger Fehde von 1267/68 dürfte in der chronikalisch überlieferten, radikalen Form des Burgenbruches so kaum stattgefunden haben. Dennoch kann von einem Ringen zwischen den Habsburgern und den Freiherren von Regensberg um die Vormachtstellung in der Nordostschweiz, in deren Folge letztere Macht und Besitz einbüssten, ausgegangen werden. Jedenfalls ist in der zweiten Hälfte des 13. Jh. ein allmählicher Niedergang des Regensberger Geschlechtes zu beobachten, der nach 1290 in einer Liquidation des verbliebenen Besitzes mündete[412].

3 Das Ende der Burg und das weitere Schicksal der Herrschaft Wulp

Die Auflassung der Burg Wulp datiert nach Ausweis der Keramik ins frühe 13. Jh. Als letzte Baumassnahme fassen wir den mit Burgphase III benannten Gesamtneubau der Burg, der jedoch nie vollendet wurde. Auf den ersten Blick scheint es naheliegend, das Siedlungsende mit dieser Aufgabe der Bautätigkeit in Beziehung zu setzen. Nun drängt sich allerdings die Frage auf, warum der etwa im späten 12. Jh. errichtete äusserst starke und repräsentative Viereckturm G6 (vgl. Abb. 45) relativ kurz nach seiner Errichtung bereits wieder bis auf die Grundmauern abgebrochen wurde (vgl. Abb. 51). Wieso wurde er also nicht in den Neubau integriert? War er etwa nach so kurzer Zeit schon baufällig?

Wir halten es nun für möglich, dass der (unvollendete) Neubau auf der Wulp erst einige Jahrzehnte nach dem eigentlichen Siedlungsende im frühen 13. Jh., wie es von den Funden nahegelegt wird, in Angriff genommen wurde. Dafür spricht auch der Umstand, dass der Rundturm mit Prallkante dieser letzten Bauphase im beginnenden 13. Jh. nach Ausweis der typologischen Parallelen doch eher etwas früh erschiene.

Als Hypothese möchten wir die Ereignisse, die zum Siedlungsende und zur Auflassung der Burg führten,

folgendermassen rekonstruieren: Irgendwann in den Jahrzehnten um 1200 könnten die Herren von Küsnacht durch politischen Druck oder kriegerische Unternehmungen der Herzöge von Zähringen, welche die Reichsvogtei Zürich innehatten, zur Aufgabe ihres Besitzes gezwungen worden sein. Bekanntlich war vor allem der letzte Zähringer, Berchtold V., bemüht, seine Herrschaft auf Kosten kleinerer Adelsgeschlechter auszubauen, was zu einem permanenten Kriegszustand und zur Vertreibung und Enteignung vieler Familien führte[413]. Die Wulp dürfte in der Folge ihrem Schicksal überlassen worden sein. Dies entspräche dann archäologisch dem Ende der Burgphase II auf der Wulp (vgl. Abb. 45).

Mit dem Tode Berchtolds V. 1218 erlosch das Geschlecht der Zähringer; die Nachfolge als Zürcher Reichsvögte traten die Freiherren von Regensberg an. Diese hätten – immer noch gemäss unserer Hypothese – um die Mitte des 13. Jh. den Entschluss gefasst, die Wulp wieder aufzubauen. Allerdings dürfte die Burg zu diesem Zeitpunkt bereits stark zerfallen gewesen sein, sodass selbst der quadratische Viereckturm G6 abgetragen werden musste. Die Auseinandersetzungen mit Rudolf von Habsburg um 1267/68 bereiteten dem begonnenen Neubau aber ein Ende. Entweder also auf direkten Druck des Habsburgers hin oder – was wahrscheinlicher ist – aus Geldmangel, verursacht durch die kostspieligen Auseinandersetzungen, konnten die Arbeiten nicht weitergeführt werden. Tatsächlich gerieten die Regensberger gegen Ende des Jahrhunderts in finanzielle Nöte, was sich in der allmählichen Veräusse-

[402] UBZ 4, 58 Nr. 1346.

[403] B. Zäch, Die Üetliburg im Lichte der historischen Quellen. In: Bauer et al. 1991, 280.

[404] Johannes von Winterthur, 20.

[405] Zur Definition der verschiedenen Redaktionen vgl. Gamper 1984, 27ff.

[406] Chronik der Stadt Zürich 29, 7f.

[407] Chronik der Stadt Zürich 29, 20f.

[408] Gamper 1984, 87f.

[409] Gamper 1984, 87.

[410] W. Drack, Glanzenberg, Burg und Stadt (Zürich 1984) 11.

[411] R. Windler/B. Zäch, Der Üetliberg im Mittelalter: Archäologie und Geschichte. In: Bauer et al. 1991, 288.

[412] B. Zäch, Die Üetliburg im Lichte der historischen Quellen. In: Bauer et al. 1991, 280. Zur allmählichen Veräusserung des regensbergischen Besitzes vgl. auch Nabholz 1894, 64ff.

[413] W. Meyer, Rodung, Burg und Herrschaft. Ein burgenkundlicher Beitrag zur mittelalterlichen Siedlungsgeschichte. In: W. Janssen/W. Meyer/O. Olsen/J. Renaud/H. Schneider/K. W. Struve, Burgen aus Holz und Stein. Burgenkundliches Kolloquium in Basel 1977. SBKAM 5 (Olten/Freiburg i. Br. 1979) 71.

rung ihres gesamten Besitzes widerspiegelt. Diese historischen Fakten liessen sich dann archäologisch in der Burgphase III fassen, d. h. der Phase des unvollendeten weitgehenden Neubaus der Wulp *(vgl. Abb. 51)*.

Um 1300 muss die Reichsvogtei Küsnacht an die aus der Dienstmannschaft der Äbtissin des Fraumünsters hervorgegangene Ritterfamilie Mülner von Zürich übergegangen sein[414]. 1320 wird Gottfried I. Mülner als Kirchherr zu Küsnacht genannt[415]. Am 3. Oktober 1321 verpfändet dieser seiner Gattin Anna von Fridingen das Burgstall zu Küsnacht[416]. Es scheint durchaus plausibel, dass damit die zu diesem Zeitpunkt zweifellos in Zerfall begriffene Burg Wulp gemeint ist. Als Verwaltungszentrum diente jetzt wohl ein festes Haus in Küsnacht, das sogenannte «Höchhus»[417].

1372 verleiht Kaiser Karl IV. dem Ritter Gottfried II. Mülner die hohe und niedere Gerichtsbarkeit über die Dörfer Küsnacht und Intwil[418]. Diese Rechte werden 1379 von König Wenzel bestätigt[419]. 1384 – ein Jahr nach dem Tode Gottfrieds II. – veräussert sein Sohn Gottfried III. die Vogtei Küsnacht an die Stadt Zürich[420]. Das Dorf bildet dann bis 1798, der Besetzung der Alten Eidgenossenschaft durch französische Truppen zu Beginn der Helvetik, einen Bestandteil der gleichnamigen Obervogtei[421].

---

[414] Largiadèr 1922, 33.

[415] Lassner-Held 1989, Anhang, 85.

[416] Lassner-Held 1989, Anhang, 85.

[417] H. Kläui, Aus der Geschichte des «Höchhuses». Küsnachter Jahresblätter 1966, 7.

[418] Largiadèr 1922, 33.

[419] Lassner-Held 1989, Anhang, 89.

[420] Lassner-Held 1989, 62.

[421] Baltensweiler 1945, 20.

VII. Zusammenfassung –
Résumé – Riassunto – Summary

1 Zusammenfassung

Die ersten archäologischen Grabungen auf der Burgruine Wulp im Küsnachter Tobel fanden bereits in den Jahren 1920–23 statt. 1961/62 folgten weitere Kampagnen unter der Leitung von Christian Frutiger und Karl Heid. Frutiger leitete auch die Konservierungsarbeiten von 1977/78. Die bisher letzten archäologischen Untersuchungen der Burg erstreckten sich auf die Jahre 1980–82 und standen unter der Leitung von Thomas Bitterli, Basel.

Die ältesten Funde auf dem Burghügel der Wulp stammen wahrscheinlich von einer Höhensiedlung aus der Übergangszeit von der frühen zur mittleren Bronzezeit (16./15. Jh. v. Chr.). Bedingt durch die Bautätigkeit des Mittelalters liessen sich keine bronzezeitlichen Befunde mehr fassen. Aus römischer Zeit liegen zwei Münzen vom Ende des 3. Jh. n. Chr., etwas Geschirrkeramik und eine grosse Masse von Baukeramik vor. Das Fundspektrum deutet darauf hin, dass im Mittelalter römischer Bauschutt zur Planierung des Burghügels verwendet wurde. Dieser dürfte am ehesten vom Gutshof in der Flur Rehweid/Amtsäger stammen (vgl. Abb. 1).

Die mittelalterliche Besiedlung des Wulphügels setzte in der zweiten Hälfte des 11. Jh. ein. Schon die erste Burg beanspruchte das ganze Plateau (vgl. Abb. 30). Eine rund 1 m starke Umfassungsmauer folgte etwa der Hangkante. Durch eine Hofmauer (M4) wurde die Anlage in eine Vor- und eine Hauptburg unterteilt. Ein Tor in der nördlichen Ringmauer führte in die Vorburg, die Hauptburg war über eine Öffnung in der Hofmauer erschlossen. In der südwestlichen Ecke der Vorburg sowie der südwestlichen Ecke der Hauptburg lehnten sich ein Haus (G1) bzw. ein Gebäudekomplex (G2/G3) an den Bering. Als Gründer der Herrschaft kommen am ehesten die Herren von Küsnacht in Frage, die im späten 11. Jh. erstmals als Burgbesitzer am Zürichsee in einer Schriftquelle auftauchen.

In der zweiten Hälfte des 12. Jh. wurden nach einer Brandkatastrophe einige Gebäude (G1, G2 und G3) sowie die Hofmauer (M4) abgerissen. Auch die südlichen und westlichen Ringmauerabschnitte hatten offenbar Schaden genommen und mussten neu aufgeführt werden. Als Innenbauten entstanden neu der Bergfried (G6) am höchsten Punkt der Anlage sowie ein steinernes Gebäude (G4) mit seiner repräsentativen Ostmauer aus Sandsteinquadern in der nordwestlichen Burgecke (vgl. Abb. 45).

Die Ereignisse, die im frühen 13. Jh. zur Auflassung der Wulp führten, lassen sich nicht sicher rekonstruieren. Denkbar wäre, dass die Herren von Küsnacht durch die Herzöge von Zähringen – Nachfolger der Grafen von Lenzburg im Amte der Zürcher Reichsvögte – von ihrer Herrschaft am Zürichsee vertrieben wurden. Vermutlich blieb die Burg in der Folge für einige Jahrzehnte verlassen. Als die Freiherren von Regensberg, in deren Hände die Reichsvogtei nach dem Aussterben der Zähringer 1218 gelangt war, eine komplette Neugestaltung der Anlage in Angriff nahmen, muss sie schon stark zerfallen gewesen sein. Über den Resten der alten Burg begann man eine neue Anlage zu errichten. An der Ostflanke entstand eine 2 m starke Schildmauer und ein Rundturm (G9), der gegen die Angriffsseite mit einer keilförmigen Prallkante gegen Beschuss vom Sporn her gesichert war. Durch eine Trennmauer (M8) wurde die Anlage wieder in eine Vor- und eine Hauptburg unterteilt. Das Tor zur Hauptburg kam über den Resten des ehemaligen Bergfrieds zu liegen. Im Innern lehnten sich zwei Gebäude (G7 und G8) an die südliche bzw. nördliche Ringmauer an (vgl. Abb. 51). Dieser Totalneubau wurde jedoch nie vollendet. Wahrscheinlich ist der Bauabbruch auf jene Auseinandersetzung zwischen Rudolf von Habsburg und Lütold von Regensberg zurückzuführen, die in der Chronistik des späten Mittelalters und der frühen Neuzeit als sogenannte «Regensberger Fehde» von 1267/68 überliefert wird. Von den Regensbergern gelangte das Burgstall im frühen 14. Jh. an die Ritterfamilie der Mülner aus Zürich.

2 Résumé

Les premières fouilles archéologiques réalisées sur les ruines du château de Wulp, dans le Küsnachter Tobel, remontent aux années 1920–1923. D'autres campagnes suivirent en 1961/1962 sous la direction de Karl Heid et de Christian Frutiger; ce dernier assuma également la direction des travaux de conservation réalisés en 1977/78. C'est en 1980–82 que, pour la dernière fois, le château a fait l'objet d'investigations archéologiques, sous la direction de Thomas Bitterli (Bâle).

A la charnière Bronze ancien / Bronze moyen (16e / 15e s. av. J.-C.), la colline de Wulp était vraisemblablement occupée par un site de hauteur, comme l'atteste le mobilier le plus ancien mis au jour lors des fouilles. D'éventuelles structures auront été détruites lors de la mise en place des constructions médiévales. L'époque romaine est représentée par deux monnaies de la fin du 3e s., un peu de vaisselle, et une grande quantité de tuiles: l'éventail des trouvailles indique qu'au Moyen Âge on a utilisé de la démolition romaine comme remblai pour égaliser la topographie de la colline. Ce matériel a probablement été prélevé sur la zone de la villa située au lieu-dit Rehweid / Amtsäger.

La première occupation médiévale de la colline de Wulp date de la 2e moitié du 11e s; cette implantation touchait déjà la totalité du plateau. Un mur d'enceinte d'environ 1 m d'épaisseur longeait approximativement l'arête. Le mur de la cour M 4 coupait le complexe en une basse-cour et un complexe principal. Une porte aménagée dans le mur d'enceinte nord permettait de pénétrer dans la défense avancée; on accédait au château principal par une ouverture pratiquée dans le mur de la cour M 4. La bâtisse G 1 et le complexe G 2/G 3 venaient buter contre le mur d'enceinte, la première dans l'angle sud-ouest du château avancé, et le second dans l'angle sud-ouest du château principal. Ce sont sans doute les seigneurs de Küsnacht qui ont fondé le château: ils sont mentionnés pour la première fois au 11e siècle comme propriétaires d'un château sur les rives du lac de Zurich.

Dans la seconde moitié du 12e s., à la suite d'un incendie, les bâtiments G 1, G 2 et G 3 ainsi que le mur de la cour M 4, ont été abattus. Les parties du mur d'enceinte situées au sud et à l'ouest avaient, semble-t-il, également été endommagées par la catastrophe, puisqu'elles ont dû être reconstruites. Parmi les bâtiments érigés à l'intérieur des murs, citons le donjon G 6 à l'endroit le plus élevé et, dans l'angle nord-ouest du complexe, la bâtisse G 4, avec sa façade d'apparat en blocs de grès taillés orientée vers l'est.

Les événements qui ont conduit à l'abandon du château de Wulp, au début du 13e s., ne peuvent plus êtres restitués avec certitude. On peut supposer que les seigneurs de Küsnacht ont été dépossédés de leur souveraineté sur le lac de Zurich par les ducs de Zähringen, successeurs des comtes de Lenzburg au service des baillis impériaux zurichois. Le château est sans doute resté inoccupé durant quelques décennies, et il devait être dans un état de délabrement déjà avancé lorsque les seigneurs de Regensberg, aux mains desquels le bailliage impérial avait passé après l'extinction des Zähringen en 1218, ont pris la décision de le rebâtir sur un plan entièrement nouveau. Sur les ruines de l'ancien château, on entreprit la construction d'un nouveau complexe, avec l'érection sur le flanc est d'un mur bouclier de 2 m d'épaisseur et d'une tour ronde (G 9). Cette dernière était munie d'un éperon faisant office de rempart contre les attaquants s'avançant depuis l'éperon. Le mur M 8 divisait à nouveau le complexe entre une défense avancée et une forteresse principale. La porte d'accès à cette dernière se situait sur les ruines de l'ancien donjon. A l'intérieur, le bâtiment G 7 venait s'appuyer contre le mur d'enceinte nord, et G 8 contre le mur sud. Cette construction entièrement nouvelle ne fut jamais achevée. L'interruption du chantier peut vraisemblablement être mise sur le compte de la querelle opposant Rodolphe de Habsbourg à Lütold de Regensberg, relatée dans les chroniques médiévales comme la «Regensberger Fehde» de 1267/68. C'est par la maison de Regensberg que cette possession a passé aux Mülner, une famille de chevaliers zurichoise, au début du 14e s.

Traduction: Catherine Leuzinger-Piccand

3 Riassunto

I primi scavi archeologici nei ruderi del castello di Wulp, situato nella gola di Küsnacht, ebbero luogo negli anni 1920–23. Ad essi seguirono nel 1961/62 ulteriori indagini, guidate da Christian Frutiger e Karl Heid, il primo dei quali fu anche a capo dei lavori di conservazione effettuati nel 1977/78. Le ricerche archeologiche più recenti risalgono agli anni 1980–82 e furono condotte da Thomas Bitterli di Basilea.

I reperti più antichi provenienti dal sito sembrano risalire al periodo di transizione dall'età del Bronzo antico a quello medio (XVI–XV sec. a. C.) e sono quanto resta di un abitato posto sull'altura, del quale l'attività edilizia medievale ha tuttavia cancellato qualsiasi altra traccia. Per quanto riguarda il periodo romano si annoverano due monete della fine del III sec. d. C., qualche frammento fittile e una notevole quantità di laterizi; ciò sembra indicare che per livellare il terreno nel Medioevo sono state utilizzate macerie romane, ricavate probabilmente dalle rovine della villa rustica in loc. Rehweid / Amtsäger.

L'occupazione medievale dell'altura risale alla seconda metà dell'XI sec., quando il primo castello si estendeva già a tutta la superficie del pianoro. Un muro di cortina spesso circa un metro seguiva l'andamento del ciglio dello strapiombo. Il muro M 4 suddivideva il complesso fortificato in una rocca principale ed una antistante. Una porta sul lato settentrionale del muro di cortina ed una nel suddetto muro M 4 consentivano di accedere dall'esterno alla bassa corte e, da lì, al cortile interno della rocca principale. Le costruzioni G 1, rispettivamente G 2/G 3 erano addossate al muro di cortina nell'angolo sudoccidentale della rocca antistante ed in quello della rocca principale. Come possibili fondatori della fortezza vanno considerati innanzitutto i signori di Küsnacht, menzionati per la prima volta in una fonte del tardo XI sec. come proprietari di fortificazioni sul lago di Zurigo.

Nella seconda metà del XII sec., in seguito ad un incendio, vennero demoliti gli edifici G 1, G 2 e G 3 così come il muro interno M 4. Anche tratti del muro di cortina sul lato meridionale e occidentale devono essere stati danneggiati dalla catastrofe e furono ripristinati. All'interno della fortezza, nella sua parte più elevata, venne eretto il masto G 6, mentre nell'angolo nordoccidentale sorse l'edificio in pietra G 4 con una facciata occidentale di rappresentanza costruita con blocchi di arenaria.

Non siamo in grado di ricostruire le circostanze che nel XIII sec. portarono all'abbandono della rocca di Wulp. Forse i signori di Küsnacht furono scacciati dai loro domini sul lago di Zurigo dai duchi di Zähringer, successori dei conti di Lenzburg, al servizio dei balivi imperiali di Zurigo. La rocca rimase probabilmente disabitata per qualche decennio ed doveva ormai trovarsi in uno stato di grave rovina quando i signori di Regensberg, insigniti della carica di balivi imperiali all'estinzione della stirpe degli Zähringer nel 1218, diedero inizio alla sua totale ristrutturazione: sopra le rovine dell'antica fortezza ne sorse una nuova. Sul fianco orientale venne eretto una braga spesso 2 m con un torrione rotondo G 9 aggettante sul lato dello sperone roccioso esposto agli attacchi. Mediante il muro divisorio M 8, il complesso venne nuovamente suddiviso in una rocca principale ed in una antistante. La porta che dava accesso alla rocca principale era situata sul luogo dell'antico masto. All'interno del complesso due costruzioni erano addossati alla cortina: l'edificio G 7 nell'ala meridionale e l'edificio G 8 in quella settentrionale. L'opera di ristrutturazione non venne portata a compimento: le vicissitudini intercorse tra Rudolf di Asburgo e Lütold di Regensberg nel 1267/68 e tramandate nelle cronache del tardo Medioevo e dell'inizio dell'epoca moderna come la cosiddetta «Regensberger Fehde» furono forse all'origine della cessazione dei lavori. Nel primo '400 la rocca passò dai Regensberg nelle mani della famiglia nobiliare Mülner di Zurigo.

Traduzione: Rosanna Janke

4 Summary

The first archaeological excavations at the ruins of Wulp castle in the Küsnacht gorge took already place between 1920 and 1923. In 1961/62 further campaigns under the direction of Christian Frutiger and Karl Heid followed. Frutiger also directed the conservation work of 1977/78. The latest archaeological examination of the castle so far referred to the years 1980–82 and was carried out under the direction of Thomas Bitterli from Basel.

The oldest findings on the castle hill of Wulp are likely to date from a hill settlement of the transitional period between the Early and Middle Bronze Age (16th/15th century B. C.). Conditioned by the building activities during the Middle Ages no findings of the Bronze Age could be registered. From the Roman Age there are two coins from the end of the 3rd century A. D., some pottery and a huge amount of timbers. The wide scattering of findings points to the fact that Roman building rubble was used to level the castle hill during the Middle Ages. This rubble is most likely to come from the Roman villa in the field of Rehweid / Amtsäger.

The medieval settlement of the Wulp hill set in during the second half of the 11th century. The first castle already required the whole plateau. An approximately one meter wide enclosure-wall followed the hill's edge. The courtyard wall M 4 divided the construction into a base court and a main castle. A gate in the northern circular wall led to the outer works of the castle, the main castle was accessible through an opening in the courtyard wall M 4. In the southwestern corner of the outer works as well as the main castle, house G 1 and building complex G 2/G 3 respectively leaned against the circumference. The lords of Küsnacht are most likely to be the founders of the manor. In the 11th century they appear for the first time in a written source as owners of a castle on the lake of Zurich.

In the second half of the 12th century buildings G 1, G 2 and G 3 as well as the courtyard wall M 4 were pulled down after a fire. The southern and western parts of the circular wall also seem to have been damaged and had to be rebuilt. The interior buildings that were erected are the keep G 6 in the highest spot of the construction and the stone building G 4 with its representative eastern wall made of sandstone ashlars in the northwestern corner of the castle.

The incidents that led to the abandonment of Wulp in the early 13th century cannot be reconstructed with certainty. One possibility is that the lords of Küsnacht were driven away from their manor on the lake of Zurich by the dukes of Zähringen – successors of the counts of Lenzburg in the office of the Zurich bailiffs of the Empire. Presumably the castle stayed abandoned for a few decades. At the time when the barons of Regensberg, in whose hands the office of bailiff got after the extinction of the Zähringen in 1218, started to redesign the construction completely, it must already have fallen into severe decay. The building of a new construction was begun above the remnants of the old castle. A two meter wide chemise and a round tower G 9, which was safeguarded against bombardment from the spur by a wedge-shaped spur towards the point of attack, were built on the eastern flank. The construction was again subdivided into outer works and a main castle by the dividing wall M 8. The gate into the main castle came to be above the remnants of the former keep. Inside, buildings G 7 and G 8 leaned against the southern and northern enclosure-wall respectively. This totally new construction was never completed. The breaking off of the building work can presumably be attributed to a conflict between Rudolf of Habsburg and Lütold of Regensberg which is handed down as the so-called "Regensberger Fehde" of 1267/68 in the chronicles of the Late Middle Ages and the Early Modern Age. In the early 14th century the castle valley came from the Regensberg into the hands of the knighted family of Mülner from Zurich.

Translation: Jacqueline Perregaux

VIII. Fundkatalog

Vorbemerkung: Die fett gedruckten Nummern beziehen sich auf die im Text mit «Kat.» bezeichneten Katalognummern.

1 Bronzezeit

1.1 Grobkeramik

1.1.1 Töpfe

1

RS eines Topfes mit leicht ausladendem Rand. Nach aussen abgestrichene, leicht verdickte Randlippe mit Fingertupfendekor. Reste zweier horizontaler und einer vertikalen Fingerkuppenleiste zwischen Schulter und Rand. Grobe Magerung, harter, grauer Ton. Inv. 53/2/9 u. 40/2/7 (2 Passscherben).

2

RS eines Topfes mit leicht ausladendem Rand. Nach aussen abgestrichene, leicht knollig verdickte Randlippe mit Fingerkuppendekor. Grobe Magerung, harter, beiger bis grauer Ton. Inv. 52/1/9.

3

RS eines Topfes mit leicht ausladendem Rand. Leicht keulenartig verdickte Randlippe mit stark verschliffenem Fingerkuppendekor. Mittelgrobe Magerung, weicher Ton. Rinde aussen beige-orange, Rinde innen dunkelgrau. Kern grau. Inv. 53/2/15.

4

RS eines Topfes mit leicht ausladendem, unverdicktem Rand. Hochsitzende Fingerkuppenleiste. Grobe Magerung, weicher, beige-oranger Ton. Inv. 54/1/8.

5

RS eines Topfes mit leicht ausladendem Rand. Gerundete sich leicht verjüngende Randlippe. Hochsitzende Fingertupfenleiste. Mittelfeine Magerung mit einigen sehr groben Einschlüssen. Harter, beige-oranger Ton. Inv. 51/1/1.

6

RS eines Topfes mit leicht ausladendem Rand. Unverdickte, nach aussen abgestrichene Randlippe. Hochsitzende Fingertupfenleiste. Grobe Magerung, harter, grauer Ton. Inv. 53/2/8.

7

RS eines Topfes mit leicht ausladendem Rand. Schwach verdickte, nach aussen abgestrichene Randlippe. Fingerkuppenleiste auf der Schulter. Mittelgrobe Magerung mit sehr groben Einschlüssen. Harter, grau-beiger Ton. Inv. 40/2/31.

8

RS eines Topfes mit leicht ausladendem Rand. Unverdickte, gerundete Randlippe mit Fingertupfen an der Innenseite. Hochsitzende Fingertupfenleiste. Mittelgrobe bis grobe Magerung, harter Ton. Rinde aussen beige-orange, Rinde innen dunkelgrau, Kern grau. Inv. 54/1/9.

9

RS eines Topfes mit leicht ausladendem Rand und Fingertupfen auf dem Randsaum. Hochsitzende, stark verschliffene Fingertupfenleiste. Mittelgrobe Magerung mit sehr groben Einschlüssen, weicher Ton. Rinde aussen beige, Rinde innen dunkelgrau, Kern grau. Inv. 53/2.

10

RS eines Topfes mit unverdicktem, leicht ausladendem Rand. Randsaum mit Fingerkuppen gekerbt. Fingertupfenleiste zwischen Schulter und Rand. Mittelfeine bis grobe Magerung, grau-brauner bis grauer Ton. Inv. 42/2/3.

11

RS eines Topfes mit unverdicktem, leicht ausladendem Rand. Randsaum mit Fingerkuppendekor. Mittelgrobe bis sehr grobe Magerung, harter, graubrauner Ton. Inv. 40/2/54.

12

RS eines Topfes mit verdicktem, leicht ausladendem Rand. Randsaum mit Fingertupfendekor. Mittelgrobe Magerung mit groben Einschlüssen. Harter, beiger Ton. Inv. 53/2/10.

13

RS eines Topfes mit steilem Rand. Ausdünnender, gezackter Randsaum. Unmittelbar unter dem Randzacken sitzende Fingertupfenleiste. Mittelfeine Magerung mit groben Einschlüssen, harter, braun-oranger bis grauer Ton. Inv. 40/2/3.

14, 15

2 RS von Töpfen mit leicht ausladendem Rand. Schwach verdickte, nach aussen abgestrichene Randlippe. Mittelgrobe bis grobe Magerung, weicher, grau-brauner bis dunkelgrauer Ton. Inv. 40/2/22; 53/2/14.

16

RS eines Topfes mit ausladendem Rand und gerundeter Randlippe. Mittelfeine Magerung mit sehr groben Einschlüssen. Harter, brauner bis dunkelgrauer Ton. Innenseite geglättet. Inv. 54/1/10.

17

RS eines Topfes mit ausladendem Rand. Unverdickte, gerundete Randlippe. Mittelgrobe Magerung, weicher, beiger Ton. Inv. 54/1/11.

18

RS eines Topfes mit ausladendem Rand. Unverdickte, nach aussen abgestrichene Randlippe. Sehr grobe Magerung, harter, oranger bis dunkelgrauer Ton. Inv. –.

19

RS eines Topfes mit steiler Schulter und unverdicktem, nach innen abgestrichenem Rand. Mittelfeine bis grobe Magerung, weicher Ton. Rinde orange, Kern grau. Inv. 40/2.

20

RS eines Topfes mit ausladendem Rand. Unverdickte, horizontal abgestrichene Randlippe. Mittelgrobe Magerung, harter, beiger Ton. Inv. 52/1/11.

21

RS eines Topfes mit ausladendem, unverdicktem und gerundetem Rand. Mittelfeine Magerung, mit groben bis sehr groben Einschlüssen, weicher Ton. Rinde orange, Kern grau. Inv. 54/1/12.

22

RS eines Topfes mit steilem Rand und unverdickter, gerundeter Randlippe. Grobe bis sehr grobe Magerung, harter Ton. Rinde aussen orange, Rinde innen und Kern dunkelgrau. Inv. 54/1/13.

23

RS eines Topfes mit unverdicktem, gerundetem Rand. Mittelfeine bis grobe Magerung, weicher, beige-oranger Ton. Inv. 40/1/4.

24

RS eines Topfes mit gerundetem, sich verjüngendem Rand. Mittelgrobe bis grobe Magerung, weicher, grauer Ton. Inv. 40/2/17.

25

RS eines Topfes mit leicht ausladendem Rand. Gerundet profilierte, an der Aussenseite gekehlte Randleiste. Mittelgrobe Magerung mit groben Einschlüssen, harter Ton. Rinde aussen beige-orange, Rinde innen und Kern dunkelgrau. Inv. 40/2/46.

26

WS eines Topfes. Reste einer horizontalen und einer von dieser abzweigenden schrägen Fingertupfenleiste. Feine Magerung mit groben Einschlüssen. Harter, beiger Ton. Inv. 53/2/3.

27

WS eines Topfes. Reste einer vertikalen Fingertupfenleiste. Feine Magerung mit sehr groben Einschlüssen. Harter, beige-oranger Ton. Inv. 42/2/2.

28

WS eines Topfes mit Fingerkuppenleiste. Mittelgrobe bis grobe Magerung, harter Ton. Rinde aussen orange, Rinde innen und Kern beige. Inv. 52/1/6.

29

WS eines Topfes mit Fingertupfenleiste. Feine Magerung mit groben Einschlüssen. Harter, beiger bis dunkelgrauer Ton. Inv. 40/2/32.

30

WS eines Topfes mit Fingertupfenleiste. Grobe Magerung, harter, hell- bis dunkelgrauer Ton. Inv. 53/2/1.

31

WS eines Topfes mit Fingertupfenleiste. Grobe Magerung, harter Ton. Rinde aussen braun, Rinde innen und Kern dunkelgrau. Inv. 40/2/51.

32

WS eines Topfes mit Fingertupfenleiste. Mittelgrobe bis grobe Magerung, harter Ton. Rinde aussen beige, Rinde innen dunkelgrau, Kern grau. Inv. 40/2/1.

33

WS eines Topfes mit Fingertupfenleiste. Grobe Magerung, harter, beiger bis grau-brauner Ton. Inv. 54/1/9.

34

WS eines Topfes mit Fingertupfenleiste. Mittelgrobe bis grobe Magerung, weicher, oranger Ton. Inv. 40/2/2.

35

WS eines Topfes mit Fingertupfenleiste. Mittelfeine Magerung mit groben Einschlüssen, harter, grau-brauner Ton. Inv. 54/1/3.

36

WS eines Topfes mit Fingertupfenleiste. Mittelfeine Magerung mit groben Einschlüssen, harter, grau-beiger Ton. Inv. 54/4/6.

37

WS eines Topfes mit Fingertupfenleiste. Mittelgrobe bis grobe Magerung, harter Ton. Rinde innen dunkelgrau, Rinde aussen und Kern beige. Inv. 40/2/32.

38

WS eines Topfes mit Fingertupfenleiste. Mittelfeine Magerung mit vielen mittelgroben bis groben Einschlüssen. Harter Ton, Rinde aussen braun-orange, Rinde innen und Kern grau. Inv. 54/1/4.

39

WS eines Topfes mit zwei parallelen Fingertupfenleisten. Mittelfeine bis mittelgrobe Magerung, harter, beiger Ton. Inv. 42/2/1.

—

20 kleinfragmentierte grobkeramische WS mit Fingertupfenleisten. Inv. 53/2 (3 Scherben mit gleicher Inv.); 53/1 (2 Scherben mit gleicher Inv.); 54/1 (2 Scherben mit gleicher Inv.); 40/2/13; 53/2/4; 40/2/37; 40/2/9; 40/2/39, 40/2/41; 40/1/3; 52/1; 53/2/2; 40/1/4; 40/2/10; 40/2/52; 40/2/53.

40

WS eines Topfes. Leiste korrodiert, möglicherweise glatt, ohne Fingereindruckdekor. Unterhalb der Leiste Schlickerbewurf. Mittelgrobe bis grobe Magerung, harter, grau-brauner Ton. Inv. 53/2.

41

WS eines Topfes mit glatter Leiste und vertikalen Ritzlinien. Stark verschliffen. Mittelgrobe bis grobe Magerung, weicher Ton. Rinde aussen orange, Rinde innen und Kern grau. Inv. 40/2/4.

42

WS eines Topfes mit Knubbe und an beiden Seiten anschliessender Fingertupfenleiste. Mittelgrobe Magerung, einzelne sehr grobe Einschlüsse. Harter, braun-oranger bis braungrauer Ton. Inv. 40/2/50.

43

WS eines Topfes mit Knubbe. Mittelfeine bis grobe Magerung, harter Ton. Rinde aussen beige-orange, Rinde innen und Kern grau. Inv. 40/2/28.

44

WS eines Topfes mit Knubbe. Mittelfeine bis grobe Magerung, harter, beige-oranger bis grauer Ton. Inv. 40/2/56.

—

4 WS mit Knubben wie *Kat. 42–44*. Stark fragmentiert oder korrodiert. Harter, beiger Ton. Inv. 53/2/6; 53/2/7; 40/2/29; 40/2/38.

45

WS eines Topfes mit kleiner, spitzer Knubbe. Mittelgrobe Magerung, harter, beiger Ton. Inv. 34/1/2.

46

WS eines Topfes mit gekerbter Knubbe. Mittelfeine Magerung mit groben Einschlüssen. Harter, beiger bis dunkelgrauer Ton. Inv. 40/2/34 (3 Passscherben).

47

WS eines Topfes mit gedellter Knubbe und an beiden Seiten anschliessender Fingertupfenleiste. Mittelfeine Magerung mit vielen groben Einschlüssen. Harter, beiger bis dunkelgrauer Ton. Inv. 53/2/5.

48

WS eines Topfes mit Buckel. Grobe bis sehr grobe Magerung, harter, grau-brauner Ton. Inv. 40/2/5.

1.1.2 Unbestimmtes

49

RS mit verdickter, hängender Randleiste. Gefässform unbestimmt. Fingertupfendekor auf der Leiste. Mittelgrobe Magerung mit groben Einschlüssen, harter, grauer Ton. Inv. 40/2/36.

1.1.3 Bodenscherben

50

BS eines Topfes mit unregelmässigem Boden. Gerundeter Fuss mit Einzug. Mittelgrobe Magerung mit wenigen groben bis sehr groben Einschlüssen. Harter Ton. Rinde innen schwarz, Rinde aussen und Kern beige. Inv. 52/1/5.

51

BS eines Topfes mit flachem Boden. Kantiger Fuss, teilweise leicht eingezogen. Mittelfeine bis mittelgrobe Magerung, harter Ton. Rinde innen grau, Rinde aussen und Kern beige. Inv. 40/2/20.

52

BS eines Topfes mit unregelmässigem Boden und gerundetem Fuss. Mittelfeine Magerung mit groben bis sehr groben Einschlüssen. Harter Ton. Rinde aussen braun-orange, Rinde innen und Kern dunkelgrau. Inv. 54/1/18.

53

BS mit flachem Boden. Leicht gerundeter Fuss mit Einzug. Feine Magerung mit groben Einschlüssen, weicher Ton. Rinde beige bis orange, Kern dunkelgrau. Inv. 40/2/23 (2 Passscherben).

54

BS mit flachem Boden. Gerundeter Fuss mit leichtem Einzug. Mittelfeine bis mittelgrobe Magerung, weicher, beiger Ton. Inv. 40/2/21.

55

BS eines Topfes mit flachem Boden. Gerundeter, leicht von der Wandung abgesetzter Fuss. Mittelgrobe bis grobe Magerung, weicher, beige-oranger Ton. Inv. 52/1/4.

56

BS. Gerundeter Fuss mit leichtem Einzug. Mittelfeine bis grobe Magerung, harter, beige-oranger Ton. Inv. 40/1/5.

57

BS. Stark gerundeter, von der Wandung abgesetzter Fuss. Mittelfeine Magerung mit groben Einschlüssen, weicher Ton. Rinde aussen braun-orange, Rinde innen und Kern grau. Inv. 40/2/47.

1.2 Feinkeramik

1.2.1 Töpfe

58

RS eines Topfes mit Steilrand und leicht ausbiegender, unverdickter Randlippe. Feine Magerung mit mittelfeinen Einschlüssen, harter, grauer Ton. Inv. 40/2/42.

59

RS eines Topfes mit Steilrand und leicht ausbiegender, gerundeter Randlippe. Hochsitzende Fingertupfenleiste. Feine Magerung mit mittelgroben Einschlüssen, harter, grauer Ton. Innen und aussen geglättet. Inv. 40/2/6.

60

RS eines Topfes mit steilem Rand und beidseitig verdickter Randlippe. Feine Magerung mit wenig groben Einschlüssen, harter, dunkelgrauer Ton. Inv. 52/1/2.

61

RS eines Topfes mit leicht ausladendem Rand und unverdickter, schwach gerundeter Randlippe. Feine bis mittelfeine Magerung, harter, grauer Ton. Inv. 40/2/15.

62

RS eines Topfes mit aus der Schulter steigendem Rand. Unverdickte, schwach gerundete Randlippe. Feine Magerung, harter Ton. Rinde aussen grau-braun, geglättet, Rinde innen und Kern dunkelgrau. Inv. 40/2/16.

1.2.2 Töpfchen, Schalen, Knickwandgefässe

63

RS eines Töpfchens mit leicht konischem Rand. Unverdickte, horizontal abgestrichene Randlippe. Mittelgrobe Magerung, harter, grauer Ton. Inv. 51/1/2.

64

RS eines Töpfchens mit ausladendem Rand. Unverdickte, gerundete Randlippe. Mittelgrobe Magerung, weicher, oranger Ton. Inv. 40/2/18.

65

RS eines Töpfchens mit steilem Rand und unverdickter, gerundeter Randlippe. Mittelfeine bis mittelgrobe Magerung, harter Ton. Rinde aussen orange, Rinde innen und Kern grau. Inv. 52/1/3.

66

RS eines Töpfchens mit ausladendem Rand und sich verjüngender, gerundeter Randlippe. Feine Magerung, harter, graubeiger Ton. Inv. 54/1/15.

67

RS eines Töpfchens mit ausladendem Rand und gerundeter Randlippe. Feine Magerung, harter, braun-oranger Ton. Inv. 42/1/4.

68

RS eines Töpfchens mit weit ausladendem Rand und gerundeter, sich verjüngender Randlippe. Mittelfeine Magerung, harter, beiger Ton. Aussenseite geglättet. Inv. 52/2/2.

69–72

4 RS von Töpfchen mit gerundeter, sich leicht verjüngender Randlippe. Feine Magerung, harter, grau-brauner bis grauer Ton. Inv. 40/2/45; 40/2/40; A/5/1; 53/2/19.

73

RS einer schwach gerundeten Schale mit unverdickter, gerundeter Randlippe. Mittelfeine Magerung mit wenigen groben Einschlüssen. Harter, dunkelgrauer Ton. Inv. 52/1/10.

74

RS einer geschweiften Schale mit nach innen geschwungenem Rand. Unverdickte, gerundete Randlippe. Feine Magerung mit mittelfeinen bis mittelgroben Einschlüssen. Harter, beiger Ton. Inv. 40/2/43.

75

RS einer steilwandigen Schale mit horizontal abgestrichener, leicht nach aussen gezogener Randlippe. Feine Magerung mit wenigen mittelgroben Einschlüssen. Harter, grau-beiger Ton. Inv. 40/2/41.

76

RS einer steilrandigen Schale mit horizontal abgestrichener, leicht nach aussen gezogener Randlippe. Feine Magerung mit wenigen groben Einschlüssen, harter, beiger Ton. Inv. 40/1/1.

77

RS einer Schale mit flauem Karniesrand. Mittelfeine Magerung, harter, grauer Ton. Inv. 54/1/14.

78

Fragment eines Knickwandgefässes mit unverdickter, gerundeter Randlippe. Feine Magerung mit wenigen groben Einschlüssen, harter, dunkelgrauer Ton. Inv. 52/2/1.

79

WS eines Knickwandgefässes. Feine Magerung mit wenigen groben Einschlüssen, harter, dunkelgrauer Ton. Inv. 40/2/57.

80, 81

2 WS von Knickwandgefässen. Feine Magerung, harter, grauer Ton. Inv. 53/2, 40/2.

82

WS einer Schüssel oder Schale mit Riefendekor. Feine Magerung, harter Ton. Rinde aussen braun-orange, Rinde innen und Kern dunkelgrau. Inv. O/2/13.

83

WS mit einer Rille. Feine Magerung, harter Ton. Rinde aussen braun-orange, Rinde innen und Kern dunkelgrau. Inv. 53/2.

84

WS mit Strichdekor. Feine Magerung, harter, grauer Ton. Inv. 53/2.

85

WS mit Dekor wohl in Form des strichgefüllten Dreieckes. Feine Magerung, harter Ton. Rinde aussen beige, Rinde innen und Kern grau. Inv. 40/2/12.

86

BS. Feine bis mittelfeine Magerung, harter, beiger bis grauer Ton. Inv. 54/1/19.

1.3 Silices

87

Silexgerät. Beidseitig durchgehend retouchierter Abschlag. Inv. 40/2/49.

88

Kleine Silexspitze. Im Querschnitt dreikantig, dorsal und ventral flächendeckend retouchiert. Distal deutlich verrundet. Inv. W/3/99.

2 Römische Zeit

2.1 Geschirrkeramik

89

Standboden einer Schüssel aus Terra sigillata oder Glanztonkeramik. Fuss von der Wandung abgesetzt. Feine Magerung, weicher, beige-oranger Ton. Auf der Innenseite Reste eines braun-orangen Glanztonüberzuges. Inv. 39/3/6.

90

RS einer «rätischen» Reibschüssel. Rille auf dem Kragenrand. Feine Magerung, weicher, beige-oranger Ton. Reste eines braun-roten Glanztonüberzuges auf der Innenkehle unterhalb der Randleiste. Inv. 54/1/23.

91

RS einer «rätischen» Reibschale. Feine Magerung, weicher, beiger Ton. Inv. B/4/4.

92

RS eines Töpfchens mit nach aussen ziehendem, horizontal abgestrichenem Rand. Feine Magerung, harter, grau-brauner Ton. Inv. 55/1/20.

93

WS mit Rollrädchendekor. Schwach ausgeprägte Leiste zwischen den beiden Rollrädchenzeilen. Feine Magerung, weicher, oranger Ton. Inv. M4/1/2.

94

Standboden einer Schüssel. Fuss von der Wandung abgesetzt. Feine Magerung, harter, oranger Ton. Aussenseite geglättet. Inv. B/7/6.

95

Standboden leicht gewölbt. Fuss deutlich von der Wandung abgesetzt. Feine Magerung, harter, rosa-beiger Ton. Inv. EE/1/10.

96

Standboden, leicht gewölbt. Feine Magerung, weicher, braunoranger Ton. Inv. X/1/10.

–

3 WS und BS von Reibschüsseln. Feine Magerung, weicher, beiger resp. oranger und grauer Ton. Inv. 42/1; 42/1/5; C/3.

–

2 RS. Aufgrund des weichen, sandigen Tones wohl römisch. Beide Stücke stark verschliffen. Inv. 40/2 u. 40/2/59 (2 Passscherben); 42/2.

–

11 WS. Aufgrund des weichen, sandigen Tones wohl römisch. Inv. A/5; B/3; B/4; B/5; Z/1; 42/2/7; 52/1 (2 Scherben); 54/1; 55/1; 55/4.

2.2 Baukeramik

97–105

9 Fragmente von Leistenziegeln *(tegulae)* mit unterschiedlich ausgeformten Leisten. Inv. B/5/15; B/5/14; 39/4; A/4; 42/2; B/5/12; A/1/7; 42/1; A/4.

106

Fragment eines Hohlziegels *(imbrex)*. Inv. A/4/16.

107–110

4 Fragmente von Wandheizungsröhren *(tubuli)*. Inv. A/5/3; 35/1/21; 55/1/37; A/4/11.

111

Ziegel mit Abdruck einer Hundepfote. Inv. A/5/4.

2.3 Münzen

112

Victorinus (269–271), Antoninian, Münzstätte I (Trier oder vielleicht Köln). Vs. I(MP C PIAV VICT)ORINUS P F AVG. Rs. FID(ES MILITVM). Elmer 1941, 66 Nr. 654 (Köln); Besly/Bland 1983, 148 Nr. 2522 (mint I). 2,850 g; 20,0/18,3 mm; 180°. Billon. Erhaltung: A 2/2 (wenig abgegriffen), K 3/3 (deutlich korrodiert). Fd. Nr. B/2/2; FmZH, LNr. 4064; SFI 154–02.1:1.

113

Tetricus I. (271–274), Antoninian, Münzstätte II (Köln oder vielleicht Trier). Vs. (unlesbar). Rs. (FIDES MILITVM). Elmer 1941, 84 Nr. 782–784 (Trier); Besly/Bland 1983, 153 Nr. 2634–2638 (mint II). 1,442 g; 17,5/16,2 mm; 360°. Billon. Erhaltung: A 0/0 (unbestimmbar), K 3/3 (deutlich korrodiert). Fd. Nr. 42/1/1; FmZH, LNr. 4065; SFI 154–02.1:2.

3 Mittelalter

3.1 Geschirrkeramik

3.1.1 Randprofile von Töpfen

114

RS eines Topfes mit geschwungen ausladendem und ausdünnendem Lippenrand. Feine Magerung, harter Ton, Rinde aussen orange, Rinde innen und Kern grau. Inv. D/1/15.

115

RS eines Topfes mit geschwungen ausladendem, verdicktem Lippenrand. Feine Magerung, harter Ton. Rinde beige, Kern grau. Inv. D/1/16.

116, 117

2 RS von Töpfen mit verdicktem, direkt aus der Schulter steigendem Lippenrand. Feine Magerung, harter, grauer Ton. Inv. 39/4/9; 39/4/23.

–

RS eines Topfes wie *Kat. 116*. Inv. LM37761.

118–122

6 RS von Töpfen mit schräg bis horizontal ausladenden, unverdickten Lippenrändern. Feine Magerung, harter bis sehr harter grauer Ton. Inv. 39/4/10; T/3/4; C/1/1; 55/3/14; 36/2/3 (6 Passscherben).

–

RS eines Topfes wie *Kat. 118*. Inv. LM37766.

–

RS eines Topfes wie *Kat. 120*. Inv. LM37768.

–

6 RS von Töpfen wie *Kat. 121*. Inv. LM37738; LM37752; LM37755; LM 37759; LM37767; LM 37773.

–

2 RS von Töpfen wie *Kat. 122*. Inv. LM37721 (2 Passscherben); LM37772.

123–125

3 RS von Töpfen mit kurzem Hals und leicht überhängendem, unverdicktem, gerundetem Lippenrand. Feine Magerung, harter Ton. *Kat. 124* grau-braune Rinde und grauer Kern, *Kat. 123 u. 125* grau. Inv. H/1/18; 36/2/1; R/4/6.

–

9 RS von Töpfen wie *Kat. 123*. Inv. LM37727 (2 Passscherben); LM37728 (3 Passscherben); LM37739 (2 Passscherben); LM377745; LM37753; LM37763; LM37769; LM37770; LM37771.

–

5 RS von Töpfen wie *Kat. 124*. Inv. LM37754; LM 37756; LM 37758 (2 Passscherben); LM 37762 (2 Scherben); LM 37764.

126–128

3 RS von Töpfen mit kurzem Hals und unverdicktem, kantig abgestrichenem, leicht unterschnittenem Lippenrand. Feine Magerung, harter grau-beiger Ton. Inv. 55/3/18; 36/3/5; 94/2.

–

RS eines Topfes wie *Kat. 126*. Inv. LM37765.

–

RS eines Topfes wie *Kat. 127*. Inv. LM37740 (2 Scherben).

–

5 RS von Töpfen wie *Kat. 128*. Inv. LM37724 (2 Passscherben); LM37725 (2 Passscherben); LM37726; LM37731; LM37741.

129–132

4 RS von Töpfen mit verdicktem, deutlich überhängendem Lippenrand. Feine Magerung, harter grauer bis grau-brauner Ton. *Kat. 132* orange Rinde und grauer Kern. Inv. 39/3/1; 36/3/1; 55/3/17; 36/1/2.

–

4 RS von Töpfen wie *Kat. 129*. Inv. LM37723; LM37729 (2 Passscherben); LM37737 (2 Passscherben); LM37742 (2 Scherben).

–

2 RS von Töpfen wie *Kat. 131*. Inv. LM37730; LM37744.

–

RS eines Topfes wie *Kat. 132*. Inv. LM37736.

133–139

7 RS von Töpfen mit kurzem Hals und wulstig verdicktem Lippenrand. Feine Magerung, harter, grauer Ton. *Kat. 139* orange Rinde und grauer Kern. Inv. 77/1; D/1/17; R/1/6 (2 Passscherben); D/1/14; R/1/36 (2 Passscherben); 55/3/16; H/1/7.

–

2 RS von Töpfen wie *Kat. 133*. Inv. LM37748; LM37750.

–

2 RS von Töpfen wie *Kat. 134*. Inv. LM37735 (2 Passscherben); LM37743 (2 Scherben).

140–142

3 RS von Töpfen mit aussen kantig abgestrichenem Wulstrand. *Kat. 141* mit Wellenbanddekor. Feine Magerung, harter, grauer Ton. *Kat. 142* beige-orange Rinde und grauer Kern. Inv. 39/4/22; 39/4/8; 39/4/7.

143

Fragmentierter Topf, 19 Passscherben. Kurzer Hals, verdickter, horizontal ausladender Lippenrand. Feine Magerung, harter, grauer Ton. Inv. LM37720.

–

10 Scherben, zu *Kat. 143* gehörend. Inv. LM37720.

–

3 RS von Töpfen wie *Kat. 143*. Inv. LM37734 (2 Passscherben); LM37747; LM37749.

144, 145

2 RS von Töpfen mit kurzem Hals und Wulstrand. Feine Magerung, harter, grauer Ton. Inv. 23/135; 55/3/15.

–

2 RS von Töpfen wie *Kat. 144*. Inv. LM37733; LM37751.

146–148

3 RS von Töpfen mit knolligem Wulstrand. Feine Magerung, harter, grauer Ton. *Kat. 146* beige-orange Rinde, grauer Kern. Inv. X/1/7; 36/2/1; H/1/16 u. H/1/17 (2 Passscherben).

–

RS eines Topfes wie *Kat. 146*. Inv. LM37760.

149–153

5 RS von Töpfen mit ausgeprägtem Hals und schräg bis horizontal ausbiegendem, verdicktem Lippenrand. Feine Magerung, harter, grauer Ton. Inv. N/1/16; N/1/11; FF/2/19; 55/1/16; 37/1/1 (9 Passscherben).

154

RS eines Topfes mit ausgeprägtem Hals und aussen schräg abgestrichenem, kantigem Wulstrand. Feine Magerung, harter Ton. Rinde braun, Kern grau. Inv. X/1/6.

155

RS eines Topfes mit ausgeprägtem Hals und nach aussen umgeknicktem Lippenrand. Feine Magerung, harter Ton. Rinde beige-orange, Kern grau. Inv. A/1/1.

156

RS eines Topfes mit zylindrischem Hals und wulstig umgelegtem, unten horizontal abgestrichenem Lippenrand. Feine Magerung, harter, grauer Ton. Inv. N/1/17.

157

RS eines Topfes mit zylindrischem Hals und unverdicktem, geschwungen ausladendem Lippenrand mit Hängeleiste. Feine Magerung, harter Ton. Rinde orange, Kern grau. Inv. D/1/13.

158

RS eines Topfes mit zylindrischem Hals und sich verjüngendem, horizontal abgestrichenem Lippenrand. Feine Magerung, sehr harter, grauer Ton. Inv. W/2/22.

159

RS eines Topfes mit zylindrischem Hals und unverdickter Randleiste. Feine Magerung, harter, braun-grauer Ton. Inv. 55/1/17.

160–164

5 RS von Töpfen mit kurzem bis ausgeprägtem Hals und nicht unterschnittenem, unprofiliertem Leistenrand. Feine Magerung, harter, grauer Ton. *Kat. 164* orange Rinde und grauer Kern. Inv. F/2/1; 130 u. 131 (2 Passscherben); R/1/7; H/1/3; 33/1/5.

3.1.2 Dekortypen von Töpfen

165

WS eines Topfes mit zackig geschwungenem Wellenband. Feine Magerung, harter, grauer Ton. Inv. EE/1/11.

166

WS eines Topfes mit zwei übereinander liegenden, zackig geschwungenen Wellenbändern. Feine Magerung, harter, grauer Ton. Inv. R/1/35.

167

WS eines Topfes mit schwach ausgeprägter Furchung. Feine Magerung, harter, grauer Ton. Inv. 57/1.

168

WS eines Topfes mit schwach ausgeprägtem Riefendekor. Feine Magerung, harter, grauer Ton. Inv. I/1/27.

169

Schulterscherbe eines Topfes mit schwach ausgeprägtem Riefendekor. Feine Magerung, weicher, orange-brauner Ton. Inv. FF/2/21; FF/2/22 (2 Passscherben) .

3.1.3 Bodenscherben

170, 171

2 Linsenböden. Feine Magerung, sehr harter, grauer Ton. Inv. 55/3, 55/3/19 (2 Passscherben); 39/2/3.

172

Linsenboden. Feine Magerung, sehr harter Ton. Rinde innen beige, Rinde aussen und Kern grau. Inv. 39/4/24 .

173

Linsenboden. Feine Magerung, harter Ton. Rinde aussen braun-grau, Rinde innen orange, Kern grau. Inv. 132.

174, 175

2 Linsenböden. Feine Magerung, harter Ton. Rinde beige bis orange, Kern grau. Inv. 35/1/12 (2 Passscherben); B/1/1.

176

Linsenboden. Feine Magerung, harter Ton. Rinde innen braun-orange, Rinde aussen und Kern grau. Inv. EE/1/9.

–

7 Linsenböden. Feine Magerung, harter brauner bis grauer Ton. Inv. LM37783; LM37787; LM37788; LM37799; LM37812; LM37813; LM37816.

177

Standboden. Grobe Magerung, harter, grauer Ton. Inv. 42/1/6.

178–183

6 Standböden. Feine Magerung, harter, grauer Ton. Inv. B/4/5; 55/3/23; 39/4/12; AB/1/1; 39/4/17; 55/2/39.

–

3 Standböden, kleinfragmentiert und teilweise korrodiert. Feine Magerung, harter grau-brauner bis oranger Ton. Inv. 39/4/16; E/1/6; D/1/22 .

184–193

10 Standböden. Feine Magerung, harter Ton. Rinde innen orange bis braun-orange, Rinde aussen grau bis braun-orange. Kern grau. Inv. T/5/5; 34/1/1; 31/1/1; D/1/20; D/1/21; 55/3/24 (2 Passscherben); 55/3/21 (2 Passscherben); 39/4/15; O/1/6; D/1/23.

194–198

5 Standböden. Fuss mit leichtem Einzug. Feine Magerung, harter, grauer Ton. Inv. 55/3/20; A/4/23; 55/3/22, 39/4/14; T/1/2 .

199

Standboden mit Quellrand. Feine Magerung, harter, hellgrauer Ton. Inv. 55/2/38.

200

Standboden mit Bodenmarke in Form eines Radkreuzes. Feine Magerung, harter Ton. Rinde beige-orange, Kern grau. Inv. R/1/9.

–

Standboden mit Bodenmarke wie *Kat. 200*. Inv. LM37810.

–

18 Standböden. Feine Magerung, harter, grauer Ton. Inv. 39/4/13; LM37784; LM37785 (3 Scherben, davon 2 Passscherben); LM37789 (3 Scherben); LM37790; LM37791; LM37793; LM37795; LM37796; LM37797; LM37798; LM37800; LM37803; LM37803 (6 Passscherben, 3 dazugehörige WS); LM37804 (3 Passscherben, 4 dazugehörige WS); LM37805 (4 Passscherben, 3 dazugehörige WS); LM37811; LM37814; LM37815.

–

6 Standböden. Feine Magerung, harter, beiger bis oranger Ton. Inv. LM37782; LM37786; LM37792; LM37794; LM37807; LM37817 (2 Scherben).

–

16 Scherben eines Topfes. Davon 5 Passscherben der Wandung mit Bodenansatz, 2 Passscherben der Wandung mit Bodenansatz, 9 WS. Feine Magerung, harter, beiger bis grauer Ton. Inv. LM37806.

3.1.4 Grapen

201

Fragment eines Grapens mit trichterförmigem Hals und horizontal abgestrichenem Rand. Spitz geknickter Wulsthenkel mit plattgedrückter Ecke. Im Wandknick zwischen Hals und Bauch umlaufende, plastisch aus der Wandung gearbeitete Leiste. Feine Magerung, harter, grauer Ton. Inv. 55/1/15.

202

Fragment eines Grappengriffes, ähnlich *Kat. 201*. Im Knick abgebrochen. Feine Magerung, harter, grau-brauner Ton. Inv. 55/3/13.

203

RS eines Grapens mit trichterförmigem, leicht verdicktem und horizontal abgestrichenem Rand. Feine Magerung, harter, grauer Ton. Inv. D/1/1.

204

RS eines Gefässes mit leicht S-förmig geschwungenem Hals. Unverdickter, kantig abgestrichener Rand. Möglicherweise von einem Grapen stammend. Feine Magerung, harter, grauer Ton. Inv. 39/4/11.

205–208

4 Standbeine von Dreibeingefässen, wohl Grapen. *Kat. 207* mit ährenförmigem Kerbdekor auf der Aussenseite. Feine Magerung, harter Ton. *Kat. 205* grau, *Kat. 206 u. 207* graubraun, *Kat. 208* orange. Inv. 134; B/1/12; LL/1/1; T/1/4.

3.1.5 Varia

209

RS einer Bügelkanne mit geschwungen ausladender, unverdickter und vertikal abgestrichener Hängeleiste. Feine Magerung, harter Ton. Rinde aussen orange, Rinde innen graubraun, Kern grau. Inv. D/1/5.

210

RS einer Bügelkanne mit kurzem, kantig abgestrichenem Trichterrand. Feine Magerung, harter, grau-brauner Ton. Inv. G/1/5.

211

Fragment eines Napfes oder einer Schale, 8 Passscherben. Steile Wandung, unverdickte, gerundete Randlippe. Feine Magerung, harter Ton. Rinde orange, Kern grau. Inv. LM37718.

—

6 Scherben eines Napfes oder einer Schale wie *Kat. 211*. Inv. LM37718.

212

RS eines Napfes oder einer Schale, wie *Kat. 211*. Inv. C/1/2.

213

RS eines Gefässes mit konischer Wandung. Unverdickte, gerundete Randlippe. Möglicherweise von einer Schale oder Schüssel stammend. Feine Magerung, harter, grauer Ton. Inv. D/1/11.

214

RS eines Gefässes mit leicht S-förmiger, konischer Wandung. Unverdickte, gerundete Randlippe. Möglicherweise von einer Schüssel stammend. Feine Magerung, harter Ton. Rinde aussen orange, Rinde innen und Kern grau. Inv. 39/3.

215

RS eines Gefässes mit zylindrischer Wandung, feine Riefen an der Aussenseite. Unverdickter, horizontal abgestrichener Rand. Möglicherweise als Napf anzusprechen. Feine Magerung, harter, beiger bis oranger Ton. Inv. D/1/2.

216

RS eines Gefässes mit weit ausladender konischer Wandung. Unverdickter, schräg abgestrichener Rand. Möglicherweise von einer Schüssel stammend. Feine Magerung, harter, grauer Ton. Inv. D/1/4.

217

Fragmentierter Bandhenkel. Feine Magerung, harter Ton. Rinde orange, Kern grau. Inv. LM37775 u. LM37776 (2 Passscherben).

218

Fragmentierter Bandhenkel. Feine Magerung, harter Ton. Rinde orange, Kern grau. Inv. LM37777.

219

Fragmentierter Rundstabhenkel. Feine Magerung, harter, grauer Ton. Inv. LM37778.

220

Ausgusstülle. Feine Magerung, harter, oranger Ton. Inv. 37780.

221

Ausgusstüllenfragment. Feine Magerung, harter, oranger Ton. Inv. LM37781.

222

Fragment eines konischen Hohldeckels mit Ansatz des zentrischen Knopfgriffes. Feine Magerung, harter Ton. Rinde orange, Kern grau. Inv. 39/1/4.

223

Griffknopf eines konischen Hohldeckels. Feine Magerung, harter, grau-brauner Ton. Inv. N/1/22.

3.2 Ofenkeramik

3.2.1 Randprofile von Topfkacheln

224

RS einer Topfkachel. Deutlich konvex geschwungene Wandung, unverdickte, horizontal ausladende Randlippe. Feine Magerung, harter Ton. Rinde orange, Kern grau. Inv. H/1/15.

225

RS einer Topfkachel. Schlanke Gesamtform, unverdickte, horizontal ausladende Randlippe. Feine Magerung, harter Ton. Rinde orange, Kern grau. Inv. U/1/6.

226

RS einer Topfkachel. Schlanke Gesamtform, leicht konvex geschwungene Wandung. Leicht verdickte, schräg ausladende Randlippe. Feine Magerung, harter, oranger Ton. Inv. F/1/4.

3.2.2 Randprofile von Röhren- und Becherkacheln

227, 228

2 RS von Röhrenkacheln. Unverdickte, schräg ausladende Randlippen. Feine Magerung, harter, oranger bis beiger Ton. Inv. FF/2/18; 55/1/27 u. 55/1/28 (2 Passscherben).

229–235

7 RS von Röhrenkacheln. Unverdickte bis leicht verdickte, horizontal ausladende Randlippen. Feine Magerung, harter, oranger bis beiger Ton. Inv. H/1/4 u. EF/1/2 (2 Passscherben); FF/1/79; FF/1/76, FF/1/78; F/1/17; FF/1/14; F/1/2.

236–239

4 RS von Röhrenkacheln. Unverdickte, wulstig umgebogene Randlippen. Feine Magerung, harter, oranger bis beiger Ton. Inv. FF/1/6; FF/1/75; EE/1/1; FF/1/13.

—

RS einer Röhrenkachel wie *Kat. 238*. Feine Magerung, harter, oranger Ton. Inv. FF/1/74 .

240, 241

2 RS von Röhrenkacheln mit wulstig verdickten Randlippen. Feine Magerung, harter, oranger bis beiger Ton. Inv. F/2; 77/2.

242, 243

2 RS von Röhrenkacheln mit leicht wulstig verdickten Randlippen. Feine Magerung, harter, beiger Ton. Inv. 77/17; 77/17.

244, 245

2 RS von Röhrenkacheln mit horizontal ausladenden, sich verjüngenden Randlippen. Feine Magerung, harter, oranger Ton. Inv. F/2/6; FF/2/14.

246

RS einer Röhrenkachel mit horizontal ausladender, sich verjüngender Randlippe. Feine Magerung, harter, beiger Ton. Inv. F/2/3.

247–253

7 RS von Röhrenkacheln mit schräg bis horizontal ausladenden, sich verjüngenden Randlippen. Feine Magerung, harter, beiger bis grau-brauner Ton. Inv. FF/1/7; FF/1/77; E/1/7 u. FF/2/12 (2 Passscherben); 77/15; F/2/4; F/2/9; F/2/10.

254–256

3 RS von Becherkacheln mit schräg ausladenden, sich verjüngenden Randlippen. Feine Magerung, harter, oranger bis beiger Ton. Inv. F/1/1 u. F/2/11 (2 Passscherben); 35/1/26 u. 35/1/18 (2 Passscherben); FF/2/15.

257, 258

2 RS von Becherkacheln mit unverdickten, schräg ausladenden Randlippen. Feine Magerung, harter, oranger Ton. Inv. F/2/7; B/1/9.

259

Fragmentierte Röhrenkachel mit leicht verdickter und gerundeter Randlippe. Feine Magerung, harter, oranger Ton. Inv. F/2 u. F/2/12.

260

RS einer Becherkachel mit leicht ausladender, sich verjüngender Randlippe. Mittelfeine Magerung, harter, beiger Ton. Inv. D/1/6.

261, 262

2 RS von Becherkacheln mit leicht ausladender, gerundeter Randlippe. Feine Magerung, harter, oranger bis beiger Ton. Inv. 77/14; 77/4.

263–270

8 RS von Becherkacheln mit leicht verdickter und gerundeter Randlippe. Schwache Kehlung an der Randinnenseite. Feine Magerung, harter grauer bis beiger Ton. Inv. FF/2/9; FF/1/10; FF/2/10; F/1/3; FF/1/5 u. H/1/1 (2 Passscherben); 77/3; FF/1/4; 55/1/26.

–

RS einer Becherkachel wie *Kat. 269.* Inv. FF/1/9.

271–277

7 RS von Becherkacheln mit konkaver Wandung und unverdicktem oder leicht verdicktem, horizontal oder nach innen abgestrichenem Rand. Teilweise Ansatz zu abgesetzter Lippe. Feine Magerung, harter, oranger Ton. Inv. 35/1/17; EE/1/5; O/1/8; 35/1/13; N/1/14; 126; G/1/8.

–

2 RS von Becherkacheln wie *Kat. 277.* Inv. LM37880; LM37883.

278–284

7 RS von Becherkacheln mit konkaver Wandung und abgestrichenem, leicht gekehltem Rand. Verschieden stark abgesetzte Lippe. Feine Magerung, harter, oranger Ton. Inv. K/1/5; I/1/5; I/1/6; F/2/5; 55/1/22; 55/1/23; N/1/13 .

–

13 RS von Becherkacheln wie *Kat. 278.* Inv. D/1/3; F/1/5 u. F/2/8 (2 Passscherben); N/1/10; 30/1/2; 35/1/14; 35/1/15; 35/1/16; 35/1/20; 55/1/21; LM37878; LM37879; LM37881; LM37882.

285–291

7 RS von Becherkacheln mit trichterförmiger Mündung und Knick in der Wandung. Gekehlter Rand mit unterschiedlich stark abgesetzter Lippe. Feine Magerung, harter, oranger Ton. Inv. T/5/9; G/1; H/1/3; 55/1/24; D/1/7; T/5/10; B/1/13.

–

RS einer Becherkachel wie *Kat. 287.* Feine Magerung, harter, oranger Ton. Inv. H/1/2 .

292

Fragmentierte Becherkachel. Konische Wandung mit schwacher Riefung. Nach innen abgestrichene, abgesetzte Randlippe. An der Innenseite schwacher, leistenfömiger Absatz. Feine Magerung, harter, oranger Ton. Inv. 35/1/1 (5 Scherben).

293

Fragmentierte Becherkachel. Leicht konkave Wandung mit kaum spürbarer Riefung. Engere, deutlichere Riefung auf der Innenseite. Ausladende Randlippe mit Kehlung auf der Oberseite. Feine Magerung, harter, ziegelroter Ton. Inv. 111.

294, 295

2 fragmentierte Becherkacheln. Leicht konkave Wandung mit schwacher Riefung. *Kat. 294* mit engerer, deutlicherer Riefung auf der Innenseite. Ausladender, nach innen abgestrichener Rand. Feine Magerung, harter, Ton. *Kat. 294* ziegelrot bis orange, *Kat. 295* grau. Inv. 100; 112.

296, 297

2 RS von Becherkacheln. Konische Wandung, stark nach aussen gezogener Rand mit Kehlung auf der Oberseite. Feine Magerung, harter, oranger Ton. Inv. D/1/10; D/1/49.

298

RS einer Becherkachel. Konische Wandung mit ausgeprägter, durchgehender Riefung. Schwach nach innen abgestrichener Rand mit leicht abgesetzter Lippe. Feine Magerung, harter, oranger Ton. Inv. 127.

299

RS einer Becherkachel. Wandung mit ausgeprägten, durchgehenden Riefen. Unverdickter, ausladender Rand mit sich verjüngender Lippe. Feine Magerung, harter, oranger Ton. Inv. D/1/9 u. 30/1/1 (2 Passscherben).

–

RS einer Becherkachel wie *Kat. 299.* Inv. G/1/4.

300

RS einer Becherkachel. Leicht verdickter, nach aussen abgestrichener Rand. Enge, ausgeprägte Riefung auf der Innenseite. Mittelfeine Magerung, harter, oranger Ton. Inv. T/5/8.

301

RS einer Becherkachel. Leicht konische, geriefte Wandung. Unverdickter, horizontal abgestrichener Rand. Feine Magerung, harter, oranger Ton. Inv. F/2/13.

302–306

5 RS von Becherkacheln. Zylindrische Wandung mit schwach ausgeprägten Riefen. Verdickter, horizontal abgestrichener Rand. Feine Magerung, harter, oranger Ton. Inv. F/2/14; FF/2/13; 77/13; FF/1/11 u. FF/1/12 (2 Passscherben); FF/2/11.

–

3 RS von Becherkacheln wie *Kat. 303 u. 304.* Inv. F/1/6; FF/2/16; FF/2/17.

307–310

4 RS von Becherkacheln. Zylindrische Wandung mit weit auseinanderliegenden, breiten Furchen. Stark abgesetzter Rand mit Kehlung auf der Oberseite. Feine Magerung, harter, oranger bis beiger Ton. Inv. 121; FF/1/3 u. FF/2/20 (2 Passscherben); FF/1/8; E/1/11.

311–314

5 RS von Becherkacheln. Zylindrische Wandung mit weit auseinanderliegenden, breiten Furchen. Geschwungen ausladender Rand mit Kehlung auf der Oberseite. Feine Magerung, harter, oranger bis beiger Ton. Inv. F/1/16; K/1/4; D/1/12; EE/2/2; 62/1/2.

—
RS einer Becherkachel wie *Kat. 311*. Inv. LM37877.

3.2.3 Bodenfragmente von Röhren- und Becherkacheln
315
BS einer Röhrenkachel mit leicht konvexer Wandung. Feine Magerung, harter, oranger Ton. Inv. FF/1/86, FF/1, FF/1/44, FF/1/30 (4 Passscherben).

—
39 BS von Röhrenkacheln wie *Kat. 315*. Inv. FF/1/91; 55/1/30; FF/1/94; 77/8; FF/1/25 u. FF/1/15 (2 Passscherben); 33/3/1; FF/1/19; 33/1; FF/1/43; FF/1; FF/1/42; 77/9 u. 77/10 (2 Passscherben); 55/1/33; 31/4/3; FF/2/28; 30/1/4; 35/1/8; 77/5; FF/1/39; 55/1/31; 77/6; FF/2/20; G/1/7; I/1/3; C/1/3; F/2/17; 35/1/10; FF/1/21; FF/1/24; EF/1/3; FF/2/25; FF/1/37; FF/1/34; E/1/9 u. E/1/10 (2 Passscherben); FF/1/27; FF/1/28 u. FF/1/29 (3 Passscherben); 39/1/5; LM37884; LM37885; LM37895.

—
27 BS von Röhrenkacheln wie *Kat. 315*. Unterschiedlich stark ausgeprägte Quellränder. Inv. FF/1/92; FF/2/24; FF/1/81 u. FF/1/97 (2 Passscherben); FF/1/96; FF/1/40; 77/9; FF/1/22 u. FF/1/26 (2 Passscherben), I/1/1; EF/2/1; FF/1/97; B/1/10; AC/1; FF/1/41; E/1/2; FF/2/29; 30/5; FF/1/31; 55/1/34; FF/1/45; FF/1/36; H/1/46; LM37886; LM37887; LM37889; LM37890; LM37891; LM37893.

316
BS (8 Passscherben) einer Röhrenkachel mit leicht konvexer Wandung. Feine Magerung, braun-oranger Ton. Inv. F/2.

317
BS einer Röhrenkachel mit leicht konvexer Wandung. Einseitig stark ausgeprägter Quellrand, hier Fuss von der Wandung abgesetzt. Mittelfeine Magerung, Harter, beiger Ton. Inv. 77/18 .

—
3 BS von Röhrenkacheln wie *Kat. 317*. Verschieden stark ausgeprägte Quellränder. Inv. FF/1/93; FF/1/95; FF/1/16, FF/1/33 u. FF/1/35 (3 Passscherben).

318
BS einer Becherkachel mit konvexer Wandung. Fuss mit kaum spürbarem Einzug. Feine Magerung, harter, beige-oranger Ton. Inv. 35/1/7.

319
BS einer Röhrenkachel mit zylindrischer Wandung. Fuss mit leichtem Einzug. Bodenmarke in Form eines vierspeichigen Rades. Feine Magerung, harter, braun-oranger Ton. Inv. 120.

320
BS mit Wandungsansatz einer Röhrenkachel. Wohl zylindrische Wandung. Sehr dünner, in der Mitte omphalosartig aufgewölbter Boden. Feine Magerung, harter Ton. Rinde orange, Kern beige. Inv. T/5/7.

321
BS einer Röhrenkachel mit zylindrischer Wandung. Schwacher Quellrand. Feine Magerung, harter Ton. Rinde orange, Kern grau. Inv. 35/1/6.

—
3 BS von Röhrenkacheln wie *Kat. 321*. Verschieden stark ausgeprägte Quellränder. Feine Magerung, harter Ton. Rinde beige bis orange, Kern grau. Inv. N/1/21; G/1/1; 115.

322
BS einer Röhrenkachel mit schwach geriefter, zylindrischer Wandung. Einseitig deutlicher Quellrand. Feine Magerung, harter Ton. Rinde orange, Kern grau. Inv. N/1/20.

—
4 BS von Röhrenkacheln wie *Kat. 322*. Schwach ausgeprägte Quellränder. Feine Magerung, harter, beiger bis braun-oranger Ton. Inv. 35/1/5; H/1/10; 35/1/32; H/1/9.

323
BS (6 Passscherben) einer Röhrenkachel mit konvexer Wandung. Bodenmarke in Form eines vierspeichigen Rades. Feine Magerung, harter, beige-oranger Ton. Inv. M4/1/3.

—
28 BS von Röhrenkacheln wie *Kat. 323*. Inv. 103, 105, 106, FF/2/13, 55/1/29, K/1/2 und I/1/2 mit Resten einer Bodenmarke in Form eines vierspeichigen Rades. Inv. 35/1/4 und 118 mit durchschlagenem Boden. Inv. 117; 106; 103; 105; 122; 55/1/29; F/2/18; FF/2/23; FF/2/27; I/1/1; FF/1/23; 77/7; FF/2/26; G/1/6; K/1/2; KL/1/1; FF/1/98; D/1/19; H/1/6; FF/1/32; T/2/31; H/1/2; AC/1; FF/1/38; G/1/2; 35/1/4; 118; 35/1/9.

324
BS einer Röhrenkachel. Leicht konvexe Wandung mit breiten Riefen im oberen Bereich. Schwacher Quellrand. Feine Magerung, harter, beiger bis oranger Ton. Inv. 35/1/2.

325
BS einer Becherkachel. Schwach geriefte, leicht konkave Wandung. Boden mit Quellrand und Marke in Form eines vierspeichigen Rades. Feine Magerung, harter, grauer Ton. Inv. 125.

—
2 BS von Röhrenkacheln wie *Kat. 325*. Radkreuzmarke auf Inv. 116. Inv. 116; 113.

326
BS einer röhrenförmigen Becherkachel. Schwach geriefte, leicht konkave Wandung. Boden mit Quellrand. Feine Magerung, harter, beiger bis grauer Ton. Inv. 114.

327
BS einer Röhrenkachel. Unregelmässig aber deutlich geriefte, zylindrische Wandung. Boden mit deutlichem Quellrand. Feine Magerung, harter Ton. Rinde orange, Kern grau. Inv. 108.

328
BS (8 Passscherben) einer Becherkachel. Konkave Wandung mit schwacher Riefung. Feine Magerung, harter Ton. Rinde orange, Kern grau. Inv. N/1/19.

329
BS einer röhrenförmigen Becherkachel. Leicht konkave Wandung mit stark ausgeprägten Riefen auf der Aussenseite. Boden mit schwachem Quellrand. Feine Magerung, harter, beiger bis oranger Ton. Inv. 107.

330
BS einer röhrenförmigen Becherkachel. Zylindrische Wandung mit stark ausgeprägten, durchgehenden Riefen. Boden mit deutlichem Quellrand. Feine Magerung, harter, grauer Ton. Inv. 109.

331
BS (2 Passscherben) einer röhrenförmigen Becherkachel. Zylindrische Wandung mit schwacher Riefung. Leichter Quellrand. Feine Magerung, harter, oranger Ton. Inv. 104 .

—
5 BS von röhrenförmigen Becherkacheln wie *Kat. 331*. Inv. M4/1/3 (6 Passscherben); 35/1/3 (4 Passscherben); N1/20; 103; 106.

332, 333
2 BS von Becherkacheln. Verschieden stark konkav geschwungene Wandung mit schwacher Riefung. Feine Magerung, harter,

oranger Ton. In Form und Materialbeschaffenheit identisch mit *Kat. 294.* Inv. 101 (2 Passscherben); 102 (5 Passscherben).

334
BS einer Becherkachel, mit Lehm gefüllt. Konische Wandung mit breiten Furchen in der Art von *Kat. 307–310.* Feine Magerung, harter, oranger Ton. Inv. F/2.

335
BS einer Becherkachel. Leicht geriefte, zylindrische Wandung. Feine Magerung, harter Ton. Rinde orange, Kern grau. Inv. D/1/18.

–
BS einer Becherkachel wie *Kat. 335.* Inv. 124.

336
BS einer Röhrenkachel mit zylindrischer Wandung. Leicht von der Wandung abgesetzter Fuss. Boden mit unregelmässigem Quellrand und schwachen Resten einer Radkreuz-Bodenmarke. Feine Magerung, harter, oranger Ton. Inv. 37/1/2.

337, 338
2 BS von Becherkacheln mit Ansatz einer leicht konischen Wandung. Schwach von der Wandung abgesetzter Fuss. *Kat. 338* mit Bodenmarke in Form eines Radkreuzes. Inv. O/1/4 u. U/1/2 (2 Passscherben); T/5/6.

–
8 BS von Becherkacheln wie *Kat. 338.* Reste von Radkreuz-Bodenmarken auf Inv. FF/2/32 und KL/1. Inv. FF/2/32; FF/2/31; 32/2/6; K/1/1; K/1/6; O/1/5; H/1/4; KL/1.

339
BS (19 Scherben) einer Becherkachel. Zylindrische Wandung mit breiten Furchen in der Art von *Kat. 307–310.* Fuss leicht von der Wandung abgesetzt. Bodenmarke in Form eines Radkreuzes. Inv. F/2.

–
4 BS von Becherkacheln wie *Kat. 339.* Radkreuz-Bodenmarken auf Inv. 128 und 55/1/35. Inv. 128; H/1/8; 55/1/35; G/1/3.

340
BS einer Becherkachel mit Ansatz einer leicht konischen Wandung. Deutlich von der Wandung abgesetzter Fuss. Schwach ausgeprägter Quellrand, stark verschliffene Reste einer Radkreuz-Bodenmarke. Inv. 119.

341, 342
2 BS von Becherkacheln. Deutlich ausgeprägte Bodenmarke in Form eines Radkreuzes. Inv. 129; 123.

3.3 Stein
343
RS eines Specksteingefässes, vermutlich eines Napfes oder einer Schüssel. Steile Wandung, aussen und inwendig feine Drehrillen. Berussung an der Aussenseite. Feine, dünnwandige Verarbeitung, graues, eher hartes Steinmaterial. Inv. 39/4.

–
14 RS von Specksteingefässen wie *Kat. 343.* Wohl vom selben Geschirr. Inv. 39/4; 13 Scherben Inv. LM37916.

344
Gefässdeckel aus Lavez. Gehört wohl zum Gefäss *Kat. 343.* Inv. LM27916.

345
Fragment eines Wetzsteines aus Spongienkalk, stark abgenutzt. Inv. FF/2/8.

346
Fragment eines Wetzsteines aus Spongienkalk. Inv. LM37920.

3.4 Bein
347
Nuss einer Armbrust. Runde, gedrehte Geweih- oder Hornwalze von 1,9 cm Durchmesser, schwarz. Zentrale Drehachse, Sehnenrast über die ganze Breite der Walze. An diese anschliessend eine tiefe Rille für den Schaft des Bolzens. Auf der gegenüberliegenden Seite Rast für den Abzugsbügel. Inv. B/5/27.

348
Ortband einer Messer- oder Dolchscheide. Inv. 39/1/3.

349
Griff aus Bein. Inv. 55/2/5.

350
Polierte Platte aus Bein mit zwei Kupfernieten. Inv. W/2/2.

351
Poliertes Beinfragment mit drei eingesägten Kerben. Inv. –.

352
Knochenplättchen, beidseitig poliert. Inv. EF/3/80.

353
Angesägter Röhrenknochen, am unteren Ende gebrochen, am oberen Ende durchsägt. Inv. N/1/8.

354
Werkabfall oder Halbfabrikat mit drei ebenen, polierten Seiten. In einer Ecke einer Seite Lochbohrung wie bei einem Würfel. Ein zweites Loch auf der unbearbeiteten Rückseite. Inv. G/1/10.

355
Hornring, vom vorderen Teil einer Geweihstange. Inv. R/1/11.

–
6 kleine Werkabfälle oder Halbfabrikate aus Bein. B/7/2 und B/3/3 verbrannte Knochen. Inv. FF/1/2; EE/1/8; H/1; 55/2/2; B/7/2; B/3/3.

356
Werkabfall. Unterer Teil einer rechten Hirschgeweihstange. Stange knapp über dem Rosenstock vom Schädel getrennt. Augs- und Eissprosse abgesägt. Knapp unterhalb der Mittelsprosse unterer vom oberen Teil der Stange getrennt. Inv. EE/1/7.

357
Werkabfall. Unterer Teil einer Hirschgeweihstange. Bearbeitungsspuren deutlich erkennbar. Inv. –.

358
Halbfabrikat aus Hirschgeweih. Rosenstock, oben würfelförmig geschnitten, unten Reste der Schädeldecke zu erkennen. Inv. B/1/8.

–
9 Geweihsprossen wohl von Hirschgeweihen. Unterschiedlich stark verschliffen. Inv. 150; 151; 152; 153; 154; 155; 156; LM37917; LM37918.

–
Fragment einer Hirschgeweihstange, Länge 6 cm. An beiden Enden abgesägt. Inv. B/1/11.

–
Fischwirbel. Inv. 39/4; 55/3.

3.5 Eisen

3.5.1 Waffen

359

Fragment einer Flügellanzenspitze, 383,7 g. Beim Übergang von Klingenschaft zu Blatt gebrochen. Tülle zehnkantig, Klingenschaft achtkantig. Kanten teilweise verrundet. Ansätze zweier abgebrochener, ungleich aus der Tülle geschmiedeter Flügel. Inv. 34/2/2.

360

Parierplatte eines Dolches oder Dolchmessers. Inv. 85.

361

Geschossspitze mit langen, geraden, spitz ausgezogenen Flügeln. 32,5 g. Inv. B/1/4.

362–365

4 Geschossspitzen mit pyramidalem Blatt und quadratischem Querschnitt. Inv. H/1/10; –; 39/3/5; 2.

366

Geschossspitze, lanzettförmig, mit schlanker Tülle und leicht von der Tülle abgesetzter, langer, schmaler Spitze von rhombischem Querschnitt. 9,2 g. Inv. 19.

367

Geschossspitze, lanzettförmig, mit schlanker Tülle und lorbeerblattförmiger, langer Spitze von rhombischem Querschnitt. 23,8 g. Inv. R/1/2.

368–377

10 Geschossspitzen mit lanzettförmigem Blatt und rhombischem Querschnitt. Inv. 18; D/2/1; F/1/15; 13; 11; 7; 16; 33/1/1; R/1/28; LM nicht inventarisiert.

378–396

19 Geschossspitzen mit weidenblattförmigem Blatt und rhombischem Querschnitt. Inv. 5; 14; 3; 17; 1; 9; 12; 8; 4; 10; 15; 6; 42/1/7; LL/1/1; L/1/3; 34/1/4; 33/1/2; EF/1/1, LM nicht inventarisiert.

397

Geschossspitze mit langer Tülle und kurzer, von der Tülle abgesetzter Spitze mit dreieckigem Querschnitt. 13,2 g. Inv. 22.

–

2 korrodierte Geschossspitzen, 2 korrodierte Tüllenfragmente. 31,7 g; 27,1 g; 13,5 g; 17,4 g. Inv. 39/1/4; 39/2/1; N/1/2; 34/1/6.

3.5.2 Pferdezubehör und Reitzeug

398–417

20 ganze oder fragmentierte Hufeisen. Schmale Ruten mit verschieden deutlich ausgeprägten Wellenkonturen und jeweils drei Nagellöchern pro Rute. Rutenenden zu Stollen aufgeschmiedet. Diese unterschiedlich stark abgenutzt. Inv. E/1/5; 64; 66; 68; 58; 59; 60; 61; 63; 62; H/1/13; F/2/24; 36/1/1; O/1/3; R/1/3; D/1/31; B/1/7; H/1/14; H/1/15; N/1/1.

–

3 kleine Hufeisenfragmente, korrodiert. Wohl von Eisen mit Wellenkonturen. Inv. H/1/22; 55/2/37; O/1/2.

418–420

3 Fragmente von Hufeisen mit breiten, mondsichelartig sich verjüngenden Ruten. Quergehämmerte, reichlich abgenutzte Gradstollen an den Rutenenden. *Kat. 418* mit vier Nagellöchern, in deren dreien noch Nägel stecken. Inv. K/1/3; F/2/25; I/1/22.

421–430

10 Griffnägel mit verschieden geformten Köpfen. Inv. 30/1; W/3; H/1; D/1; H/1; 34/1; 31/4; B/1/6; T/2; H/1/11.

431

Stachelsporn, korrodiert. Leicht geschwungene Schenkel von ovalem Querschnitt. An den Enden zu runden Nietplatten ausgeschmiedet. Niete erhalten. Abwärts geneigter Stimulus von konvex geschwungener Kegelform auf kurzem, gedrungenem Schaft. Inv. 40/1/8.

432

Stachelsporn, fragmentiert. Stark geschwungener Bügel von D-förmigem Querschnitt. Am Bügelende nierenförmige Nietplatte, Niete erhalten. Abwärts geneigter Stimulus: lange Spitze mit konkavem Kantenverlauf über konvex geschwungener Basis, quadratischer Querschnitt. Kurzer, schlanker Stimulusschaft. Inv. 57.

433

Fragment eines Pferdestriegels. U-förmig gebogenes, beidseitig gezähntes Eisenblech. Seitenränder umgefalzt. Auf dem Striegelrücken angenietet zwei eiserne, in eine Angel zusammenführende Griffarme. Eigentlicher Griff aus organischem Material nicht erhalten. Inv. 46.

3.5.3 Schnallen

434

Schnalle. Schlank, hochrechteckig mit gerundeten Schmalseiten, runder Querschnitt. Inv. 56.

435

Schnalle, dreiteilig. Die Dornrast mit rundem Querschnitt und abgesetzten, halbkugeligen Enden wird vom U-förmigen Schnallenrahmen mit rechteckigem Querschnitt umfasst. Inv. 54.

436

Dornrast einer dreiteiligen Schnalle. Runder Querschnitt, abgesetzte, halbkugelige Enden. Inv. B/4/12.

437–440

4 Schnallen und Schnallenfragmente verschiedener Grösse, D-förmig. Inv. 50; 55; W/2/1.

441

Schnalle, hochrechteckiger Rahmen mit rechteckigem Querschnitt. Inv. 53.

442, 443

2 Schnallen, hochrechteckiger Rahmen mit rechteckigem Querschnitt. Bei *Kat. 442* Dornrast mit Blechtülle eingefasst. *Kat. 443* mit zungenartig ausgeschmiedeter Dornauflage, Dornrast rechts und links davon mit Blechtülle eingefasst. Inv. 51; 52.

3.5.4 Messer

444

Messer mit leicht konvex gerundetem Rücken. Inv. –.

445

Fragment eines Messers mit leicht konvex gerundetem Rücken. Inv. 37.

446

Fragment eines Messers mit leicht konkavem Rücken. Inv. –.

447

Fragment eines Messers (2 Teile). Form der Klinge nicht mehr sicher bestimmbar. Lange schlanke Angel mit Resten des Holzgriffes. Inv. 34/1.

3.5.5 Möbelbestandteile

448

Schlossband einer Truhe. Abgewinkeltes Band mit angenieteter Öse. Inv. –.

449

Möbelbeschlag für eine bewegliche Verbindung. Eisenblech, U-förmig gebogen. Beide Enden als Band mit je zwei Nagellöchern. Massiver U-förmiger Mittelteil mit gerundetem Querschnitt. Inv. 31.

450

Möbelbeschlag, wohl ein Schlüsselschild. Spitzovale Form, Spitzen zu rechteckigen Fortsätzen ausgeschmiedet. Vier Nagellöcher, in einem noch ein Nagel steckend. Inv. 32.

451

Fragmentiertes Band aus Eisenblech mit Einzug an der einen Seite. Zwei Nagel- oder Nietlöcher. Inv. –.

3.5.6 Tür- und Schlossbestandteile

452

Massiver Türkloben, aus einem Stück geschmiedet. Runder Zapfen mit gleichbreiter, flachrechteckiger Angel. Angel am Ende T-förmig verdickt. Inv. 43.

453

Kleiner Kloben, aus einem Stück geschmiedet. Runder Zapfen mit gleichbreiter, flachrechteckiger Angel. Diese am Ende rechtwinklig hochgeschmiedet. Inv. GG/1/1.

454

Kleiner Kloben, zweiteilig. Angel um den oben spitz zulaufenden Zapfen geschmiedet. Inv. 32/2.

455

Türkloben, zweiteilig. Angel um den oben spitz zulaufenden Zapfen geschmiedet. Inv. X/1.

–

Türkloben wie *Kat. 455*. Inv. 36/1/1.

456

Türring aus einem Stück. Flach geschmiedeter und zum Ring umgebogener Eisenstab. Angel vierkantig und zum Ende spitz zulaufend. Inv. 30.

457

Riegelrast. Vierkantiger Eisenstift, vorne rundlich flachgeschmiedet und rechtwinklig hochgebogen. Hinterer Teil als Widerhaken ausgeschmiedet. Inv. 26.

458

Kleiner Schlüssel mit dreifachem Schaft. Einfach gestalteter Bart, beinahe quadratischer, übereck gestellter Griff, halbrunde Eckverzierungen. Inv. T/5/11.

459, 460

2 kleine Schlüssel mit massivem Schaft. Einfach gestalteter S-förmiger Bart, quadratischer, übereck gestellter Griff. Inv. 55/2/1; H/1/9.

461

Kleiner Schlüssel, aus einem Stück flach geschmiedet. Schaft gespalten, quadratischer Bart, rechteckiger übereck gestellter Griff. Inv. R/6/2.

462–464

1 mittelgrosser und 2 grosse Schlüssel. Hohler Schaft, runder Griff, Bart bei *Kat. 463* ganz, bei *Kat. 464* halb und bei *Kat. 462* nicht erhalten. Inv. 35; 34; 33.

–

2 Griff-Fragmente von grossen Schlüsseln. Inv. –.

–

Kleiner Schlüssel wohl mit hohlem Schaft und rundem Griff. Stark korrodiert und gebrochen. Inv. D/1/50.

465

Kleiner Schlüssel. Stark korrodiert. Flach geschmiedet, wohl mit massivem, nicht durchbrochenem Griff. Inv. T/3/5.

3.5.7 Werkzeug und Gerätschaften

466

Kopf einer Spitzhaue, 2294,2 g. Vierkantiger Querschnitt. Hochtrapezförmiges Schaftloch. Inv. 55/1/1.

467

Klinge eines Gertels. Gerade Schneide, die in einem abwärts geschwungenen Haken endet. Stark korrodiertes Stück, Griffangel nicht mehr vorhanden. Inv. B/5/30.

468

Klinge eines Gertels, leicht konvex geschwungene Schneide, die in einem Haken endet, dieser abgebrochen. Schwach konkav geschwungener Rücken, der zur Spitze hin abknickt. Leicht von der Klinge abgesetzte, nach hinten spitz zulaufende Griffangel mit wenigen Resten des Holzgriffes. Fischgratförmige Schlagmarken auf der Klinge. Inv. 41.

469

Klinge eines kleinen Beiles, 273,5 g. Geschwungene Schneide. Kein Schaftloch, im Nacken Ansatz eines Griffes oder einer Griffangel. Inv. 42/2/8.

470

Schneideneinfassung einer Schaufel mit Holzblatt. Inv. 45.

471

Hammer, 925,1 g. Schlanke Form, flachrechteckiger Querschnitt. Beide Schlagflächen gestaucht. Im Bereich des Schaftloches verbreitert. Inv. 42.

472

Hammer mit Geissfuss, 156,4 g. Rechteckiger Querschnitt mit gebrochenen Kanten. Schlagfläche gestaucht. Schaftloch durch seitlich ausgeschmiedete halbrunde Lappen verstärkt. Inv. AC/2/1.

473

Rebmesser, ganz erhalten. Lange, dünne Griffangel. Dünne, stark geschwungene Klinge. Inv. 36.

474

Kleines zangenartiges Gerät. Die drei ganz erhaltenen, schlanken, vierkantigen Schenkel an den Enden umgebogen. Inv. I/1/9.

475

Fragment eines Löffelbohrers. Runder Schaft, Spitze abgebrochen. Oberes Ende breitgeschmiedet als Halterung des Bohrergriffes. Inv. 40.

476

Grosser Meissel, 27,5 cm, 249,8 g. Achtkantiger Schaft, Schlagfläche kaum gestaucht. Inv. 38.

477

Kleiner Meissel, 19,5 cm, 103,4 g. Vierkantiger Schaft, Schlagfläche gestaucht. Inv. 39.

478

Fragmentierter und verbogener kleiner Meissel, 46,0 g. Runder Schaft. Inv. R/1/29.

479

Fragmentiertes Kettenglied mit ovalem Umriss. Inv. 28.

480

2 fragmentierte Kettenglieder mit vierkantigem Querschnitt. Das einzelne Glied in der Mitte zusammengeschmiedet. Inv. 29.

3.5.8 Teuchelringe
481–488
8 Teuchelringe, aus Bandeisen gefertigt. *Kat. 488* deutlich massiver, mit keilförmigem Querschnitt und Nagelloch. Einige Stücke mit reichlich Holzresten. Durchmesser aussen 9,8 cm; 9,8 cm; 9,9 cm; 9,0 cm; 9,7 cm; 7,7 cm; 6,7 cm; 8,7 cm. Inv. 72; 71; 70; 69; 68; –; –; 67.

–

2 kleine Fragmente von Teuchelringen wie *Kat. 481–488*. Inv. 83; 84.

3.5.9 Nägel
489–491
3 Nägel. Schlanke, vierkantige Stifte mit rechteckigem Querschnitt. Breitgeschlagene, einseitig abgeschmiedete Köpfe. Inv. W/2; I/1; 52/2.

492
Nagel. Schlanker, vierkantiger Stift mit rechteckigem Querschnitt. Flacher Kopf mit rechteckigem Umriss, dünn ausgeschmiedet. Inv. 25.

493
Nagel. Schlanker Stift, oben mit rundem, unten mit rechteckigem Querschnitt. Flacher Kopf mit rechteckigem Umriss, dünn ausgeschmiedet. Inv. H/1/13.

494, 495
2 Nägel. Lange vierkantige Stifte mit rechteckigem Querschnitt. Griffnagelähnlich, rautenförmig breit-geschmiedete Köpfe. Inv. X/1/5; 23.

496–498
3 Nägel. Vierkantige Stifte mit rechteckigem oder quadratischem Querschnitt. Runde kalottenförmige Köpfe. Inv. 55/2; 42/1/2; H/1/28.

3.5.10 Varia
499
Eisenobjekt unbekannter Verwendung, fragmentiert. Vierkantiger Stift, unten genutet und wohl in zwei Arme auslaufend. Möglicherweise Nagelzieheisen. Inv. 27.

500, 501
2 Eisenbänder. Stärke 1,5 mm. Inv. 87; 35/1/25.

–

Eisenband wie *Kat. 500*. Inv. 86.

502
Kleiner Haken mit Öse versehen. Inv. –.

503
Eisenstift mit rundem Querschnitt. Am einen Ende flachgeschmiedet und hakenartig rechtwinklig hochgebogen. Inv. –.

504
Fragmentierter Eisenbügel, halbrund, mit ovalem Querschnitt. An der einen Seite korrodierter Fortsatz in der Art eines Schlüsselbartes. Inv. W/3/85.

505
Eisenplättchen, steigbügelartig flachgeschmiedet, Stärke 4 mm. Beidseitig in vierkantige, rechtwinklig hochgeschmiedete Angeln übergehend. Inv. O/1/9.

506
Spachtelartiges Gerät. Kurzer Griff mit ovalem Querschnitt. beide Enden zungenförmig ausgeschmiedet. Inv. 32/2.

–

Fragment eines massiven eisernen Reifes, 655,2 g. Mündungsdm. 5,5 cm. Breite 6 cm, Stärke 1,3–2,3 cm keilförmig. Inv. 47.

–

2 vierkantige Eisenstäbe mit flachrechteckigem Querschnitt. Länge 40 cm, Breite 3 cm, Stärke 1 cm. Gewicht 844,2 g resp. 891,2 g. Inv. B/5/31; B/5/32.

–

2 Stücke Eisenschlacke, 169,2 g. Inv. A/4/9; A/4/10.

3.6 Buntmetall
3.6.1 Bronzegrapen
507
Fragment eines Bronzegrapens. Eher konische Form mit tiefem Schwerpunkt. Dreirilliges Band als Wandungsdekor. Möglicherweise Bruchstelle einer Bügelgrifföse. Das Stück scheint stark verbogen, wohl durch zu grosse Hitze aus seiner ursprünglichen Form gebracht. Inv. 48; 49.

508
Standbein eines Bronzegrapens mit dreieckigem Querschnitt. Schwach abgeknickter Fuss. Inv. 48.

3.6.2 Varia
509, 510
2 dünne Bänder aus Kupfer oder Bronze mit jeweils fünf Nagellöchern. Beschläge. Inv. 81; 80.

–

Flachrechteckige Bänder verschiedener Länge wie *Kat. 509 u. 510*. Inv. 79; 77; 73.

511
Beschlagplatte aus Kupfer oder Bronze, rechteckig. Eine Ecke beschädigt. Drei Nietlöcher, in einem steckt noch ein Niet. Inv. A/1/6.

512
Zierbeschlag. Schmales Stäbchen aus Kupfer oder Bronze mit rechteckigem Querschnitt. In Abständen von ca. 4 cm zu stilisierten Rosetten ausgestaltet. Eine der drei Rosetten durchlocht. Inv. B/1/3.

513
Zierbeschlag. Stäbchen aus Kupfer oder Bronze mit Wellenkonturen, verursacht durch spitzovale Punzierungen. Am einen Ende durchloch und wohl zum Ring ausgearbeitet. Dieser nur noch im Ansatz erhalten. Inv. –.

514
Zierbeschlag. Rautenförmiges Stäbchen aus Kupfer oder Bronze mit rechteckigem Querschnitt. Vergoldet und mit Kerben versehen. An allen vier Ecken durchlocht, in einem Loch steckt ein Nagel. An der gegenüberliegenden Seite wohl Fortsatz einer nächsten Raute. Dieser zurückgebogen. Inv. FF/2/7.

515
Beschlag. Längliches Plättchen aus Kupfer oder Bronze mit feiner Punzenverzierung. Am einen Ende zwei leicht gebogene Zungen. Insgesamt drei Nietlöcher. Möglicherweise Bestandteil eines Kästchenverschlusses oder einer Buchschliesse. Inv. G/1/11.

516
Beschlag. Hauchdünnes Kupfer- oder Bronzeblech mit nadelspitzengrossen Punzenlinien. Inv. M4/1/4.

517
Zierscheibe aus Kupfer oder Bronze. Kleine Fortsätze an zwei Seiten. Inv. G/1/9.

518
Ring mit Öse. Flachrechteckiger Querschnitt. Einseitig vergoldet. Inv. A/1/5.

519
Kurzes Band aus Kupfer- oder Bronzeblech. Eine Langseite als Randverstärkung umgeschmiedet. Inv. 36/2.

—

2 Stück Kupfer- oder Bronzeschlacke. Inv. A/4/19; A/4/20.

3.7 Münzen

520
Zürich, Fraumünsterabtei. Pfennig (2. Hälfte 11. Jh.). Vs. Kirchenfassade (in Resten erkennbar). Rs. Kugelkreuz mit Ringeln in den Winkeln; Buchstabenreste. Geiger 1984, Nr. 3a/b. o. Gewicht (mehrere Fragmente, geklebt und auf Glas fixiert); ca. 16 mm; keine Ausrichtung. Silber. Erhaltung: A 2/2 (wenig abgegriffen), K 4/4 (stark korrodiert). FmZH, LNr. 2543; SFI 154−02.2:1.

521
Zürich, Fraumünsterabtei. Pfennig (2. Hälfte 11. Jh.). Vs. Kirchenfassade, unter Trauflinie kleines Quadrat; Buchstabenreste. Rs. Kugelkreuz mit Ringeln in den Winkeln; Buchstabenreste. Geiger 1984, Nr. 3c var. (Quadrat unter Trauflinie). o. Gewicht (mehrere ausgebrochene Fragmente, geklebt und auf Glas fixiert); ca. 16 mm; keine Ausrichtung. Silber. Erhaltung: A 2/2 (wenig abgegriffen), K 4/4 (stark korrodiert). FmZH, LNr. 2544; SFI 154−02.2:2.

522
Zürich, Fraumünsterabtei. Pfennig (2. Hälfte 11. Jh.). Vs. Kirchenfassade(?). Rs. Kugelkreuz mit Ringeln(?) in den Winkeln. Geiger 1984, Nr. 3 Typ. o. Gewicht (grosses u. zwei kleinere Fragmente, geklebt und auf Glas fixiert); Dm. nicht bestimmbar; keine Ausrichtung. Silber. Erhaltung: A 0/0 (nicht bestimmbar), K 4/4 (stark korrodiert). FmZH, LNr. 2545; SFI 154−02.2:3.

3.8 Unbestimmbares

—

2 Kalksteine mit verglasten Partien. Die Glasurtropfen sind von blau-grüner Farbe. Sie entstammen nicht den Kalksteinen selbst, sondern könnten von Silikaten ausgeschmolzen sein. Einer der beiden Kalksteine an einer Stelle verbrannt. Inv. N/1; −.

—

Kegel aus feinkiesigem, hellrosarotem Mörtel. Axiales Loch. Ein Fragment eines weiteren grösseren Zylinders und zwei kleinere Fragmente. Funktion unbekannt. Inv. 36/1.

IX. Befundkatalog

Vorbemerkung: Die fett gedruckten Nummern beziehen sich auf die im Text und auf den Abbildungen mit «Pos.» bezeichneten Positionsnummern.

Der vorliegende Befundkatalog wurde nicht auf der Grabung als Teil der Dokumentation erstellt, sondern entstand nachträglich im Rahmen der Auswertungsarbeiten. Er stellt eine stichwortartige Zusammenfassung sämtlicher auf Originalzeichnungen fassbarer Befundnotizen und entsprechender Bemerkungen im Grabungstagebuch dar.

1

Humus (P 1–P 3, P 5–P 13, P 15–P 21, P 23–P 28, P 30–P 34, P 36, P 37, P 39, P 40, P 42, P 44, P 45, P 49, P 50, P 52). Teilweise bis zu 30 cm starke Humusschicht. Schwarze Walderde, durchwurzelt. Oberste Schicht im gesamten Grabungsareal. Geht langsam über in die Mischschicht *Pos. 2*. Die Funde dieser beiden Straten wurden bei der Grabung nicht getrennt. Inv. A/1, B/1, C/1, D1, E/1, F/1, G/1, H/1, I/1, K/1, L/1, O/1, R/1, T/1, W/1, X/1, AB/1, AC/1, EE/1, EF/1, FF/1, KL/1, LL/1, 30/1, 31/1, 32/1, 33/1, 34/1, 39/1, 40/1, 42/1, 52/1, 53/1, 55/1, H/2, O/2, 31/4. Funde: *Kat. 2, 20, 23, 28, 45, 50, 55, 56, 60, 65, 67, 73, 76, 92, 95, 96, 103, 104, 108, 109, 113–115, 120, 123, 134–137, 139, 146, 148, 152, 154, 155, 157, 159, 162, 163, 165, 166, 168, 174–177, 181, 185–188, 192, 193, 200, 201, 203, 207–210, 212, 213, 215, 216, 222, 224, 226, 228–239, 247–249, 254, 255, 258, 260, 264, 266, 267, 269–273, 274, 277–280, 282, 283, 286, 287–289, 291, 292, 296, 297, 299, 305, 309–313, 315, 318, 321, 324, 335, 337, 348, 354, 355, 356, 358, 361, 362, 368, 370, 376, 378, 391, 392, 393, 395, 398, 408, 411, 412, 414–416, 418, 420, 421, 423–428, 430, 431, 447, 451, 455, 460, 466, 474, 478, 490, 493, 494, 497, 498, 501, 505, 511, 512, 515, 517, 518.*

2

Mischschicht (P 1–P 3, P 5–P 10, P 12, P 13, P 15–P 21, P 23–P 28, P 30–P 34, P 36, P 37, P 39, P 40, P 42, P 44, P 45, P 49, P 50, P 52). Obere Fundschicht, bräunlich-grau, humos bis mergelig. Diese Schicht lieferte gemeinsam mit dem Humus *Pos. 1* die meisten Funde der Grabung. Inv. und Funde wie *Pos. 1*.

3

Mischschicht (P 5, P 9, P 10). Mischschicht aus Humus, Kohle und Mergel. Vereinzelt Knochen, röm. und ma. Geschirrkeramik, Bein und ein Griffnagel. Inv. A/3, B/3.

4

Mergeleinfüllung (P 5, P 8, P 9, P 10, P 13, P 14, P 15, P 29). Helle, mergelige Einfüllung, mit Kies vermischt. Diese Schicht streicht an M 2 und M 3. Entlang der Mauer M 3 Konservierungsgrube *Pos. 5* sichtbar. Vereinzelt Knochen, röm. Baukeramik, Verputz, röm. Münze, ma. Geschirrkeramik, Hammer mit Geissfuss. Inv. A/2, B/2, AC/2. Funde: *Kat. 112, 472.*

5

Gruben der Mauerkonservierungen von 1977–78. (P 5, P 8, P 11–P 13, P 18, P 22, P 24, P 26, P 27, P 30, P 31, P 34, P 35, P 41, P 42, P 44).

6

Verfüllung des Schnittes S 1 der Grabung Heid von 1962 (P 1/16/17, P 9, P 33, P 34). Dieser Schnitt durchschlägt in P 9 die Humusschicht *Pos. 1* und die Mischschicht *Pos. 2* und stösst auf die Mergeleinfüllung *Pos. 4*. Vermutlich wurde letztere von Heid als gewachsener Boden betrachtet. Inv. 35/1. Funde: *Kat. 108, 174, 255, 271, 274, 292, 318, 321, 324, 501.*

7

Mörtelschicht (P 5, P 9, P 14, P 15, P 29). Helle, gräuliche Mörtelschicht. Streicht an M 20 und zieht leicht über M 22. Streicht auch an M 2. RS einer «rätischen» Reibschüssel, ca. 7 kg rsm Baukeramik, Mörtel, Verputz, Lehmbrocken, ma. Geschirrkeramik, Griffnägel, ma. Schnallenfragment. Inv. C3, A/4, B/4, AC/4. Funde: *Kat. 91, 100, 105, 106, 110, 178, 195, 436.*

8

Schuttschicht (P 5, P 9, P 14, P 15, P 29). Lockere Schuttschicht, mit viel Sand vermischt. Zieht über die Reste von M 21 und streicht an M 2. Funde wie *Pos. 7*. Inv. A/4, B/4, C/4. Funde: *Kat. 91, 100, 105, 106, 110, 178, 195, 436.*

9

Schuttschicht (P 15). Braune Schutteinfüllung mit Ziegeln, Mörtel, Holzkohle, Erde und Sand. Sackartige Einfüllung, zwischen den Schuttschichten *Pos. 7 und Pos. 8*, streicht an M 2. Inv. A/4. Funde: *Kat. 100, 105, 106, 110, 195.*

10

Schuttschicht (P 10). Sandige Schuttschicht. Lässt sich mit Schicht *Pos. 7 und Pos. 8* in P 9 und P 15 korrelieren. Diese beiden Straten sind hier wohl zu einer einzigen zusammengefasst. Streicht an M 3. Inv. B/4. Funde: *Kat. 91, 178, 436.*

11

Brandschuttschicht (P 9, P 10, P 14, P 15, P 29). Brandschuttschicht mit feuergerösteten Steinen, verbranntem Lehm. Streicht an M 22. Anschlüsse an M 2 und M 3 von Grube mit Einfüllung *Pos. 10* gestört. Inv. A/4, B/5. Funde: *Kat. 97, 98, 100, 102, 105, 106, 110, 195, 347, 467.*

12

Holzkohleband (P 9, P 10, P 14, P 15, P 29). In P 10 liegt das Kohleband unter der Brandschuttschicht *Pos. 11* und folgt auf ein ca. 2 cm starkes Band aus grünlich-grauem Material und darüberliegendem hartem grauem Material. Streicht an M 20 und M 22. Zwei Proben (GrN-12695, GrN-12696) von einem verkohlten Balken aus der Brandschicht in P 15 lieferten die kalibrierten ^{14}C-Daten 530–990 n. Chr. resp. 800–977 n. Chr. (vgl. Anm. 51). Inv. A/4 und B/5. Funde: *Kat. 97, 98, 100, 102, 105, 106, 110, 195, 347, 467.*

13

Schuttschicht (P 10). Schuttschicht mit Steinen, enthält gerötete Flecken. Röm. Geschirr- und Baukeramik, Bein, Mörtel. Inv. B/7. Funde: *Kat. 94.*

14

Holzkohleband (P 10). Bildet UK der Schuttschicht *Pos. 13*. Keine bestimmbaren Funde. Inv. B/8.

15

Mergeluntergrund (P 1–P 10, P 12–P 20, P 22–P 28, P 30, P 31, P 33, P 36–P 39, P 41–P 45, P 50–P 52). Sehr kiesiger Mergel, gewachsener Boden. In P 9 undeutliche Grenze zur Mergeleinfüllung *Pos. 4* auf Höhe 567,02 m ü. M. Lässt sich in P 10 mit der Sandschicht *Pos. 16* des Profiles P 9 korrelieren. In P 31 konnte Grenze zwischen der roten Mergelplanie *Pos. 53* und dem Mergeluntergrund *Pos. 15* nicht beobachtet werden. In P 52 konnte die Grenze zwischen der Mergeleinfüllung *Pos. 45* und dem Mergeluntergrund *Pos. 15* ebenfalls nicht beobachtet werden. Material steril. Einige wenige unbestimmbare Funde an der OK. Inv. B/6.

16

Sandschicht (P 8, P 9, P 12–P 15). Grau-braune, sandig-tonige Schicht, kompakt. Gewachsener Boden. UK von M 20 und M 22 etwa 15–20 cm tief in dieser Schicht. Material steril. Einige wenige unbestimmbare Funde an der OK. Inv. B/9.

17

Mauergrube von M 3 (P 10). Von Schuttschicht *Pos. 13* und Holzkohleband *Pos. 14* überlagert. Von der Grube mit der sandigen Schutteinfüllung *Pos. 10* gestört.

18

Brandschuttschicht (P 15). Holzkohle vermischt mit Erde, Steinen, Lehm. Streicht an M 21. Holzkohleband als OK. Dieses Band nicht identisch mit *Pos. 12*.

19

Lehm (P 5). Natürlicher Untergrund.

20

Brauner Boden (P 5). Sackartige Einfüllung über dem Mergeluntergrund *Pos. 15* und der Lehmschicht *Pos. 19*. 1 bz. Keramik, 1 röm. Geschirr- und 1,5 kg Baukeramik. Inv. A/5. Funde: *Kat. 71, 107, 111.*

21

Schuttschicht (P 8). Mauerschutt? Humoses Material, enthält viele Steine. Zusammen mit Mergeleinfüllung *Pos. 4* hier abgelagert und vermischt. Keine bestimmbaren Funde. Inv. B/6.

22

Mörtelschicht (P 8). Mörtelschutt mit vielen zerbrochenen Steinen. Zusammen mit der Schuttschicht *Pos. 21* und der Mergeleinfüllung *Pos. 4* hier abgelagert. Keine bestimmbaren Funde. Inv. B/9.

23

Holzkohleband (P 8). Dünnes Holzkohleband, nicht durchgehend erkennbar. UK der Mörtelschuttschicht *Pos. 22*. Teilweise Flecken verbrannten Lehms. Keine bestimmbaren Funde. Inv. B/9.

24

Mergelschicht (P 8). Sehr kiesiger Mergel.

25

Mörtelschicht (P 13). Obere Mörtelschicht, sandig, mit Mergel vermischt. Streicht an M 2/II, liegt auf M 22. Lässt sich mit den Schuttschichten *Pos. 7– 10* korrelieren. Röm. Geschirr- und Baukeramik. Inv. C/3.

26

Linsen von reinem Mergel (P 13). Lassen sich mit den Schuttschichten *Pos. 7– 10* korrelieren.

27

Schuttschicht (P 13). Braune, humose Einfüllung mit Holzkohle, Mörtel, Ziegeln und Knochen. Streicht an M 2/II. Lässt

sich mit den Schuttschichten *Pos. 7– 10* korrelieren. Funde wie *Pos. 25*. Inv. C/3.

28

Mörtelschicht (P 13). Untere Mörtelschicht. Mauerschutt, sandig mit Holzkohle. Streicht an M 2/II, liegt auf M 22. Lässt sich mit den Schuttschichten *Pos. 7– 10* korrelieren. Keine bestimmbaren Funde. Inv. C/4.

29

Mergelschicht (P 13). Gelber Mergel mit wenig Steinen. Gemäss Originalzeichnung P 13 füllt der gelbe Mergel die Mauergrube M 21 und zieht über M 21 hinweg an M 2. Somit müssten die zweilagige Trockenmauer M 21 und die Ringmauer M 2 gleichzeitig sein. Eine Ungenauigkeit der Zeichnung ist wahrscheinlicher: Einfüllung der Mauergrube M 21 ist anderes Material als Mergeleinfüllung *Pos. 29,* die an M 2 zieht.

30

Sandschicht (P 13). Hart gepresster Sand, ähnlich wie *Pos. 16*. Wird von Baugrube M 21 durchschlagen.

31

Mergelschicht (P 29). Die Originalzeichnung ist hier insofern nicht ganz richtig, als die Sandschicht *Pos. 16* nicht so abrupt abgebrochen sein kann, sondern ein Stück unter M 22 gereicht haben muss. Vgl. Sandschicht *Pos. 16* in Profil P 13.

32

Mergeleinfüllung (P 11, P 12). Gelber Mergel. In P 11 Übergang (Grenze) der Mergeleinfüllung *Pos. 32* zum Mergeluntergrund *Pos. 15* wohl nicht erkannt. Die Einfüllung *Pos. 32* streicht an die Ringmauer M 2, zieht aber auch unter das Fundament. Unterhalb UK M 2 (565,54 m ü. M.) dürfte es sich beim gelben Mergel jedoch um den Untergrund *Pos. 15* handeln. 1 Tubulusfragment. Inv. C/2. Funde: *Kat. 472.*

33

Linse in Mergeleinfüllung *Pos. 32* (P 12). Feiner, lockerer Sand, Mörtelspuren.

34

Linse in Mergeleinfüllung *Pos. 32* (P 12). Sand und feiner Kies.

35

Mörtelschicht (P 12). Mit Mergel vermischter Mörtelschutt. Liegt direkt über M 22 und endet über der äusseren Mauerkante. Entspricht *Pos. 7* in P 29.

36

Sandeinschlüsse (P 11). Auf Höhe 566,40 und 565,80 m ü. M. Linsen harten, feinen Sandes.

37

Mergel (P 21, P 34). Die Originalzeichnung P 21 bezeichnet diese Schicht als «Mergel» mit nachträglicher Ergänzung «Untergrund». Vermutlich handelt es sich hier jedoch um Mergeleinfüllung, die mit jener *Pos. 32* identisch ist.

38

Schuttschicht (P 34). Graue Schicht mit Holzkohle vermischt. An der Oberkante eine Holzkohlelinse.

39

Schuttschicht (P 34). Mauereinfüllung, braun-grau, sandig-kiesig. Mit Mörtel, Ziegeln und Knochen. Liegt auf M 20 und M 22. Lässt sich mit Mergeleinfüllung *Pos. 4* korrelieren.

40

Sandschicht (P 34). Sand über M 22. Zusammen mit Schuttschicht *Pos. 39* hier abgelagert.

41

Schuttschicht (P 52). Einfüllschicht, humos mit Mörtellinsen, Schuttsteinen, geröteten Lehmbrocken und Mergel. Gemäss

Zeichnung scheint diese Schuttschicht in P 37 keine Entsprechung zu besitzen. Das Tagebuch (S. 31, 14.7.81) erwähnt aber über der Mergeleinfüllung eine Mörtelschicht, die in der Zeichnung nicht erscheint. Röm. Baukeramik, Mörtel, Griffnägel. Inv. R/2.

42

Schuttschicht (P 52). Einfüllschicht, dunkel, humos. Röm. Baukeramik, ma. Geschirrkeramik, Griffnagel, Hüttenlehm. Inv. R/3.

43

Feuerstelle (P 52). Nördlich der Feuerstelle Holzkohleschicht mit gerötetem Mergel und gebranntem Lehm. Ein Sandstein einseitig brandgerötet.

44

Schuttschicht (P 37). Graue Fundschicht. Streicht an M 2. Keine bestimmbaren Funde. Inv. 31/3.

45

Mergeleinfüllung (P 37, P 52). Einfüllung aus lehmigem, rötlichem Mergel. Mit Knochen und Mörtelbrocken. Streicht in P 37 an Mauer M 2 und läuft über der Abbruchkrone von M 2 aus. Streicht in P 52 an M 6. Die Grenze zum Mergeluntergrund *Pos. 15* wurde nicht beobachtet. Inv. 31/2, R/5, R/6. *Kat. 461.*

46

Schnitt S 4 der Grabung Heid von 1962 (P 24, P 25, P 37).

47

Konservierungsgrube an M 6 von 1977/78 (P 52). 1 Fragm. bz. Keramik, 4 Fragm. röm. Baukeramik, ma. Geschirrkeramik, 2 Griffnägel, Hüttenlehm. Inv. R/4. Funde: *Kat. 125.*

48

Schuttschicht (P 31). Graue Schuttschicht, stark mit Mörtel durchsetzt.

49

Brandschuttschicht (P 31). Brandschutt mit Kohleresten und brandgerötetem Lehm. Röm. Baukeramik, ma. Geschirr- und Ofenkeramik, Griffnagel, Schnalle (11.–12. Jh.), zahlreiche Nägel, Bein. Eine Probe (GrN-12694) aus einem verkohlten Balken lieferte das kalibrierte ^{14}C-Datum 1154–1282 n. Chr. (vgl. Anm. 55). Inv. W/2, 32/2. Funde: *Kat. 158, 350, 439, 454, 489, 506.*

50

Holzkohleband (P 31). Unterste Schicht der Brandschuttschicht. Ruht direkt auf dem roten Mergel *Pos. 53*. Zieht an M 7. In dieser Schicht Reste von Holzbalken (mit Zapflöchern) beobachtet. Stammt möglicherweise von der Dachkonstruktion. Ma. Geschirrkeramik, Griffnägel, Silexartefakt (wohl aus der darunterliegenden Mergelschicht *Pos. 53)*. Inv. W/3. Funde: *Kat. 88, 422, 504.*

51

Schnitt S 15 der Grabung Heid von 1962 (P 31).

52

Mauergrube (P 31). Weiss-graue Mörteleinfüllung. Durchschlägt Schuttschicht *Pos. 48* sowie Brandschicht und Holzkohleband *Pos. 49/50* und stösst in die rötliche Mergelschicht *Pos. 53*. Zieht an Mauer M 1. Da sie das Holzkohleband durchschlägt ist sie jünger als M 6/M 7. Vorbereitete Mauergrube für Mauer M 28. M 28 wurde aber in diesem Bereich nicht mehr errichtet.

53

Roter Mergel (P 31, P 44, P 45). Mergelplanie, rötlich verfärbt. In P 44 und P 45 über die Hangkante ziehend und langsam ausdünnend. Grosse Masse bz. Keramik. Sehr wenig röm. Geschirr- und Baukeramik, Verputzmörtel, ma. Geschirrkeramik.

Beilklinge, 1 Nagel, Rutenlehm. Diese rötliche Mergelschicht mit den prähist. Funden läuft unter die Umfassungsmauer M 1/M 2. Vermutlich wurde der Hügel ausplaniert, wobei prähist. Funde und Befunde abgetragen und verlagert wurden. M 1/M 2 offensichtlich auf dieser Schuttschicht errichtet. Funde direkt unter M 1: bz. Keramik, 4 Griffnägel. Inv. 40/2, 42/2, 52/2, 53/2, 53/3. Funde: *Kat. 1, 3, 6, 7, 9, 10–15, 19, 24 –27, 29–32, 34, 37, 39–44, 46–49, 51, 53, 54, 57–59, 61, 62, 64, 68–70, 72, 74, 75, 78–81, 83,–85, 87, 101, 469, 491.*

54

Lehmig-braune Schicht (P 45). Streicht an M 1.

55

Braune Schicht (P 45). Streicht an M 1.

56

Deponie der Grabungen 1980 (P 45).

57

Mörtelschuttschicht (P 43, P 46, P 32). Mörtelschicht, sehr sandig, gelb. Verhältnis zu M 7 durch Konservierungsgrube *Pos. 71* gestört. Inv. T/1; 33/2. Funde: *Kat. 198, 208.*

58

Brandschicht (P 43, P 32). Verhältnis zu M 7 durch Konservierungsgrube *Pos. 71* gestört. Ma. Geschirrkeramik, Griffnägel, etwas Mörtel. Inv. T/2. Funde: *Kat. 429.*

59

Mischschicht (P 43, P 46, P 32). Gelbliche, lockere, mergelig-humose Mischschicht mit Mörtel. Zieht über Mauergrube M 4 mit Einfüllschicht *Pos. 63*. Verhältnis zu M 7 durch Konservierungsgrube *Pos. 71* gestört. Röm. Baukeramik, ma. Geschirr- und Ofenkeramik. Inv. T/3. Funde: *Kat. 119, 465.*

60

Kulturschicht (P 43, P 32). Dunkle fettig-tonige Schicht, streicht an M 7. Funde wie *Pos. 59*. Inv. T/3. Funde: *Kat. 119, 465.*

61

Einfüllschicht (P 43, P 32). Graue Schicht, sandig. Enthält Kies, Mergel, Mörtel, Tuffsteinplatten. Streicht an M 7. Funde wie *Pos. 59*. Inv. T/3. Funde: *Kat. 119, 465.*

62

Mergeleinfüllung (P 43, P 46,). Etwas Mörtel, ansonsten keine relevanten Funde. Inv. T/4.

63

Einfüllschicht in Grube M 4 (P 46). Graue Grubeneinfüllung mit Mergel und Mörtelbrocken. Röm. Baukeramik, ma. Geschirr- und Ofenkeramik (12.–13. Jh.), 1 Griffnagel, Schlüssel, Hüttenlehm. Inv. T/5. Funde: *Kat. 184, 285, 290, 300, 320, 338, 458.*

64

Einfüllschicht (P 46). Grube mit Sand gefüllt. Einzelne Mörtelbrocken.

65

Sanduntergrund (P 43, P 32). Bänder und Einschlüsse reinen Sandes. Untergrund.

66

Mergeleinfüllung (P 32). Die Mauer M 7 mit leichtem Anzug im Fundamentbereich beweist, dass es sich beim Bauuntergrund nicht um den gewachsenen Mergel *Pos. 15*, sondern um eine Mergelanschüttung handelt. Die Ausdehnung dieser Mergelanschüttung ist unbekannt, eine Grenze zum gewachsenen Mergeluntergrund *Pos. 15* konnte nicht beobachtet werden.

67

Schuttschicht (P 32). Humoser Boden mit Mörtelbrocken. Zusammen mit Mörtelschuttschicht *Pos. 57* abgelagert. Röm. Baukeramik, ma. Geschirrkeramik, Hüttenlehm. Inv. 33/2.

68

Schuttschicht (P 32). Brandschuttschicht, leicht rötlich. Grober Schutt und Mörtel. Diese Schicht wurde in P 43 nicht erkannt. Zusammen mit Mörtelschuttschicht *Pos. 57* und Schuttschicht *Pos. 67* abgelagert. Verhältnis zu M 7 durch Konservierungs- grube *Pos. 71* gestört. Inv. 33/2.

69

Grube M 4 (P 32). Gefüllt mit Erde, Mörtel, Rutenlehm, kleinen Steinsplittern, Mergel, Knochen und Holzkohlestücken. Kein rotgebrannter Schutt. Die Grube wird von der mörteligen Schuttschicht *Pos. 67* und der Brandschuttschicht *Pos. 68* überdeckt. Keine bestimmbaren Funde. Inv. 33/3.

70

Schnitt S 16 der Grabungen Heid von 1962 (P 32, P 35). Durch- schlägt die Plünderungsgrube der Mauer M 4.

71

Konservierungsgrube an M 7 von 1977/78 (P 32). Fragm. röm. Baukeramik, 1 Griffnagel. Inv. 33/4.

72

Mörtelschuttschicht (P 26, P 30). In P 30 zwei mächtige Linsen von Mörtelschutt, wovon die östliche die Auffüllung der Mauergrube M 4 darstellt. Verhältnis zu M 7 durch Konser- vierungsgrube *Pos. 5* gestört.

73

Schuttschicht (P 26). Grau-braune Schicht, wenig Mörtel- brocken, grosse Mauersteine. Verhältnis zu M 7 durch Konser- vierungsgrube *Pos. 5* gestört.

74

Schuttlinse (P 26). Streicht an M 7.

75

Schuttschicht in Mauergrube M 4 (P 26, P 30). Oberste Einfüll- schicht der Mauergrube M 4. Dunkler Mauerschutt mit Mörtel und Holzkohle. Keine bestimmbaren Funde. Inv. 34/2. Funde: *Kat. 359*.

76

Brandschicht (P 26). Unterste Grubenfüllung der Grube M 4. Die ^{14}C-Untersuchung zweier Holzkohleproben (B-4124, B-4125) lieferte zweimal das gleiche kalibrierte ^{14}C-Datum 1024–1216 n. Chr. (vgl. Anm. 50).

77

Lockerer Mergel (P 26, P 30). Spekulation im Tagebuch (S. 34, 21. 7. 81): Möglicherweise ist diese Schicht keine Einfüllung, wie anfänglich angenommen, sondern eine lockere Verwitte- rungsschicht des anstehenden Mergelfelsens. Streicht an M 7, ist doch wohl identisch mit *Pos. 66*. Keine relevanten Funde. Inv. 34/3.

78

Brandschicht in Plünderungsgrube M 4 (P 30).

79

Einfüllschicht (P 30). Graue Fundschicht als Einfüllung der westlichen Mergelterrasse. Streicht an M 7.

80

Einfüllschicht (P 30). Graue Schicht, Feinmaterial. Unterste Einfüllschicht Mauergrube M 4.

81

Mörtelschicht (P 35). Zwei geringe Reste einer Mörtelschicht, von Heidschnitt S 16 gestört. Wohl identisch mit Mörtelschicht *Pos. 72*.

82

Mischschicht (P 35). Humus-Mergel-Gemisch, von Heidschnitt S 16 gestört. Verhältnis zu M 7 durch Konservierungsgrube *Pos. 5* gestört.

83

Kulturschicht (P 35). Dunkle, humose Schicht, von Heidschnitt S 16 gestört. Verhältnis zu M 7 durch Konservierungsgrube *Pos. 5* gestört.

84

Mischschicht (P 35). Gelb-graue Schicht. Stiess wohl an M 7, Verhältnis zu M 7 durch Konservierungsgrube *Pos. 5* gestört.

85

Mischschicht (P 35). Graue, sandige Schicht. Verhältnis zu M 7 durch Konservierungsgrube *Pos. 5* gestört.

86

Einfüllschicht in Mauergrube M 4 (P 35). Graue Tonschicht, von Heidschnitt S 16 gestört.

87

Schuttschicht (P 35). Schutteinfüllung der Mauergrube M 4. Von Heidschnitt S 16 gestört.

88

Mergel (P 35). Wohl steriler gewachsener Boden. Dann iden- tisch mit *Pos. 15*. Im Bereich M 7 vielleicht Mergeleinfüllung wie *Pos. 66*, jedenfalls keine Grenze beobachtet.

89

Sandschicht (P 35). Reiner Sand.

90

Einfüllschicht (P 24/27, P 25). Braun-gelbe Schicht. Verhältnis zu M 11/M 12 durch Konservierungsgrube *Pos. 5* gestört.

91

Schuttschicht (P 24/27, P 25, P 39, P 40). Schuttschicht humos, mit Sandsteinbrocken. Röm. Baukeramik, ma. Geschirr- und Ofenkeramik (12.–13. Jh.), Geschossspitzen, Hufeisen (11.– 12. Jh.), 1 Griffnagel, Hüttenlehm. Inv. N/1. Funde: *Kat. 149, 150, 156, 223, 275, 284, 322, 328, 353, 417*.

92

Mörtelschicht (P 24/27, P 25). Dünne Mörtellinsen etwa auf Höhe 569.00 m ü. M.

93

Brandschicht (P 24/27, P 25, P 39, P 40).

94

Mergeleinfüllung (P 24/27, P 25, P 39, P 40). Die Schichten *Pos. 91, Pos. 93 und Pos. 94* gehen ineinander über. Sie schei- nen gleichzeitig eingebracht worden zu sein. Ausser einer Fisch-Konservendose keine Funde! Diese wohl durch Heid- schnitt S 3 *(Pos. 96)* in die Schicht gelangt. Inv. 30/2.

95

Brandschicht (P 24/27). Unter Fundament M 11 bis Mauerecke M 11/M 12.

96

Schnitt S 3 der Grabung Heid von 1962 (P 24, P 25).

97

Steinquader (P 40). Möglicherweise als Balkenunterlage eines Ständerbaues anzusprechen. Etwa 8 cm in die Mergeleinfül- lung *Pos. 94* eingelassen. Hier die westl. Grenze der Brand- schicht *Pos. 93*.

98

Schnitt S 2 der Grabung Heid von 1962 (P 22, P 33).

99

Mischschicht (P 28). Gelbe Schicht mit Mergel.

100

Mauergrube M 24 (P 28).

101

Einfüllschicht (P 28). Hellbraune, lockere Schutteinfüllung mit

Kies im Ofeninnern. Zahlreiche handgrosse runde Kiesel-steine. Direkt von der Humusschicht *Pos. 1* überdeckt.

102

Brandschicht (P 28). Hartgepresste Sand/Kohleschicht. Unterste Schicht im Ofeninnern.

103

Schuttschicht (P 1/16/17). Sandig-humose, mergelige Schicht. Inv. K/1. Funde: *Kat. 278, 312, 418.*

104

Schuttschicht (P 1/16/17, P 2, P 3/23, P 4). Mauerschutt, Humus, Steine, Mörtel. Auffüllung der Grube M 4. Durchschlägt in P 1/16/17 Schuttschicht *Pos. 103.* Röm. Geschirr- und Baukeramik, ma. Ofenkeramik, Buntmetall. Inv. KL/2, M 4/1. Funde: *Kat. 93, 323, 516.*

105

Mergeleinschlüsse (P 1/16/17). Einschlüsse im reinen Sandstein *Pos. 107.*

106

Einfüllschicht (P 1/16/17). Sandig-humose Schicht. Unterste Schicht der Grube M 4.

107

Reiner Sand (P 1/16/17). Sandstein-Untergrund, steril.

108

Mischschicht (P 3/23). Brauner Boden, durchwurzelt.

109

Einfüllschicht unter M 5 (P 3/23). Grau-braune, sandige Schicht als Einfüllung der Grube M 4. Wohl identisch mit *Pos. 106.*

110

Schnitt S 7 der Grabung Heid von 1962 (P 3/23).

111

Einfüllschicht (P 2, P 4). Grubenartige Einfüllung einer früheren Grabung. Humus, Sand, Kies, Erde, Mörtel, Konservendosen.

112

Mörtelband (P 19).

113

Einfüllschicht (P 6/7, P 19, P 20). Grau-braune lehmige Fundschicht mit Schuttsteinen. Streicht in P 20 an die südliche Umfassungsmauer M 3. In P 18 lassen sich die Grenzen von *Pos. 1, Pos. 2 und Pos. 113* aus der Originalzeichnung nicht herauslesen. Diese drei Schichten wurden hier zu einer einzigen zusammengezogen. Röm. Baukeramik, ma. Geschirr- und Ofenkeramik (12.–13. Jh.), Wetzstein, Griffnägel. Inv. EE/2, EF/2, FF/2. Funde: *Kat. 151, 169, 227, 235, 249, 256, 263, 265, 303, 306, 308, 314, 345, 514.*

114

Reiner Sand (P 6/7, P 19, P 20, 22). Gewachsener Boden, steril.

115

Fundschicht (P 6/7). Ofenlehm-Schicht. Grosse Menge Ofenkeramik. Funde ganzer Becherkacheln. Ausserdem etwas röm. Baukeramik und ma. Geschirrkeramik (1. Hälfte 13. Jh.), Hufeisen 11./12. und 13. Jh.). Inv. F/2. Funde: *Kat. 160, 240, 244, 246, 251, 252, 253, 254, 257, 259, 281, 301, 302, 316, 334, 339, 409, 419.*

116

Mergeleinfüllung (P 20). Streicht an südliche Umfassungsmauer M 3.

117

Einfüllschicht (P 18). Lehmig-sandige Einfüllschicht mit Mörtel. Diese Schicht ist gemäss Beschreibung identisch mit *Pos. 113* in P 6/7, lässt sich auf der Zeichnung jedoch nicht korrelieren.

Funde wie *Pos. 113.* Inv. FF/2. Funde: *Kat. 151, 169, 227, 235, 249, 256, 263, 265, 303, 306, 308, 345, 514.*

118

Mergeleinfüllung (P 22). Ma. Geschirrkeramikfragmente, kleiner Türkloben. Inv. GG/1. Funde: *Kat. 453.*

119

Moderne Störung (P 22).

120

Mauergrube zu M 9 (P 22). Durchschlägt die Mergeleinfüllung *Pos. 118* und gründet im anstehenden Mergelfelsen *Pos. 15!* M 9 also jünger als Einfüllung (Planie).

121

Schutt der Grabung 1980 (P 36, P 42, P 49, 50). Inv. STF 81.

122

Mergelschicht (P 42). Verhältnis zu M 3 gestört durch Konservierungsgrube *Pos. 5.*

123

Schuttschicht (P 42). Weisslich-graue Schicht, enthält Mörtelbrocken und Sand.

124

Schuttschicht (P 42). Braun-graue Schicht, humos, sandig. Enthält verschiedene Einschlüsse. Wohl identisch mit Schuttschicht *Pos. 132.* Streicht an M 3. Röm. Baukeramik, ma. Geschirrkeramik, Bein, Geschossspitzen, Hufeisen, Griffnägel, Nägel, Rutenlehm. Inv. 39/2, 55/2. Funde: *Kat. 171, 183, 199, 349, 459, 496.*

125

Brandschutt (P 42). Gelb-rot, enthält Mörtel, Sand und Kieselsteine.

126

Kulturschicht (P 42). Wohl identisch mit Kulturschicht *Pos. 133.* Streicht an M 3. Röm. Geschirr- und Baukeramik, ma. Geschirrkeramik (12.–13. Jh.), Lavezgefäss, Geschossspitzen (11./12. Jh.), Griffnägel, Hüttenlehm. Inv. 39/3, 39/4, 55/3. Funde: *Kat. 89, 99, 116–118, 121, 126, 129, 131, 138, 140–142, 145, 170, 172, 179, 180, 182, 189–191, 194, 196, 197, 202, 204, 214, 343, 364.*

127

Mergelschicht (P 42). Streicht an M 3.

128

Bauhorizont zu M 3 (P 42). Graue Schicht, locker, sandig mit Steinsplittern, streicht an M 3.

129

Schuttschicht (P 49, P 50). Sandig-mörtelige Schicht mit Humus, Schutt und Lehmlinsen.

130

Mörtelschicht (P 49). Sehr hart.

131

Einfüllschicht (P 49). Braune, sandig-humose Schicht.

132

Schuttschicht (P 49). Grau-braune Schicht mit Sand, Mörtel, Humus, Brand und vielen Kleinfunden. Wohl identisch mit *Pos. 124.* Inv. 39/2, 55/2. Funde: *Kat. 171, 183, 199, 349, 459, 496.*

133

Kulturschicht (P 49). Dunkelbraun, mit Ziegelsteinen. Wohl identisch mit *Pos. 126.* Inv. 39/3, 39/4, 55/3. Funde: *Kat. 89, 99, 116–118, 121, 126, 129, 131, 138, 140–142, 145, 170, 172, 179, 180, 182, 189–191, 194, 196, 197, 202, 204, 214, 343, 364.*

134

Einfüllschicht (P 49). Braune Humus- und Sandschicht.

135

Mergeleinfüllung (P 49, P 50). Wohl identisch mit *Pos. 127*. Streicht an M 3!? Hier höchstwahrscheinlich Baugrube nicht erkannt. Wenig römische Geschirr- und Baukeramik. Inv. 55/4.

136

Lehmschicht (P 49, P 50). Brauner, harter Lehm. Einfüllung steril. Gemäss P 49 gemeinsam mit Mergel *Pos. 135* abgelagert. In P 50 unterschieden in eine hellbraune und eine dunkelbraune Schicht. Streicht an M 3.

137

Sand und Mörtel (P 49). Einfüllung, gemeinsam mit *Pos. 135/ 136* abgelagert.

138

Schuttschicht (P 50). Graue Schicht mit wenigen Funden. Funde wie *Pos. 135*. Inv. 55/4.

139

Schuttschicht (P 36). Schutt mit sehr vielen Steinen. Streicht an M 3.

140

Mörtelschicht (P 36). Grauer Mörtel und Sand. Streicht an M 3.

141

Sandstein (P 36). Anstehender Fels.

142

Grube an M 21 (P 36). In Profilzeichnung nicht beschrieben. Vermutlich Grube der Sondierung 1980 in Fläche A.

143

Braune Schicht unter M 3 (P 36). Ohne Beschrieb in der Profilzeichnung.

144

Neuer Humus (P 41).

145

Neue Schuttschicht (P 41). *Pos. 164/145* sind Ablagerungen der Grabungen 1920–23, 1961/62 und 1980. Röm. Geschirr- und Baukeramik, ma. Geschirr- und Ofenkeramik Hufeisen (11./ 12. Jh.), Mörtelkegel, Mörtel. Inv. 36/1. Funde: *Kat. 132, 410*.

146

Alter Humus (P 38, P 41). Röm. Baukeramik, ma. Geschirr- und Ofenkeramik. Inv. 36/2, 37/1. Funde: *Kat. 122, 124, 147, 153, 336, 519*.

147

Alte Schuttschicht (P 38, P 41). Ma. Geschirrkeramik. Inv. 36/3, 37/2. Funde: *Kat. 128, 130*.

148

Humus (P 47, P 48). Dunkler Waldboden.

149

Humoses Material (P 47). Hellbraun.

150

Sandig, humoses Material (P 47). Gräulich-braun.

151

Mergel (P 47). Ausgewaschen, mit violetter Verfärbung.

152

Sandschicht (P 47). Harter, grauer Sand.

153

Schuttschicht (P 48). Feuchte, humos-lehmige Schicht mit Mörteleinschlüssen.

154

Untergrund (P 48). Trockener, mergelig-sandiger Untergrund.

155

Untergrund (P 48). Reiner Sand.

156

Einfüllschicht (P 51).

157

Einfüllschicht (P 51).

158

Lehmschicht (P 51). Als Abdichtung der Filterzisterne.

X. Anhang

1 Gedruckte und ungedruckte Quellen

ACTA MURENSIA – Acta Murensia oder Acta Fundationis. Die ältesten Urkunden von Allerheiligen in Schaffhausen, Rheinau und Muri, hrsg. von P. Martin Kiem. Quellen zur Schweizer Geschichte, hrsg. von der Allgemeinen Geschichtsforschenden Gesellschaft der Schweiz, 3 (Basel 1883).

BRENNWALDS SCHWEIZERCHRONIK – Heinrich Brennwalds Schweizerchronik, Erster Band, hrsg. von Rudolf Luginbühl. Quellen zur Schweizer Geschichte, hrsg. von der Allgemeinen Geschichtsforschenden Gesellschaft der Schweiz, I, 1 (Basel 1908).

CHRONIK DER STADT ZÜRICH – Chronik der Stadt Zürich. Mit Fortsetzungen, hrsg. von Johannes Dierauer. Quellen zur Schweizer Geschichte, hrsg. von der Allgemeinen Geschichtsforschenden Gesellschaft der Schweiz, 18 (Basel 1900).

EDLIBACH – Das Wappenbuch des Gerold Edlibach 1486. Handschrift im Staatsarchiv Zürich (W3.21).

ESCHER – Hans Erhard Escher, Beschreibung des Zürich Sees (Zürich 1692).

HERRLIBERGER – David Herrliberger, Neue und vollständige Topographie der Eidgnoßschaft… 1, Zürich 1754 (Frankfurt a. M./Basel 1928).

JOHANNES VON WINTERTHUR – Johannis Vitodurani Chronicon. Die Chronik des Minoriten Johannes von Wintherthur, hrsg. von G. v. Wyss (Zürich 1856).

KLINGENBERGER CHRONIK – Die Klingenberger Chronik, hrsg. von Anton Henne (Gotha 1861).

LEU – Hans Jacob Leu, Allgemeines Helvetisches, Eydgenössisches oder Schweitzerisches Lexicon 19 (Zürich 1764).

MÜLNER URBAR – Das Urbar des Ritters Götz Mülner von 1336, hrsg. von Anton Largiadèr. Anzeiger für Schweizergeschichte, N.F. 17, 1919, 128 ff.

STUMPF – Johannes Stumpf, Gemeiner loblicher Eydgnoschafft stetten, landen und völckeren chronikwirdiger thaaten beschreybung (Zürich 1548).

TSCHUDI – Aegidius Tschudi, Chronicon Helveticum. 1. Ergänzungsband, hrsg. von Bernhard Stettler (Bern 1970).

2 Literaturverzeichnis

BALTENSWEILER 1945 – E. Baltensweiler, Die Burg Wulp bei Küsnacht (unpubl. Schlussarbeit Oberseminar Kanton Zürich 1945, Arch. VVK).

BAUER et al. 1991 – I. Bauer/L. Frascoli/H. Pantli/A. Siegfried/T. Weidmann/R. Windler, Üetliberg, Uto-Kulm: Ausgrabungen 1980–1989. BerZD, Archäologische Monographien 9/10 (Zürich 1991).

BAUER 1992 – I. Bauer, Landsiedlungen und Gräber der mittleren und späten Bronzezeit. Bronzezeitliche Landsiedlungen und Gräber. BerZD, Archäologische Monographien 11 (Zürich 1992) 7–156.

BAUMANN/FREY 1983 – M. Baumann/P. Frey, Freudenau im untern Aaretal. Burganlage und Flussübergang im Mittelalter (Brugg 1983).

BERNHARD/BARZ 1991 – H. Bernhard/D. Barz, Frühe Burgen in der Pfalz. Ausgewählte Beispiele salischer Wehranlagen. In: H. W. Böhme (Hrsg.), Burgen der Salierzeit 2: In den südlichen Landschaften des Reiches. RGZM, Monographien 26 (Sigmaringen 1991) 125–175.

BESLY/BLAND 1983 – E. Besly/R. Bland, The Cunetio Treasure. Roman Coinage of the Third Century AD, with contributions by I. Carradice & Ch. Gingell (London 1983).

BITTERLI 1983 – Th. Bitterli, Wulp/Küsnacht ZH. Bericht der 3. Arbeitsetappe im Sommer 1982, NSBV 56, 1983, 1–7.

BITTERLI-WALDVOGEL o. J. – Th. Bitterli-Waldvogel, Die Burg Wulp und ihre Geschichte. Entdeckung und Erforschung eines mittelalterlichen Bauwerks (Stäfa o. J. [1993]).

COLARDELLE/VERDEL 1993 – M. Colardelle/E. Verdel, Les habitats du lac de Paladru (Isère) dans leur environnement. Documents d'Archéologie Française 40 (Paris 1993).

DANNHEIMER 1973 – H. Dannheimer, Keramik des Mittelalters aus Bayern (Kallmünz 1973).

DEGEN et al. 1988 – P. Degen/H. Albrecht/St. Jacomet/B. Kaufmann/J. Tauber, Die Grottenburg Riedfluh, Eptingen BL. SBKAM 14/15 (Olten/Freiburg i. Br. 1988).

DRACK 1990 – W. Drack, Der römische Gutshof bei Seeb, Gem. Winkel. BerZD, Archäologische Monographien 8 (Zürich 1990).

DRESCHER 1982 – H. Drescher, Zu den bronzenen Grapen des 12.–16. Jh. aus Nordwestdeutschland. Aus dem Alltag der mittelalterlichen Stadt (Ausstellungsführer, Bremen 1982) 157–174.

ELMER 1941 – G. Elmer, Die Münzprägung der gallischen Kaiser in Köln, Trier und Mailand. BJ 146, 1941, 1–106 (Nachdruck 1974).

EWALD/TAUBER 1975 – J. Ewald/J. Tauber, Die Burgruine Scheidegg bei Gelterkinden. SBKAM 2 (Olten/Freiburg i. Br. 1975).

FELGENHAUER-SCHMIEDT 1993 – S. Felgenhauer-Schmiedt, Die Sachkultur des Mittelalters im Lichte der archäologischen Funde (Frankfurt a. M. 1993).

FISCHER 1971 – F. Fischer, Die frühbronzezeitliche Ansiedlung in der Bleiche bei Arbon TG. Schriften zur Ur- und Frühgeschichte der Schweiz 17 (Basel 1971).

FREY 1986 – P. Frey, Die Habsburg im Aargau. Bericht über die Ausgrabungen von 1978–83. Argovia 98, 1986, 23–116.

GAITZSCH 1980 – W. Gaitzsch, Eiserne römische Werkzeuge. BAR int. ser. 78 (London 1980).

GAMPER 1984 – R. Gamper, Die Zürcher Stadtchroniken und ihre Ausbreitung in die Ostschweiz. MAGZ 52 (Zürich 1984).

GEIGER 1984 – H.-U. Geiger, Zürcher Halbbrakteaten und ihre Verbreitung. In: A. Houghton/S. Hurter/P. Erhart Mottahedeh/J. Ayer Scott (Hrsg.), Festschr. für/Studies in Honor of Leo Mildenberg (Wetteren 1984) 61–84.

GROSS et al. 1987 – E. Gross/Ch. Brombacher/M. Dick/K. Diggelmann/B. Hardmeyer/R. Jagher/Ch. Ritzmann/B. Ruckstuhl/U. Ruoff/J. Schibler/P. C. Vaughan/K. Wyprächtiger, Zürich «Mozartstrasse» 1. Neolithische und bronzezeitliche Ufersiedlungen. BerZD, Monographien 4 (Zürich 1987).

GUTZWILLER 1989 – P. Gutzwiller, Das vormittelalterliche Fundgut vom Areal der Frohburg bei Trimbach/SO. Antiqua 18 (Basel 1989).

HOCHULI 1990 – St. Hochuli, Wäldi-Hohenrain TG. Eine mittelbronze- und hallstattzeitliche Fundstelle. Antiqua 21 (Basel 1990).

HOEK et al. 1995 – F. Hoek/M. Illi/E. Langenegger (mit Beitr. v. B. Zäch u. B. Zimmermann, Burg – Kapelle – Friedhof. Rettungsgrabungen in Nänikon und Bonstetten. Monographien der Kantonsarchäologie Zürich 26 (Zürich/Egg 1995).

KLUGE-PINSKER 1992 – A. Kluge-Pinsker, Bogen und Armbrust. In: Das Reich der Salier 1024–1125 (Ausstellungskatalog, Sigmaringen 1992) 96–99.

KOCH 1984 – U. Koch, Der Runde Berg bei Urach 5. Die Metallfunde der frühgeschichtlichen Perioden aus den Plangrabungen 1967–1981 (Heidelberg 1984).

LARGIADÈR 1922 – A. Largiadèr, Die Anfänge des Zürcherischen Stadtstaates. Festgabe Paul Schweizer (Zürich 1922) 1–92.

LASSNER-HELD 1989 – M. Lassner-Held, Der Zürcher Stadtadel 1330–1400 (Unpubl. Lizentiatsarbeit Universität Zürich 1989).

LIBAL 1993 – D. Libal, Burgen und Festungen in Europa (Prag 1993).

LITHBERG 1932 – N. Lithberg, Schloss Hallwil 3. Die Fundgegenstände (Stockholm 1932).

LOBBEDEY 1968 – U. Lobbedey, Untersuchungen mittelalterlicher Keramik (Berlin 1968).

MARTI/WINDLER 1988 – R. Marti/R. Windler, Die Burg Madeln bei Pratteln. Archäologie und Museum 012 (Liestal 1988).

MARTIN-KILCHER 1980 – St. Martin-Kilcher, Die Funde aus dem römischen Gutshof von Laufen-Müschhag (Bern 1980).

MAURER 1967 – H.-M. Maurer, Bauformen der hochmittelalterlichen Adelsburg in Südwestdeutschland. ZGO N.F. 15, 1967, 61–116.

MEYER 1970 – W. Meyer, Die Wasserburg Mülenen. Die Fundkataloge. Mitteilungen des Hist. Vereins des Kt. Schwyz 63, 1970, 105–345.

MEYER 1974 – W. Meyer, Die Burgruine Alt-Wartburg im Kanton Aargau. SBKAM 1 (Olten/Freiburg i. Br. 1974).

MEYER 1976 – W. Meyer, Das Castel Grande in Bellinzona. Bericht über die Ausgrabungen und Bauuntersuchungen von 1967. SBKAM 3 (Olten/Freiburg i. Br. 1976).

MEYER 1977 – W. Meyer, Die Ausgrabungen der Burgruine Schiedberg. In: M.-L. Boscardin/W. Meyer, Burgenforschung in Graubünden. Berichte über die Forschungen auf den Burgruinen Fracstein und Schiedberg. SBKAM 4 (Olten/Freiburg i. Br. 1977) 51–175.

MEYER 1981 – W. Meyer, Burgen von A bis Z. Burgenlexikon der Regio (Basel 1981).

MEYER 1982 – W. Meyer, Runde Haupttürme auf Burgen in der Umgebung Basels. Mélanges d'archéologie et d'histoire médiévales. Festschr. Michel de Boüard (Genève/Paris 1982) 287–294.

MEYER 1989 – W. Meyer, Die Frohburg. Ausgrabungen 1973–1977. SBKAM 16 (Olten/Freiburg i. Br. 1989).

MEYER 1991 – W. Meyer, Burgenbau und Herrschaftsbildung zwischen Alpen und Rhein im Zeitalter der salischen Herrscher. In: H. W. Böhme (Hrsg.), Burgen der Salierzeit 2: In den südlichen Landschaften des Reiches. RGZM, Monographien 26 (Sigmaringen 1991) 303–330.

MOOSBRUGGER-LEU 1970 – R. Moosbrugger-Leu, Die mittelalterlichen Brückenreste bei St. Jakob. BZ 70, 1970, 258–282.

MÜLLER 1980 – F. Müller, Der Bischofstein bei Sissach Kanton Baselland, BBU 4 (Derendingen/Solothurn 1980).

NABHOLZ 1894 – A. Nabholz, Geschichte der Freiherren von Regensberg (Dissertation, Zürich 1894).

OBRECHT 1981 – J. Obrecht, Die Mörsburg. Die archäologischen Untersuchungen 1978/79. In: Die Grafen von Kyburg. SBKAM 8 (Olten/Freiburg i. Br. 1981) 129ff.

OSTERWALDER 1971 – Ch. Osterwalder, Die mittlere Bronzezeit im schweizerischen Mittelland und Jura. Monographien zur Ur- und Frühgeschichte der Schweiz 19 (Basel 1971).

RIPPMANN et al. 1987 – D. Rippmann/B. Kaufmann/J. Schibler/B. Stopp, Basel-Barfüsserkirche. Grabungen 1975–1977. Ein Beitrag zur Archäologie und Geschichte der mittelalterlichen Stadt. SBKAM 13 (Zürich 1987).

ROTH-RUBI 1986 – K. Roth-Rubi, Die Villa von Stutheien bei Hüttwilen TG. Ein Gutshof der mittleren Kaiserzeit, Antiqua 14 (Basel 1986).

RUOFF 1987 – U. Ruoff, Die frühbronzezeitliche Ufersiedlung in Meilen-Schellen, Kanton Zürich. Tauchgrabung 1985. JbSGUF 70, 1987, 51–64.

SALCH et al. 1977 – Ch.-L. Salch/J. Burnouf/J.-F. Fino, L'atlas des châteaux forts en France (Strasbourg 1977).

SCHNEIDER 1979 – H. Schneider, Die Burgruine Alt-Regensberg im Kanton Zürich. SBKAM 6 (Olten/Freiburg i. Br. 1979).

SCHNEIDER 1980 – H. Schneider, Waffen im Schweizerischen Landesmuseum. Griffwaffen I (Zürich 1980).

SCHNEIDER et al. 1982 – J. Schneider/D. Gutscher/H. Etter/J. Hanser, Der Münsterhof in Zürich. Bericht über die Stadtkernforschung 1977/78. SBKAM 9/10 (Olten/Freiburg i. Br. 1982).

SCHNEIDER 1984 – H. Schneider, Die Funde aus der Gesslerburg bei Küssnacht. In: W. Meyer/J. Obrecht/H. Schneider, Die Bösen Türnli. Archäologische Beiträge zur Burgenforschung in der Urschweiz. SBKAM 11 (Olten/Freiburg i. Br. 1984) 89–128.

SCHNEIDER 1986 – J. Schneider, Der städtische Hausbau im südwestdeutsch-schweizerischen Raum. Zur Lebensweise in der Stadt um 1200. ZAM Beiheft 4 (Köln 1986) 17–38.

SCHNEIDER 1989 – G. Schneider, Naturwissenschaftliche Kriterien und Verfahren zur Beschreibung von Keramik. Acta praehistorica et archaeologica 21, 1989, 7–39.

SCHOLKMANN 1978 – B. Scholkmann, Sindelfingen / Obere Vorstadt. Eine Siedlung des hohen und späten Mittelalters, FuB 3 (Stuttgart 1978).

SCHULZE 1981 – M. Schulze, Die mittelalterliche Keramik der Wüstung Wülfingen am Kocher, Stadt Forchtenberg, Hohenlohekreis. FuB 7 (Stuttgart 1981) 5–148.

TAUBER 1980 – J. Tauber, Herd und Ofen im Mittelalter. SBKAM 7 (Olten / Freiburg i. Br. 1980).

TAUBER 1991 – J. Tauber, Die Ödenburg bei Wenslingen – eine Grafenburg des 11. und 12. Jh. BBU 12 (Derendingen / Solothurn 1991).

TAUBER / HARTMANN 1988 – J. Tauber / F. Hartmann, Das Hochmittelalter. Von den Karolingern bis zur grossen Pest. Fundort Schweiz 5 (Solothurn 1988).

WALTER 1993 – P. Walter (Hrsg.), Le vieux château de Rougemont, site médiévale (Belfort 1993).

WINDLER 1990 – R. Windler, Neues zur Winterthurer Stadtbefestigung. Die Ausgrabungen in der Alten Kaserne (Technikumstrasse 8). NSBV 63, 1990, 90–100.

ZÄCH 1991 – B. Zäch, Die mittelalterlichen und neuzeitlichen Münzen. In: Bauer et al. 1991, Bd. A, 225–229; Bd. B, 45f.; Kat. 1651–1682.

ZÄCH 1993 – B. Zäch, Die Fundmünzen. Mit Bemerkungen zum Geldumlauf in der Luzerner Landschaft. In: J. Manser et al., Nottwil, Kapelle St. Margrethen: Ergebnisse der Bauforschung. Archäologische Schriften Luzern 2.1993 (Luzern 1993) 49–56.

ZELLER-WERDMÜLLER 1893 – H. Zeller-Werdmüller, Mittelalterliche Burganlagen der Ostschweiz. MAGZ 23 (Zürich 1893).

ZIMMERMANN 1992 – B. Zimmermann, Mittelalterliche Geschossspitzen der Schweiz. Typologie, Chronologie, ballistisch-mechanische und kulturhistorische Aspekte (unpubl. Lizentiatsarbeit Universität Basel 1992).

3 Abkürzungsverzeichnis

Allgemeine Abkürzungen

AGZ	Antiquarische Gesellschaft in Zürich
Arch. VVK	Archiv des Verschönerungsvereines Küsnacht
BS	Bodenscherbe
bz.	bronzezeitlich
FmZH	Fundmünzenbearbeitung des Kantons Zürich am Münzkabinett der Stadt Winterthur
Fragm.	Fragment
IFS	Inventar der Fundmünzen der Schweiz der Schweiz. Akademie der Geistes- und Sozialwissenschaften (SAGW)
Inv.	Inventarnummer
Kat.	Katalognummer
KAZH	Kantonsarchäologie Zürich
ma.	mittelalterlich
OK	Oberkante
Pos.	Positionsnummer

röm.	römisch
RS	Randscherbe
Rs.	Rückseite
SFI	Schweizerischer (Münz)Fundinventar-Code
SLM	Schweizerisches Landesmuseum (Zürich)
UK	Unterkante
Vs.	Vorderseite
WS	Wandscherbe

Zeitschriften und Reihen

AIZ	Archäologie im Kanton Zürich
AKB	Archäologisches Korrespondenzblatt
AKBE	Archäologie im Kanton Bern
ASA	Anzeiger für Schweizerische Altertumskunde
BAR int. ser.	British Archaeological Reports, International series
BBU	Basler Beiträge zur Ur- und Frühgeschichte
BerZD	Berichte der Zürcher Denkmalpflege
BHB	Baselbieter Heimatbuch
BJ	Bonner Jahrbücher
BZ	Basler Zeitschrift für Geschichte und Altertumskunde
FuB	Forschungen und Berichte der Archäologie des Mittelalters in Baden-Württemberg
JbGPV	Jahresbericht der Gesellschaft Pro Vindonissa
JbSGUF	Jahrbuch der Schweizerischen Gesellschaft für Ur- und Frühgeschichte
JbSolGs	Jahrbuch für solothurnische Geschichte
MAGZ	Mitteilungen der Antiquarischen Gesellschaft in Zürich
NSBV	Nachrichten des Schweizerischen Burgenvereins
PZ	Prähistorische Zeitschrift
RGZM	Römisch-Germanisches Zentralmuseum
SBKAM	Schweizer Beiträge zur Kulturgeschichte und Archäologie des Mittelalters
UBZ	Urkundenbuch der Stadt und Landschaft Zürich
UFAS	Ur- und Frühgeschichtliche Archäologie der Schweiz
ZAK	Zeitschrift für Schweizerische Archäologie und Kunstgeschichte
ZAM	Zeitschrift für Archäologie des Mittelalters
ZGO	Zeitschrift für die Geschichte des Oberrheins

4 Abbildungsnachweise

Fotos: Hans Bächtold: Abb. 18, 19; Thomas Bitterli: Abb. 24, 31, 32, 33, 34, 35, 36, 37, 46, 47, 49, 52, 53, 54, 55, 57, 62; Walter Bruppacher: Abb. 12; Christian Frutiger: Abb. 20, 23, 40; Manuela Gygax (KAZH): Abb. 42, 65, 66, 67, 68, 69, 70, Taf. 3 (Kat. 112, 113), Taf. 14 (Kat. 520–522); Patrick Nagy (KAZH): Abb. 2; Christoph Renold (KAZH): Abb. 3; Pavel Vácha: Abb. 73.

Pläne, Profile, Maueransichten: Ernst Baltensweiler: Abb. 15; Christian Frutiger: Abb. 16, 17, 22, 63; Norbert Kaspar: Abb. 4; Marcus Moser (KAZH): Abb. 21, 25, 26, 27, 28, 29, 30, 31, 39, 44, 45, 50, 51, 56, 64, 72.

Fundzeichnungen (Tafeln und Abbildungen): Autor.

Tafeln

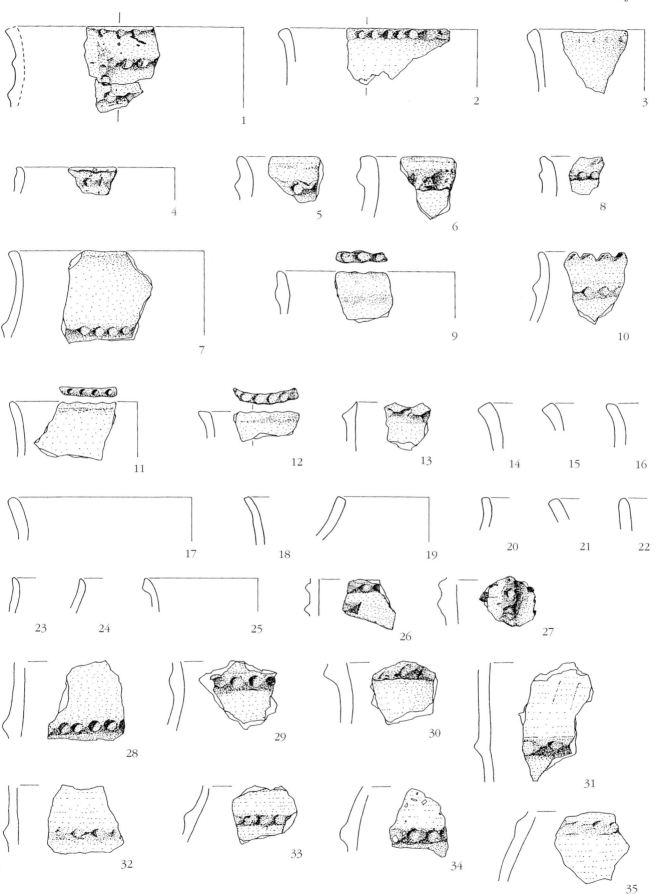

Bronzezeit, Keramik. M. 1:3.

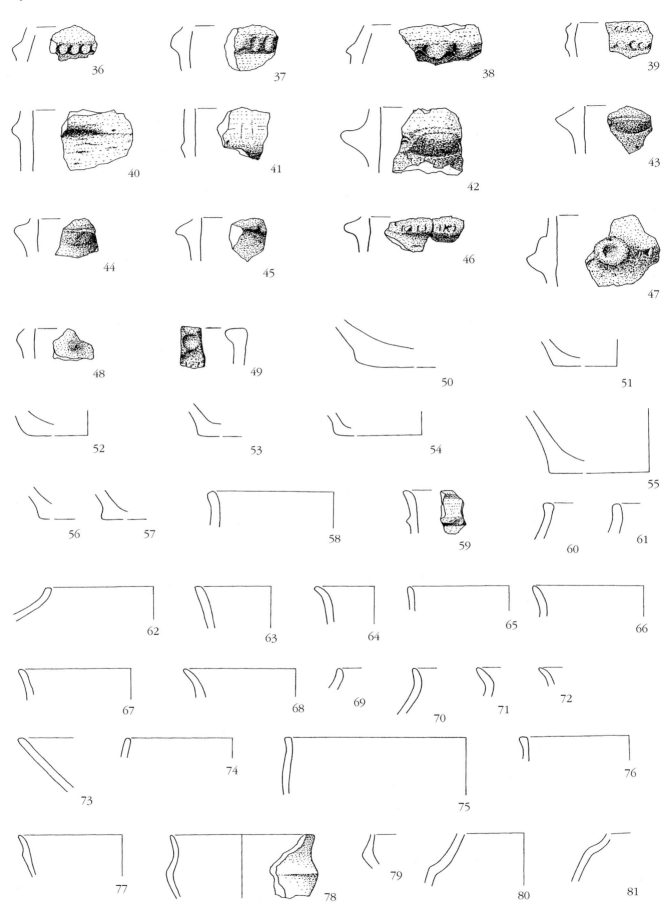

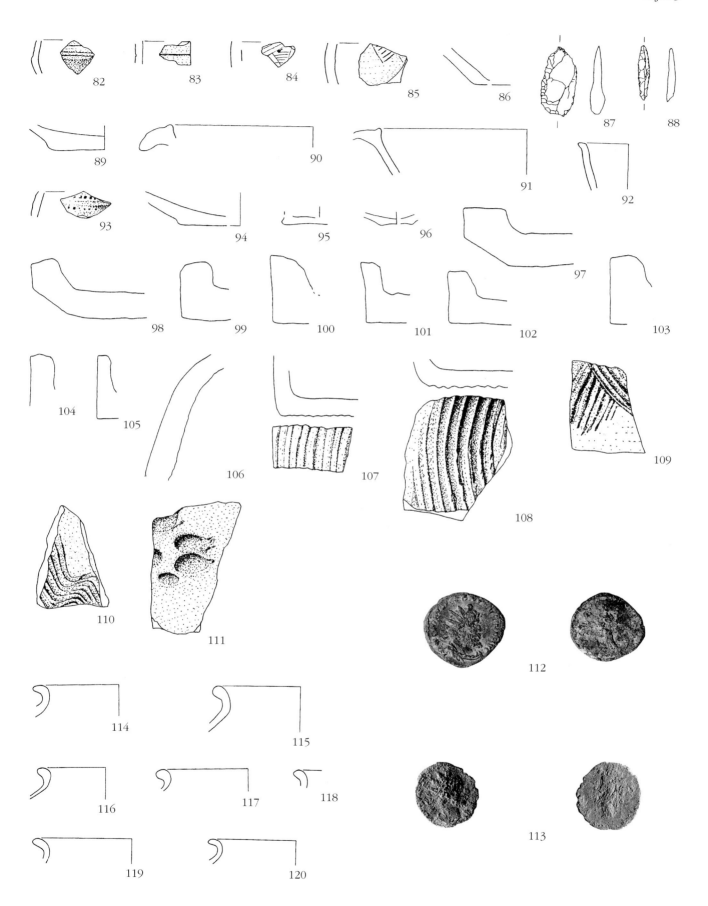

Kat. 82–86: Bronzezeit, Keramik; Kat. 87, 88: Silices; Kat. 89–111: Römerzeit, Keramik, M. 1:3; Kat. 112, 113: Münzen, M. 1:1; Kat. 114–120: Mittelalter, Keramik, M. 1:3.

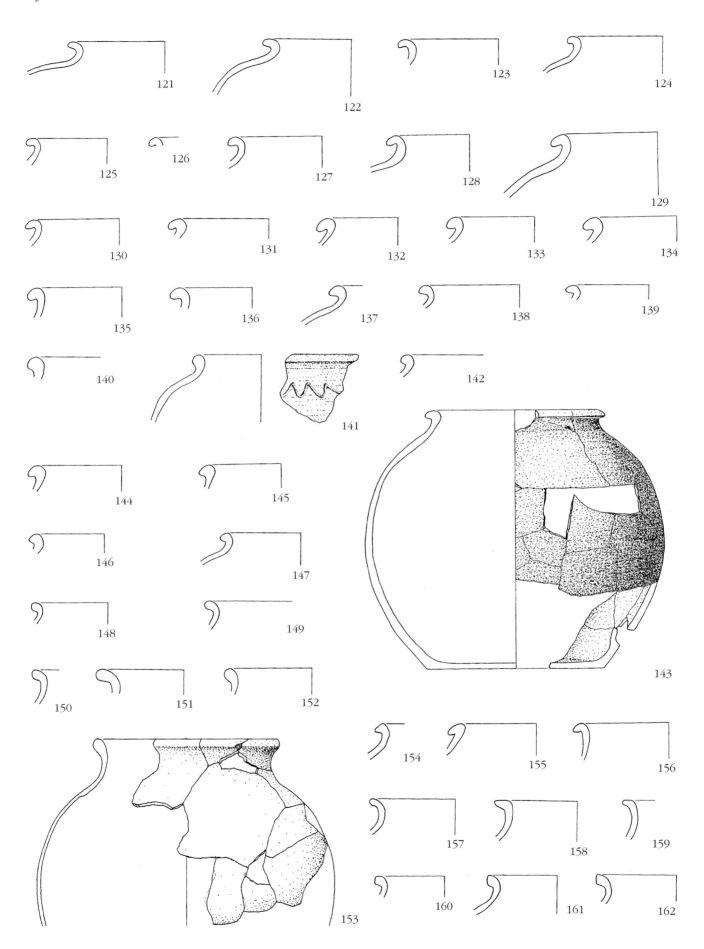

121
122
123
124
125
126
127
128
129
130
131
132
133
134
135
136
137
138
139
140
141
142
143
144
145
146
147
148
149
150
151
152
153
154
155
156
157
158
159
160
161
162

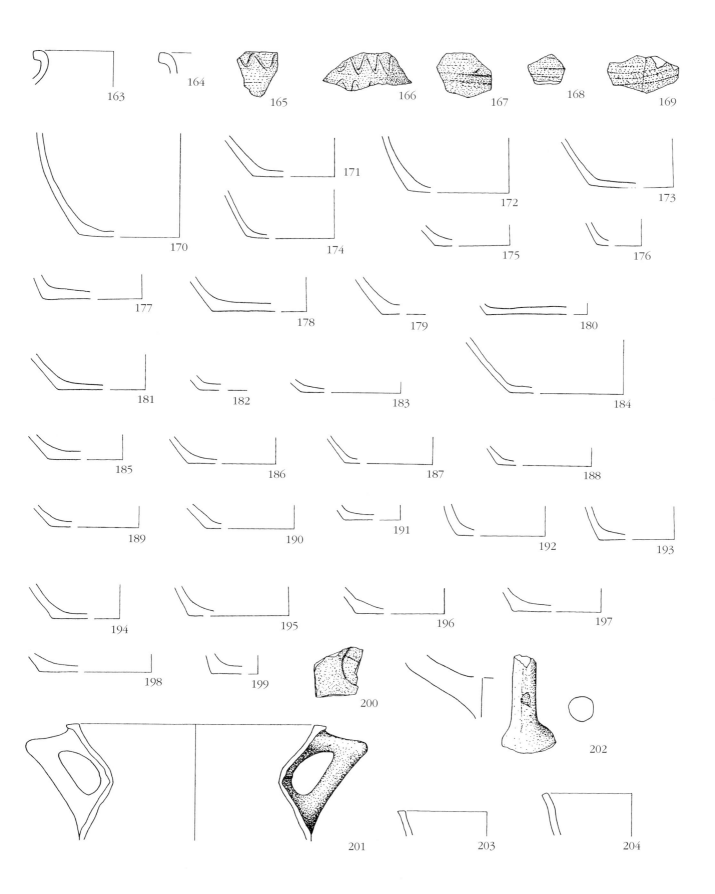

Mittelalter, Keramik. M. 1:3.

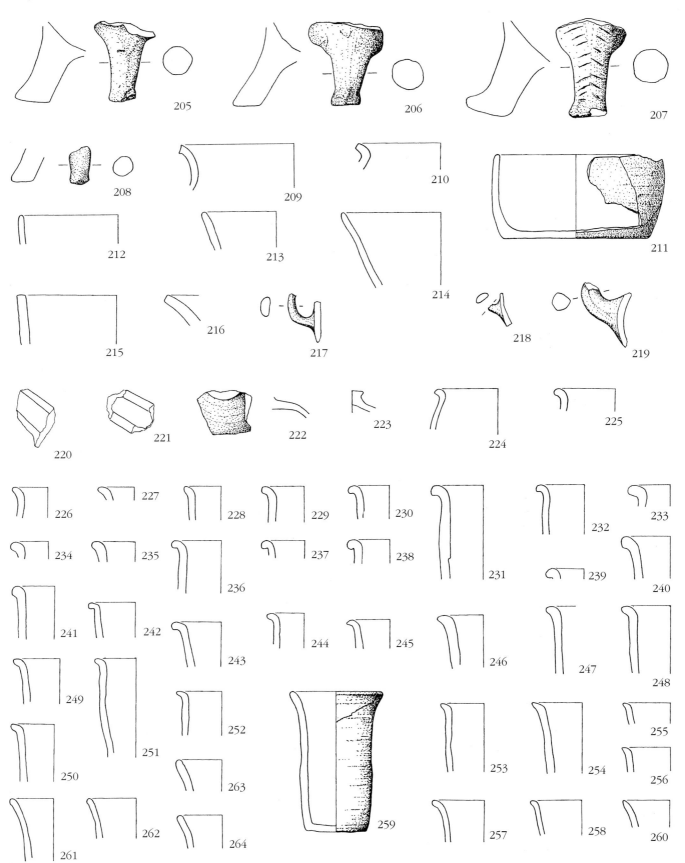

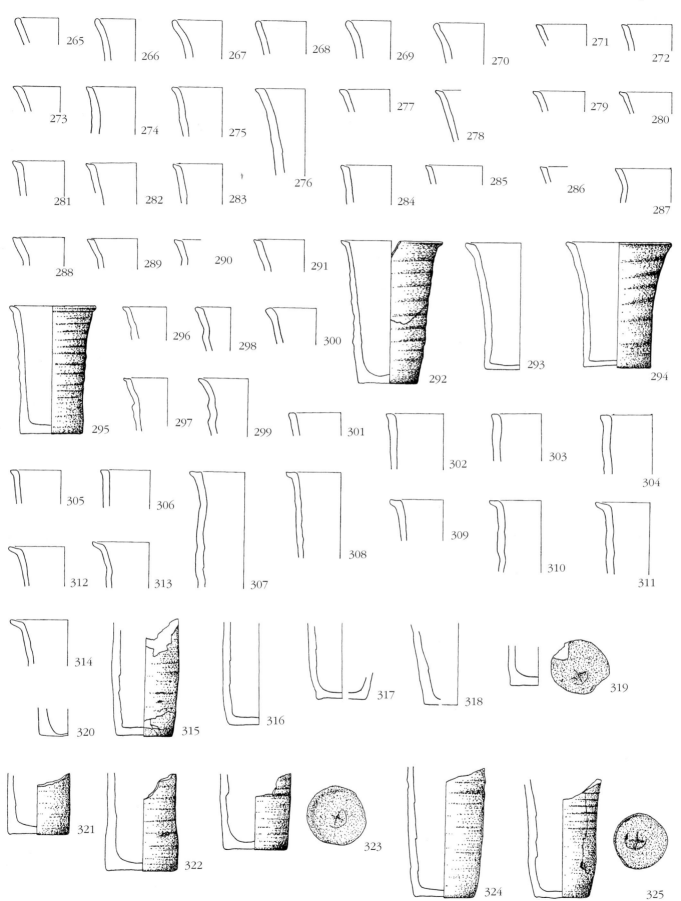

Mittelalter, Keramik. M. 1:3.

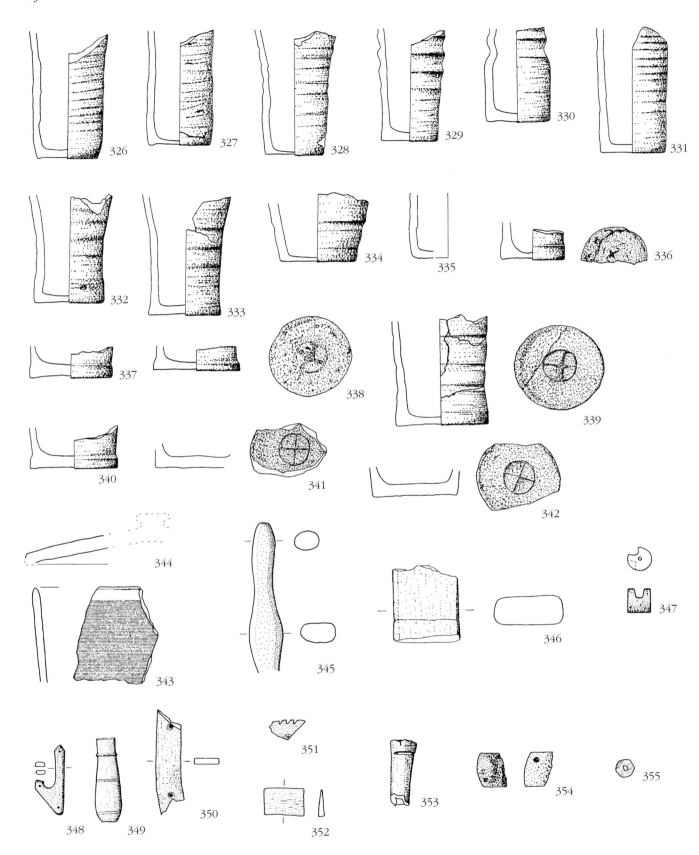

Kat. 326–342: Mittelalter, Keramik; Kat. 343–346: Stein; Kat. 347–355: Bein. M. 1:3.

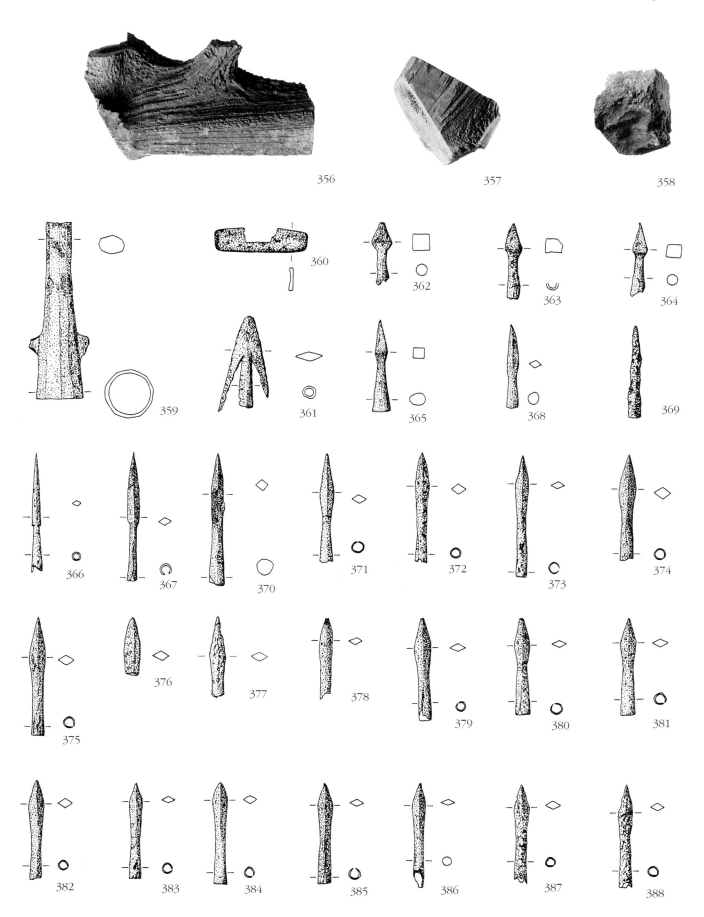

356 357 358

359 360 362 363 364

361 365 368 369

366 367 370 371 372 373 374

375 376 377 378 379 380 381

382 383 384 385 386 387 388

Kat. 356–358: Mittelalter, Bein, M. 1:2; Kat. 359–388: Eisen, M. 1:3.

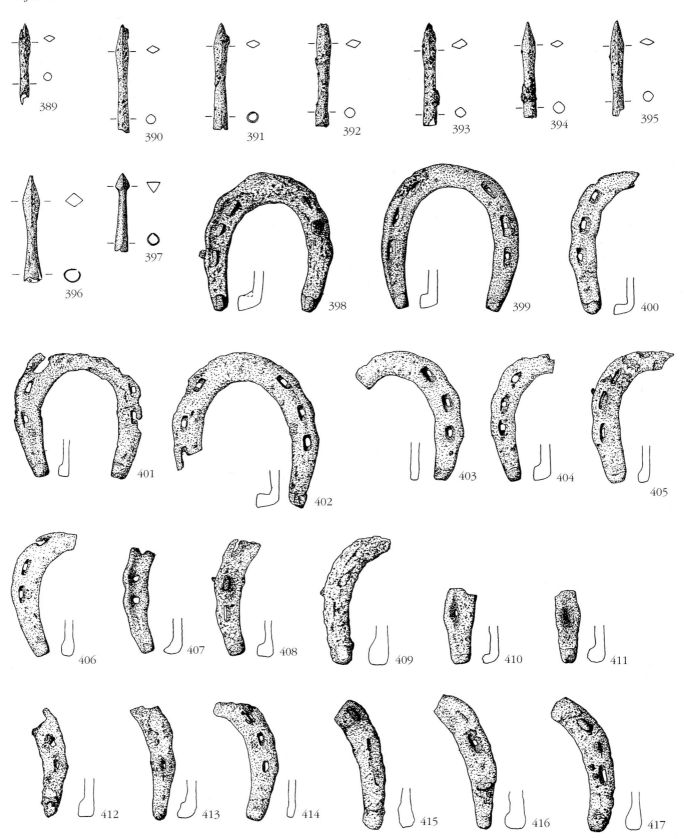

389 390 391 392 393 394 395 396 397 398 399 400 401 402 403 404 405 406 407 408 409 410 411 412 413 414 415 416 417

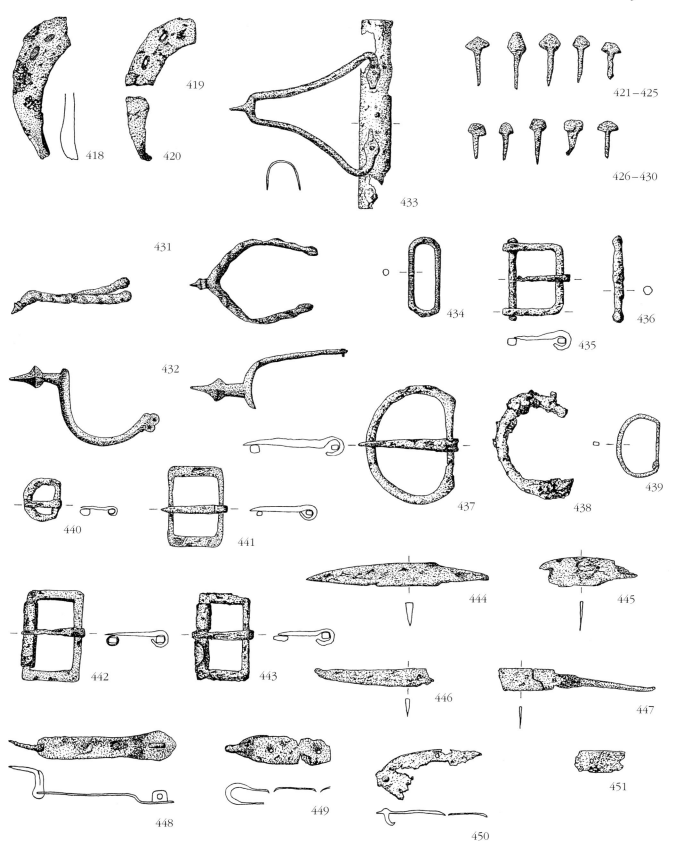

418
419
420
421–425
426–430
433
431
432
434
435
436
437
438
439
440
441
442
443
444
445
446
447
448
449
450
451

Mittelalter, Eisen. M. 1:3.

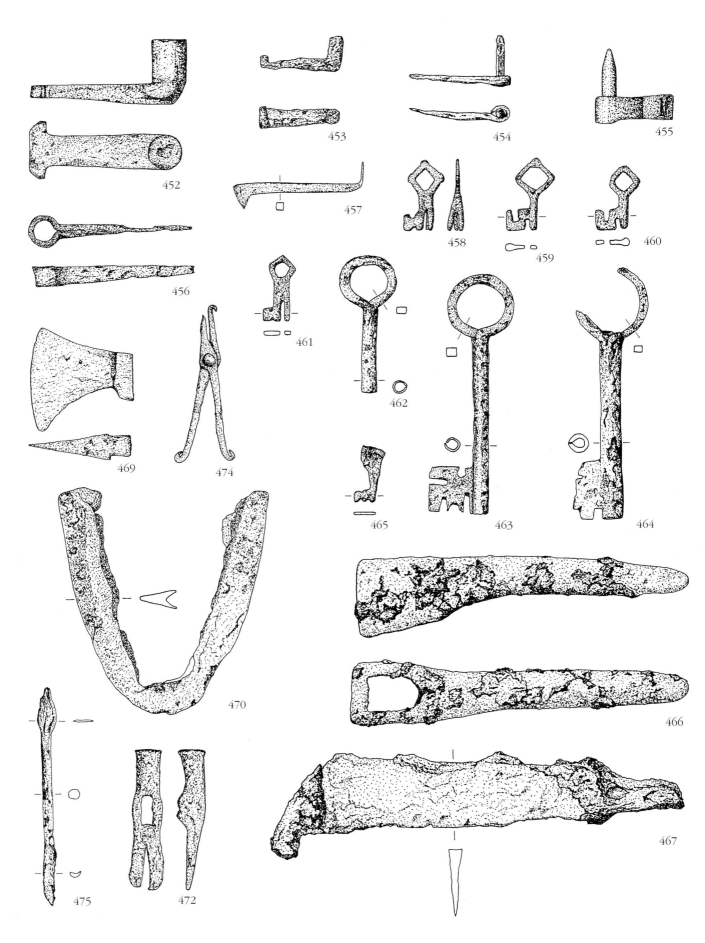

452

453

454

455

457

458

459

460

456

461

462

469

474

465

463

464

466

470

467

475

472

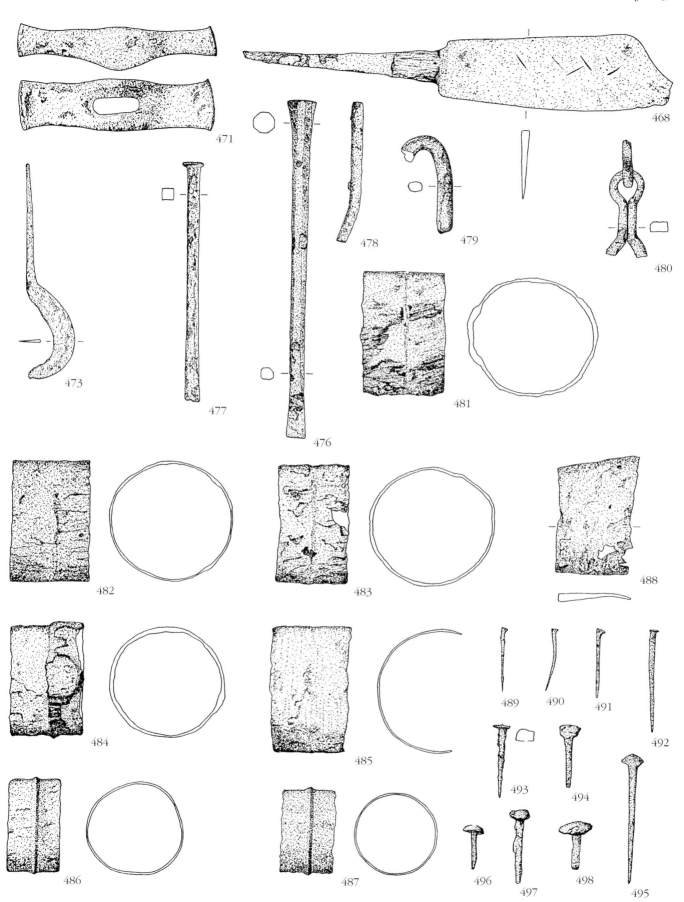

468 471 473 476 477 478 479 480 481 482 483 484 485 486 487 488 489 490 491 492 493 494 495 496 497 498

Mittelalter, Eisen. M. 1:3.

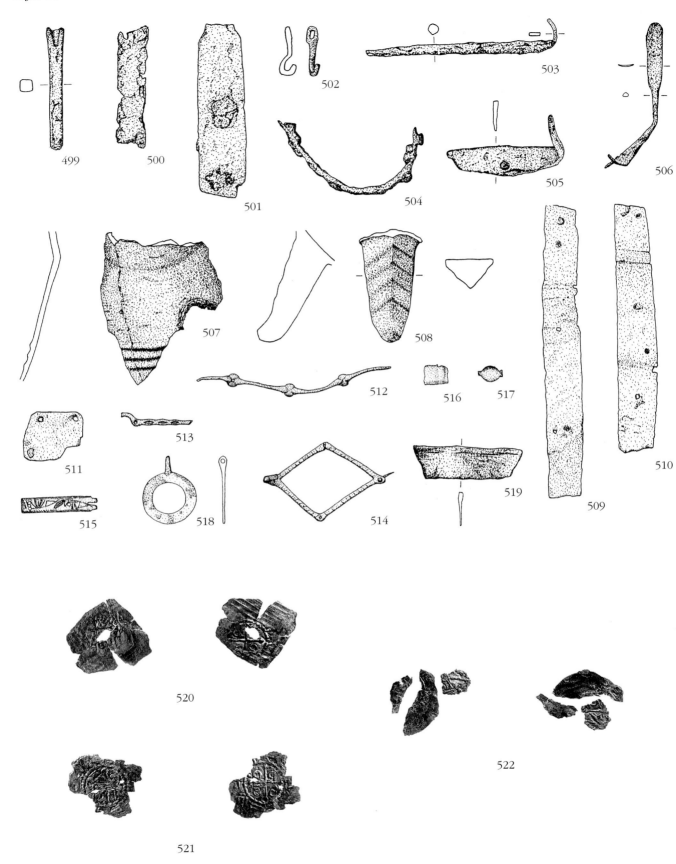

499 500 501 502 503 504 505 506

507 508 512 516 517

511 513 509 510

515 518 514 519

520

521 522

Kat. 499–506: Mittelalter, Eisen; Kat. 507–519: Buntmetall, M. 1:3; Kat. 520–522: Münzen, M. 1:1.

Publikationen des Schweizerischen Burgenvereins

Schweizer Beiträge zur Kulturgeschichte und Archäologie des Mittelalters (SBKAM)